Photoshop Elements 3.0
Bild für Bild

Photoshop Elements 3.0

Sehen und Können

MICHAEL GRADIAS

Markt+Technik

Bibliografische Information Der Deutschen Bibliothek
Die Deutsche Bibliothek verzeichnet diese Publikation in der Deutschen
Nationalbibliografie; detaillierte bibliografische Daten sind im Internet
über <http://dnb.ddb.de> abrufbar.

Die Informationen in diesem Produkt werden ohne Rücksicht auf einen
eventuellen Patentschutz veröffentlicht.
Warennamen werden ohne Gewährleistung der freien Verwendbarkeit benutzt.
Bei der Zusammenstellung von Texten und Abbildungen wurde mit größter
Sorgfalt vorgegangen.
Trotzdem können Fehler nicht vollständig ausgeschlossen werden.
Verlag, Herausgeber und Autoren können für fehlerhafte Angaben
und deren Folgen weder eine juristische Verantwortung noch
irgendeine Haftung übernehmen.
Für Verbesserungsvorschläge und Hinweise auf Fehler sind Verlag und
Herausgeber dankbar.

Alle Rechte vorbehalten, auch die der fotomechanischen Wiedergabe und der
Speicherung in elektronischen Medien.
Die gewerbliche Nutzung der in diesem Produkt gezeigten Modelle und Arbeiten
ist nicht zulässig.

Die in diesem Werk wiedergegebenen Gebrauchsnamen, Handelsnamen,
Warenbezeichnungen usw. können auch ohne besondere Kennzeichnung
Marken sein und als solche den gesetzlichen Bestimmungen unterliegen.

Umwelthinweis:
Dieses Buch wurde auf chlorfrei gebleichtem Papier gedruckt.

10 9 8 7 6 5 4 3 2 1

08 07 06 05

ISBN 3-8272-6825-7

© 2005 by Markt+Technik Verlag,
ein Imprint der Pearson Education Deutschland GmbH.
Martin-Kollar-Straße 10–12, D-81829 München/Germany
Alle Rechte vorbehalten
Lektorat: Cornelia Karl, ckarl@pearson.de
Korrektorat: Martina Gradias
Herstellung: Claudia Bäurle, cbaeurle@pearson.de
Einbandgestaltung: Marco Lindenbeck, webwo GmbH, mlindenbeck@webwo.de
Satz: Michael Gradias, www.gradias.de, gradias@t-online.de
Druck und Verarbeitung: Bosch, Ergolding
Printed in Germany

Liebe Leserin, lieber Leser,

in diesem Buch lernen Sie Photoshop Elements kennen – ein sehr interessantes Programm für den ambitionierten Fotografen.

Bild für Bild zeige ich Ihnen, wie Sie sehr leicht Ihre Fotos von der Kamera auf den Computer übertragen und dort verwalten. Sind Bilder nicht ganz so gut gelungen, macht das gar nichts: Schritt für Schritt erfahren Sie, wie Sie zum brillanten Bild gelangen. Dies ist gar nicht so schwer, wie es vielleicht zunächst erscheinen mag.

Die verwendeten Bilder finden Sie übrigens – nach Kapiteln sortiert – auf der Buch-CD.

Ich wünsche Ihnen viel Freude bei der Arbeit mit Elements. Ich hoffe, dass Ihnen dieses Buch viele Tipps und Anregungen zum Thema geben kann.

Ihr Autor Michael Gradias

1 Von der Kamera auf den Rechner — 11

Photoshop Elements 3.0 installieren 12
Die Fotos sind im Kasten 14
Fotos von der Speicherkarte übertragen 16
Die Fotos im Organizer 18
Die Fotos sichten 20
Weitere Aufnahmesessions importieren 22
Schlechte Fotos löschen 24
Fotos einscannen 26
Fotos von der Festplatte aufnehmen 28
Der Import ist abgeschlossen 30

2 Fotos anzeigen und ordnen — 33

Photoshop Elements 3.0 starten 34
Eine Datensicherung durchführen 36
Sortierkriterien festlegen 38
Detailinformationen anzeigen 40
Die EXIF-Daten begutachten 42
Die Datumsansicht einsetzen 44
Bilder eines Aufnahmedatums verwalten 46
Die Jahres- und Tagesansicht verwenden 48
Schlüsselwörter verwenden 50
Neue Suchkriterien verwenden 52
Nach Schlüsselwörtern sortieren 54
Weitere Sortier-"Hilfsmittel" 56
Die Fotoansicht verwenden 58

3 Photoshop Elements 3.0 kennen lernen — 61

Den Editor starten 62
Der Arbeitsbereich Schnellkorrektur 64
Das Zoom-Werkzeug verwenden 66
Schnelle automatische Korrekturen 68
Der Standardeditor-Bereich 70
Den Fotobereich verwenden 72
Mit den Palettenfenstern arbeiten 74
Weitere Bedienelemente 76

Inhaltsverzeichnis

4 Fotos schnell korrigieren — 79

Fotos im Organizer optimieren 80
Die automatische Korrektur verwenden 82
Fotos zurechtschneiden 84
Schnelle Korrekturen 88
Weitere Korrekturen 90
Die bearbeiteten Fotos speichern 92
Fotos im Standardeditor bearbeiten 94
Freistellen des Bildes 96
Die Bildqualität optimieren 98

5 Fotos bearbeiten — 101

Hintergründe in Ebenen verwandeln 102
Die Perspektive bearbeiten 104
Farbverfälschte Bilder erstellen 106
Drastische Bildkorrekturen 108
Formen ausstechen 110
Bildpartien ausbessern 112
Korrekturen mit dem Reparatur-Pinsel 114

6 Fotokreationen erstellen — 119

Die Fotokreationen starten 120
Die Diashow-Option 122
Eine Diashow zusammenstellen 124
Die Einstellungen der Diashow verändern 126
Die Sammlung vorbereiten 128
Ein Fotoalbum zusammenstellen 130
Eine Web-Fotogalerie erstellen 134

7 Kollagen in neuen Dokumenten — 139

Eine leere Seite öffnen 140
Einen Hintergrund gestalten 142
Eine Kollage zusammenstellen 144
Ebenenstile zuweisen 146

Inhaltsverzeichnis

8 Bildteile auswählen — 149

- Einen rechteckigen Bereich auswählen 150
- Einen Effektfilter anwenden 152
- Eine freie Auswahlform 154
- Eine neue Ebene aus einem Auswahlbereich 156
- Mit dem Zauberstab arbeiten 158

9 Tolle Effekte — 163

- Mit Effektfiltern arbeiten 164
- Interessante Anpassungsfilter 168
- Bilder „malen" mit Kunstfiltern 170
- Spannende Malfilter im Einsatz 172
- Zufällige Muster generieren 174
- Konturen zum Leuchten bringen 176
- Lauter kleine Stückchen 178
- Punkt für Punkt platziert 180
- Bilder verzerren 182
- Kartoffeldruck mit Elements 184
- Witzige Ergebnisse 186

10 Mit Texten arbeiten — 189

- Textattribute einstellen 190
- Texte eingeben und skalieren 192
- Den Text mit einer Kontur versehen 194
- Schriftzüge „verbiegen" 196

Inhaltsverzeichnis

11 Effekte mit Ebenenstilen — 201

Fotos im Standardeditor öffnen 202
Einen Ebenenstil zuweisen 204
Schriftzüge kolorieren 206
Vorlagen schnell verändern 208
Interessante Hintergründe gestalten 210
Einstellungsebenen einsetzen 212
Hintergründe in Ebenen verwandeln 214
Einfach und effektvoll 216

12 Arbeitserleichterungen und Voreinstellungen — 219

Arbeitsschritte zurücknehmen 220
„Fremde" Formate öffnen 222
PDF-Dokumente automatisch umwandeln 224
Voreinstellungen anpassen 226
Der Vorgaben-Manager 228

Lexikon der Bildbearbeitung — 232

Stichwortverzeichnis 247

Inhaltsverzeichnis

1

Von der Kamera auf den Rechner

12 Photoshop Elements 3.0 installieren

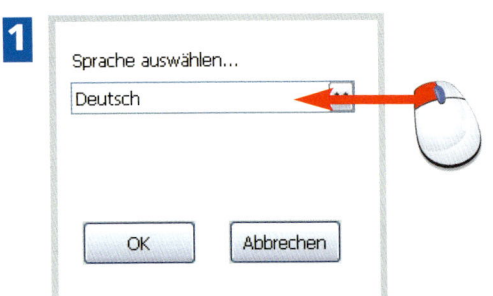

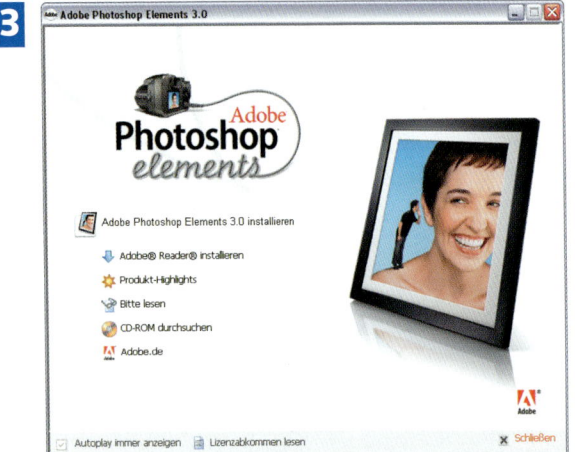

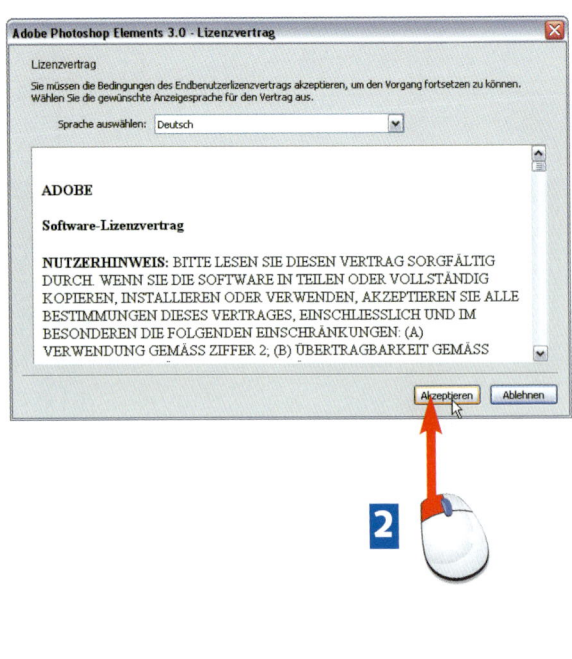

1 Nach dem Einlegen der Installations-CD startet das Installations-Programm automatisch. Wählen Sie im Listenfeld die gewünschte Sprache aus.

2 Akzeptieren Sie den Software-Lizenzvertrag, ...

3 ... dann öffnet sich das Installations-Dialogfeld.

Startet die Installation nicht automatisch, öffnen Sie im Windows-Explorer die CD und klicken Sie im Hauptverzeichnis das Programm *Setup.exe* doppelt an, um es zu starten.

WISSEN

1 Von der Kamera auf den Rechner

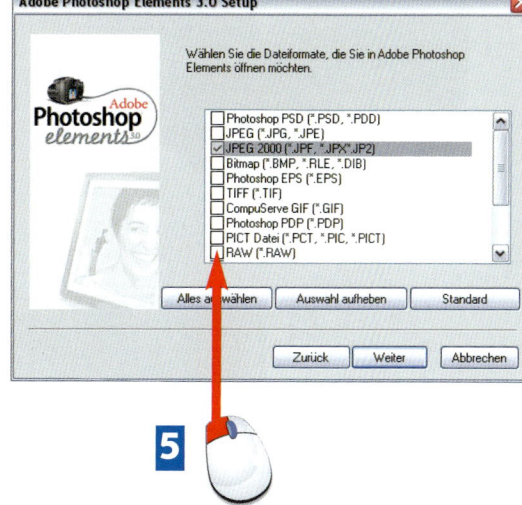

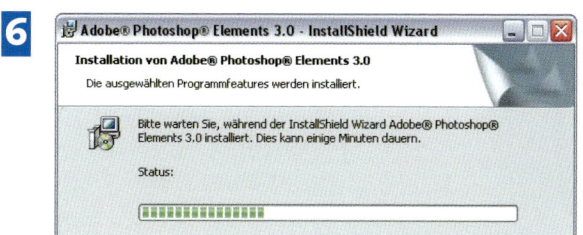

4 Klicken Sie auf die erste Option, um Photoshop Elements 3.0 zu installieren.

5 Stellen Sie ein, welche Dateitypen mit Photoshop Elements 3.0 verknüpft werden sollen – zum Beispiel das JPEG-Format. Ein Haken kennzeichnet die verknüpften Dateitypen.

6 Nachdem alle Assistentenfragen beantwortet sind, wird das Programm installiert. Dies kann einen Moment dauern.

Falls Sie mehrere Bildbearbeitungsprogramme verwenden, können die Dateitypen immer nur mit einem Programm verknüpft sein.

Mit der Dateitypen-Verknüpfung legen Sie fest, welches Programm startet, wenn Sie im Windows-Explorer eine Datei doppelt anklicken.

TIPP

HINWEIS

14 Die Fotos sind im Kasten

1 Die Fototour ist zu Ende. Die Fotos sind im „Kasten" – der digitalen Kamera. In unserem Beispiel eine Kompaktkamera von Olympus.

2 Die Fotos sind auf Speicherkarten gesichert. In diesem Fall ist es eine xD-Picture Card, die momentan sehr beliebt ist.

3 Einige Kameramodelle verfügen über mehrere Speicherkarten. Die Compact-Flash-Karte gibt es auch mit großen Kapazitäten.

Es gibt viele verschiedene Speicherkartentypen. Einige Varianten gibt es nur in geringen Speichergrößen. Die Compact-Flash-Karte ist weit verbreitet und sehr beliebt. Ein Grund sind die großen Kapazitäten. Sie erhalten diese Karten beispielsweise mit einer Kapazität von 1 GByte. Das sollte auch für lange Fototouren ausreichen.

WISSEN

1 Von der Kamera auf den Rechner

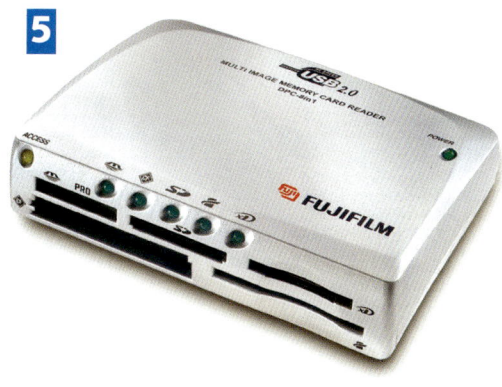

4 Nehmen Sie die Speicherkarte aus der Kamera und stecken Sie sie in den Kartenleser Ihres Rechners.

5 Verfügt Ihr Rechner nicht über ein internes Kartenlesegerät, lassen sich auch externe Varianten an den Rechner anschließen.

6 Die digitalen Fotos sollen nun von der Speicherkarte auf die Festplatte Ihres Rechners übertragen werden.

Einige Fotografen verwenden die Speicherkarte als „Festplatte". Dies ist nicht zu empfehlen. Schnell kann es passieren, dass alle Daten „futsch" sind.	**Speicherkarten** dienen zur Sicherung der Fotos. Sie können die Speicherkarte mit dem Film bei einer analogen Kamera vergleichen.	Die externen Kartenlesegeräte werden meist am USB-Anschluss Ihres Rechners angeschlossen.
TIPP	**FACHWORT**	**HINWEIS**

16 Fotos von der Speicherkarte übertragen

1

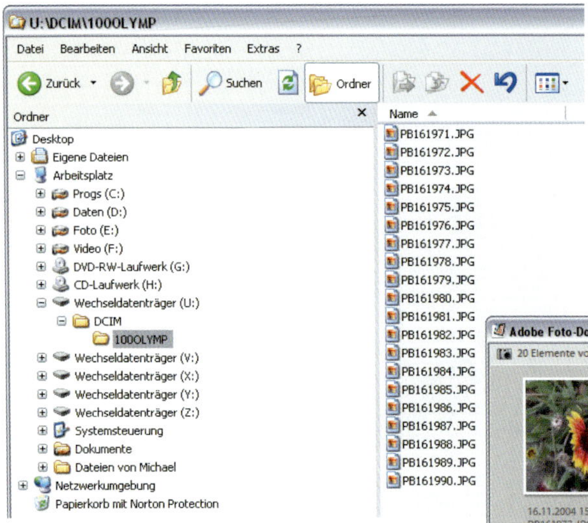

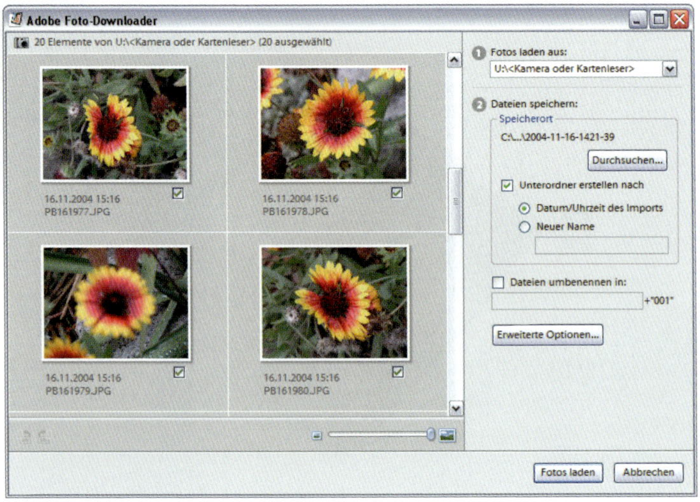

1 Legen Sie die Speicherkarte ein und kopieren Sie dann mit dem Windows-Explorer die Dateien.

2 Bei der Installation wird Photoshop Elements so eingerichtet, dass sich jetzt automatisch das *Foto-Downloader*-Dialogfeld öffnet.

Für den Windows-Explorer ist die Speicherkarte eine „Festplatte". Nach dem Einlegen wird der neue „Wechseldatenträger" automatisch erkannt und als Festplatte angezeigt. Sie können dann die Daten – wie gewohnt – verwalten.

WISSEN

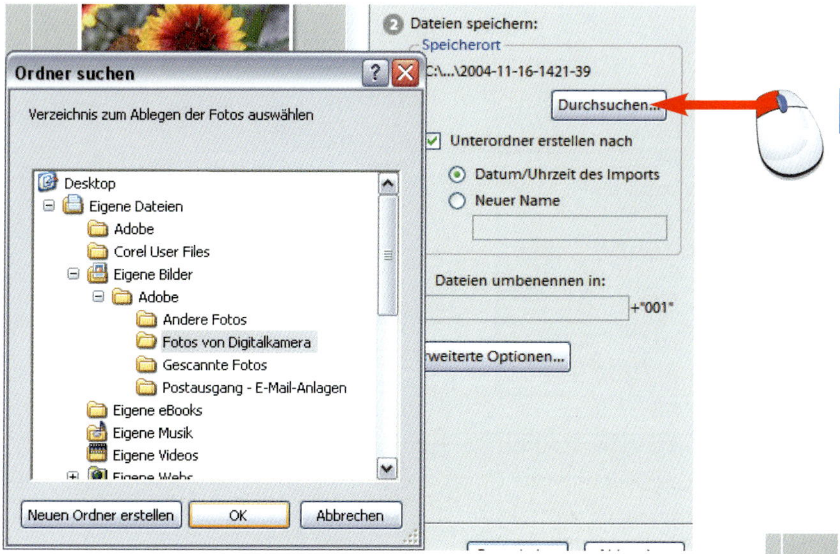

1 Von der Kamera auf den Rechner   17

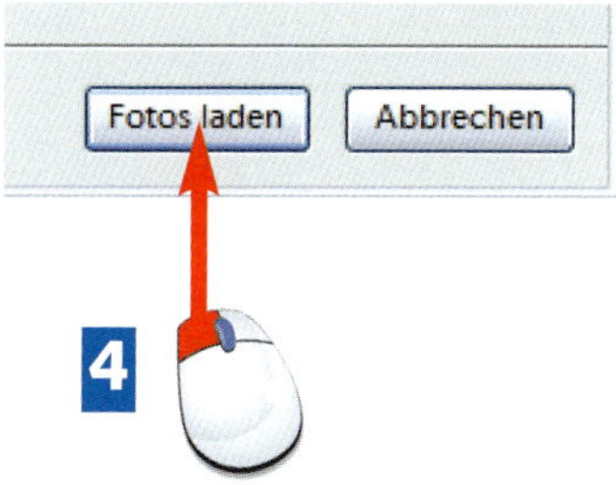

3 Klicken Sie auf die *Durchsuchen*-Schaltfläche, um in einem gesonderten Dialogfeld den Ordner anzugeben, in dem Sie die Fotos ablegen wollen.

4 Verwenden Sie die Schaltfläche *Fotos laden*, um den Importvorgang zu starten.

5 Je nachdem, wie viele Fotos sich auf der Speicherkarte befinden, dauert der Kopiervorgang einen Moment.

TIPP

Es ist empfehlenswert einen gesonderten Ordner anzulegen, in dem Sie alle digitalen Fotos unterbringen.

FACHWORT

Als **Importieren** bezeichnet man das Übertragen von Daten in einen Arbeitsbereich – wie etwa Photoshop Elements.

18 Die Fotos im Organizer

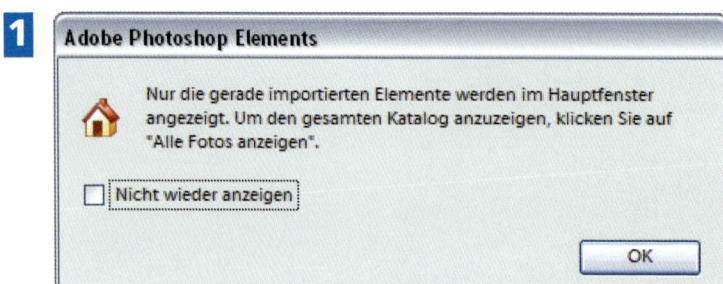

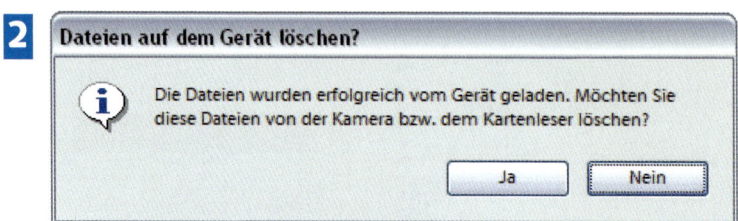

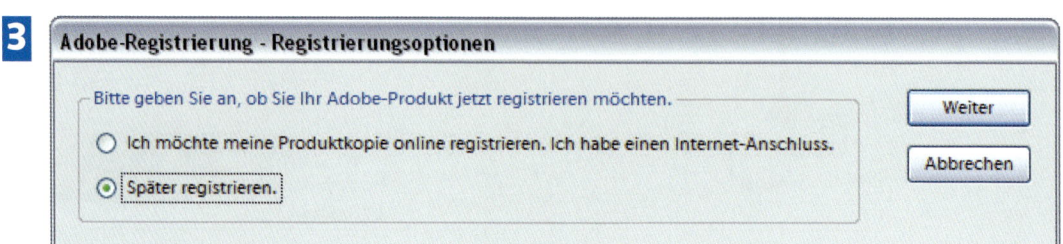

1 Nachdem Sie die Fotos übertragen haben, erhalten Sie einen Hinweis, wo Sie die Fotos im Katalog finden.

2 Geben Sie im nächsten Dialogfeld an, ob die Fotos auf der Speicherkarte gelöscht werden sollen.

3 Entscheiden Sie abschließend, ob Sie sich registrieren lassen wollen.

Wenn Sie viel digital fotografieren, ist eine gute Ordnung unabdingbar. So können Sie die Fotos beispielsweise in getrennten Ordnern ablegen, die nach dem Aufnahmedatum oder Themenbereichen benannt sind.

WISSEN

1 Von der Kamera auf den Rechner

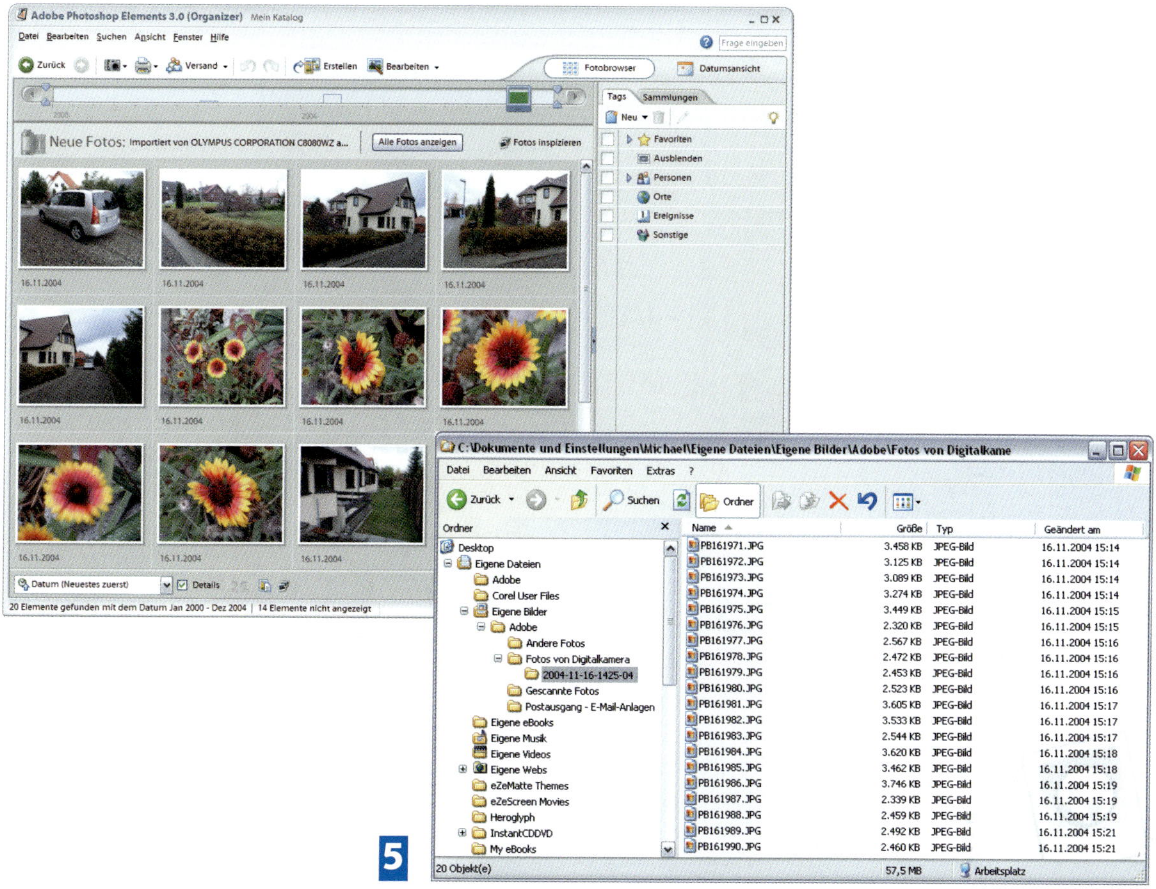

4 Der Katalog zeigt dann die übertragenen Fotos an.

5 Für die Fotos wurde automatisch ein neuer Ordner mit Datumsangabe angelegt. Dies erkennen Sie im Windows-Explorer.

Wenn Sie sehr viele Fotos verwalten wollen, ist es durchaus sinnvoll, eine eigene Festplattenpartition für die Fotos zu verwenden.

TIPP

Partitionen dienen zur Aufteilung einer Festplatte in verschiedene Bereiche. Die Partitionen einer Festplatte zeigt der Windows-Explorer als getrennte Laufwerke an.

FACHWORT

20 Die Fotos sichten

1 Wenn Sie viele Bilder übertragen haben, ist nur ein Teil davon im Arbeitsbereich zu sehen. Ziehen Sie den Scrollbalken, um die anderen Fotos anzuzeigen.

2 Wollen Sie eines der Fotos genauer unter die „Lupe" nehmen, klicken Sie es einfach doppelt an.

3 Es wird dann größer angezeigt.

Das Sichten der Fotos nach dem Übertragen ist nützlich und wichtig. So sehen Sie schnell, ob beispielsweise unscharfe Bilder gelöscht werden müssen, oder ob die Bearbeitung von Bildfehlern nötig wird.

WISSEN

1 Von der Kamera auf den Rechner 21

4 Die Größe der Miniaturbilder ist variabel. Ziehen Sie den Schieberegler, um die Miniaturbildgröße anzupassen.

5 Je weiter Sie den Regler nach links ziehen, umso kleiner sind die angezeigten Miniaturbilder.

6 Ziehen Sie den Regler nach rechts, um die Darstellung zu vergrößern.

Um von der vergrößerten Bilddarstellung zur Übersicht zurückzukehren, klicken Sie erneut doppelt in das Bild.

Um einen Überblick über den Inhalt eines Ordners zu gewinnen, verkleinern Sie die Miniaturbilder. Zur Beurteilung der Bildqualität sollten Sie die Ansicht vergrößern.

TIPP **HINWEIS**

22 Weitere Aufnahmesessions importieren

1 Sie können jederzeit weitere Fotosessions importieren. Dabei ist es egal, von welchem Speicherkartentyp Sie die Fotos importieren.

2 Ziehen Sie im Fotolader-Dialogfeld den Schieberegler, um die Miniaturbildgröße zu variieren.

Falls Sie schlechte Fotos gar nicht erst importieren wollen, klicken Sie auf das Feld mit dem Haken. Er verschwindet dann. Nur die Bilder, die mit einem Haken versehen sind, werden importiert.

WISSEN

1 Von der Kamera auf den Rechner

3 Der Organizer zeigt nach dem abgeschlossenen Import zunächst nur die neu importierten Fotos an.

4 Im Windows-Explorer sehen Sie, dass dort ein neuer Ordner für die nächste Fotosession angelegt wurde.

> **HINWEIS**
> Verwenden Sie die Schaltfläche *Alle Fotos anzeigen*, wenn Sie nicht nur die neu importierten Fotos im Organizer sehen wollen.

24 Schlechte Fotos löschen

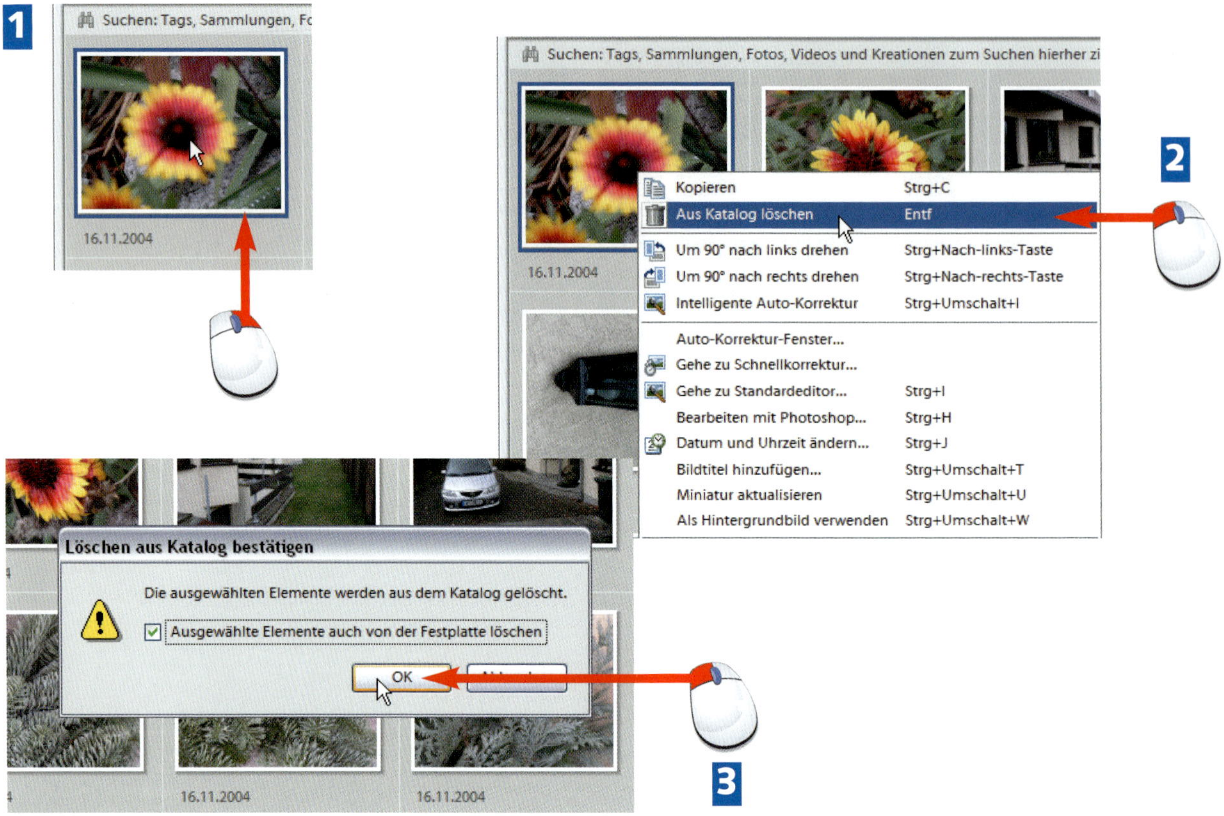

1 Fotos, die Sie bereits in der Vorschau als misslungen erkennen, können Sie gleich löschen. Klicken Sie das unscharfe Foto mit der rechten Maustaste an, …

2 … um im Kontextmenü die Funktion *Aus Katalog löschen* aufzurufen.

3 Markieren Sie die Option *Ausgewählte Elemente auch von der Festplatte löschen*, wenn Sie das Foto nicht nur aus dem Katalog entfernen wollen.

Ist die Option *Ausgewählte Elemente auch von der Festplatte löschen* deaktiviert, wird das Foto nur aus dem Katalog entfernt. Auf der Festplatte befindet sich das Bild dann aber immer noch und man kann es jederzeit wieder in den Katalog aufnehmen.

WISSEN

1 Von der Kamera auf den Rechner

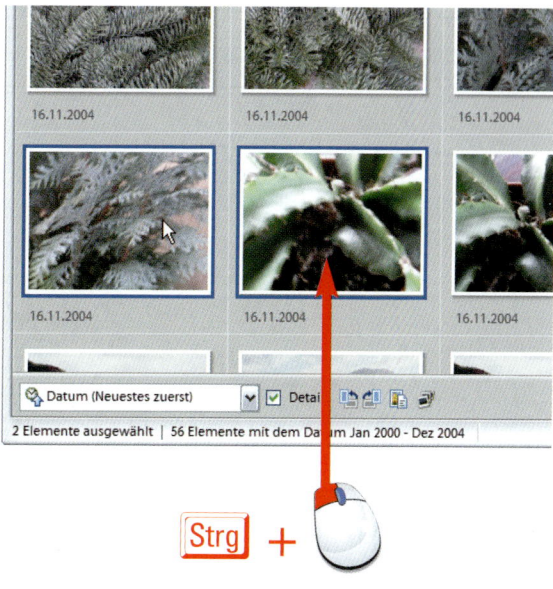

4 Wollen Sie mehrere Fotos in einem Rutsch löschen, klicken Sie die betreffenden Bilder der Reihe nach ...

5 ... mit gedrückter Strg-Taste an. Die markierten Fotos werden zur Verdeutlichung blau umrandet.

6 Löschen Sie nun die markierten Dateien mit der Entf-Taste.

Wollen Sie sich den „Umweg" über das Kontextmenü sparen, verwenden Sie zum Löschen einfach die Entf-Taste.

TIPP

26 Fotos einscannen

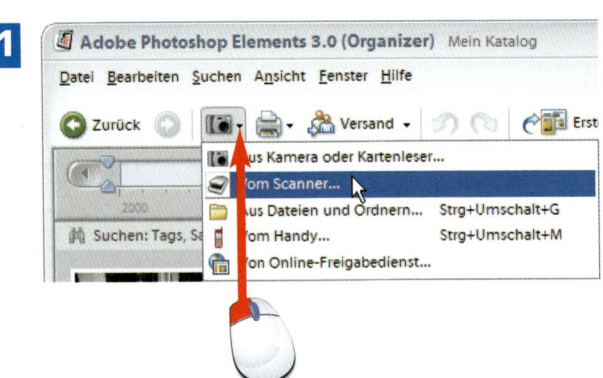

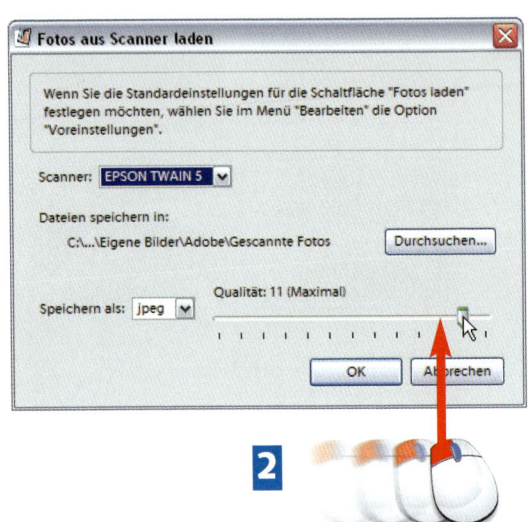

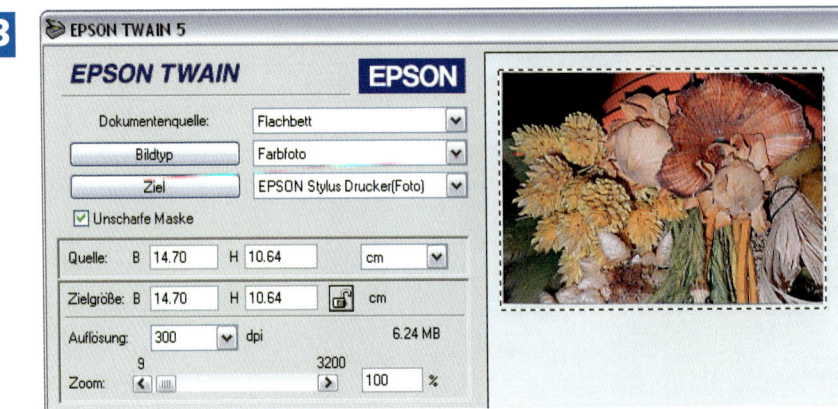

1 Sie können Bilder auch von anderen Quellen laden – beispielsweise vom Scanner. Klicken Sie dazu auf den Pfeil neben dem Fotoapparatsymbol und rufen Sie aus dem Menü die Funktion *Vom Scanner* auf.

2 Ziehen Sie in dem Dialogfeld, das dann erscheint, den Schieberegler, um die Qualität des Bildes einzustellen.

3 Das TWAIN-Modul Ihres Scanners zeigt dann eine Vorschauansicht an.

Scanner dienen zur Digitalisierung von Papierabzügen oder Dias. Erst nach dem Digitalisieren können Sie diese Bilder im PC bearbeiten.

WISSEN

1 Von der Kamera auf den Rechner

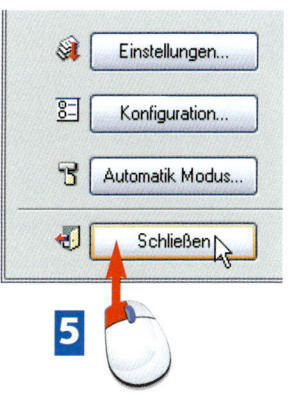

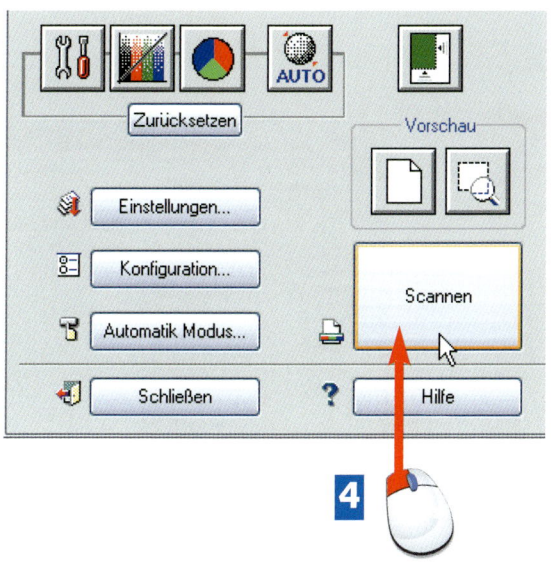

4 Starten Sie mit der *Scannen*-Schaltfläche den Scanvorgang.

5 Schließen Sie das TWAIN-Modul-Arbeitsfenster mit der *Schließen*-Schaltfläche, wenn der Scan fertig gestellt ist.

6 Die gescannte Vorlage wird in den Katalog aufgenommen.

Stellen Sie beim JPEG-Dateiformat eine möglichst hohe Qualitätsstufe ein, wenn Sie beabsichtigen, Ihre Fotos später auszudrucken.	Jedem Scanner liegt ein Programm zum Scannen von Bildern bei. Dieses Programm wird **TWAIN-Modul** genannt. Es kann aus Photoshop Elements heraus aufgerufen werden.	Über die passenden Einstellungen müssen Sie sich gegebenenfalls im Handbuch Ihres Scanners informieren.
TIPP	**FACHWORT**	**HINWEIS**

28 Fotos von der Festplatte aufnehmen

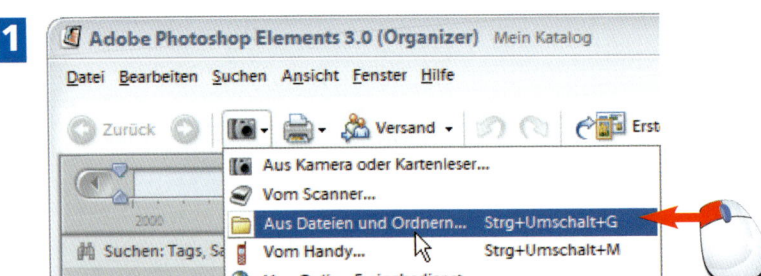

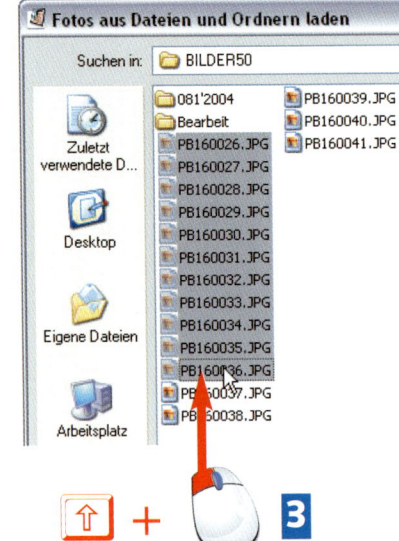

1 Um die auf der Festplatte gespeicherten Bilder zu laden, klicken Sie die Funktion *Aus Dateien und Ordnern* an.

2 Um mehrere Dateien zu markieren, klicken Sie zunächst die erste ...

3 ... und dann mit gedrückter ⇧-Taste die letzte benötigte Datei an. Damit markieren Sie alle Dateien zwischen den beiden Mausklicks.

Wenn Sie bereits vor der Installation von Photoshop Elements digitale Fotos gespeichert haben, können Sie diese nachträglich in den Katalog aufnehmen.

WISSEN

1 Von der Kamera auf den Rechner

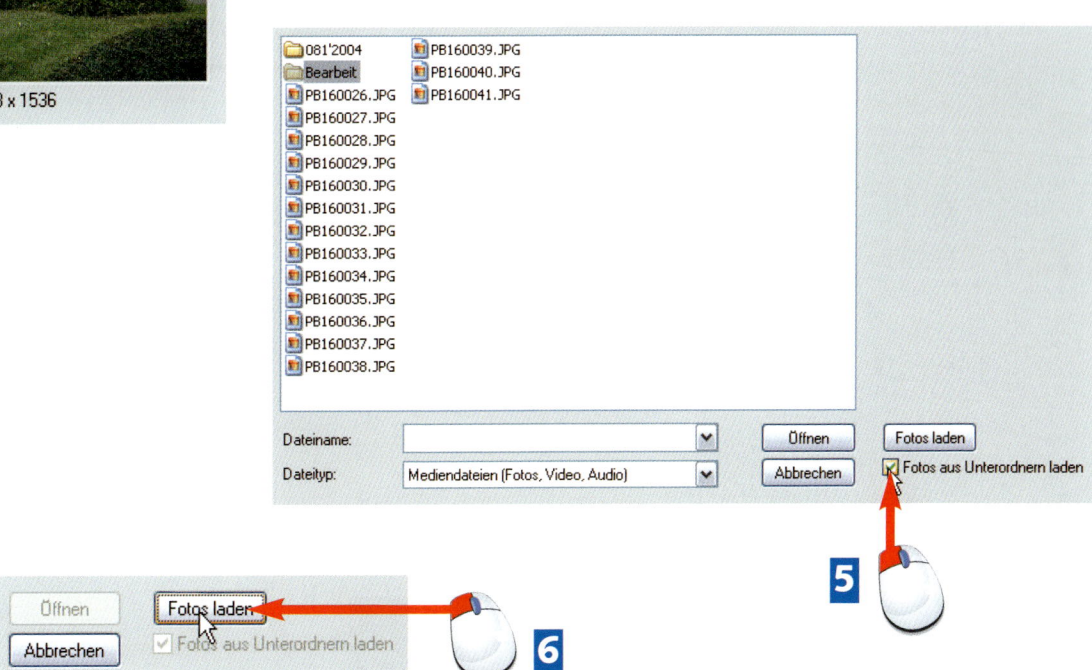

4 Oben rechts im Dialogfeld sehen Sie eine Vorschau des markierten Bilds. Unter dem Vorschaubild wird die Bildgröße in Pixeln angezeigt.

5 Markieren Sie einen Ordner, ist die Option *Fotos aus Unterordnern laden* verfügbar. Aktivieren Sie diese, um alle Fotos zu laden, die sich im markierten Ordner befinden.

6 Mit der Schaltfläche *Fotos laden* starten Sie den Importvorgang.

Digitale Fotos bestehen aus vielen kleinen Bildpunkten, die **Pixel** genannt werden. Je mehr Pixel ein Foto enthält, umso detailreicher ist das Bild.	Falls Sie alte Fotos ungeordnet gespeichert haben, legen Sie vor dem Import mit dem Windows-Explorer neue Verzeichnisse an und sortieren dort die Dateien.
FACHWORT	**HINWEIS**

30 Der Import ist abgeschlossen

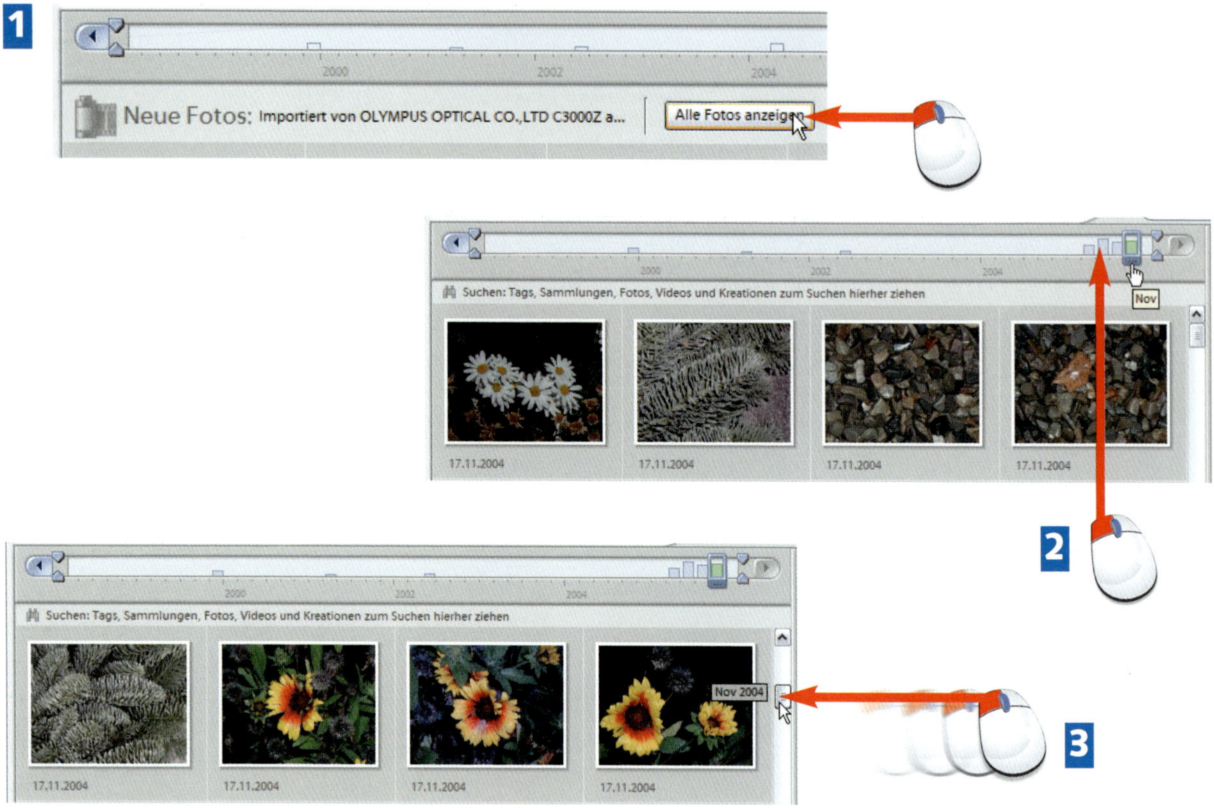

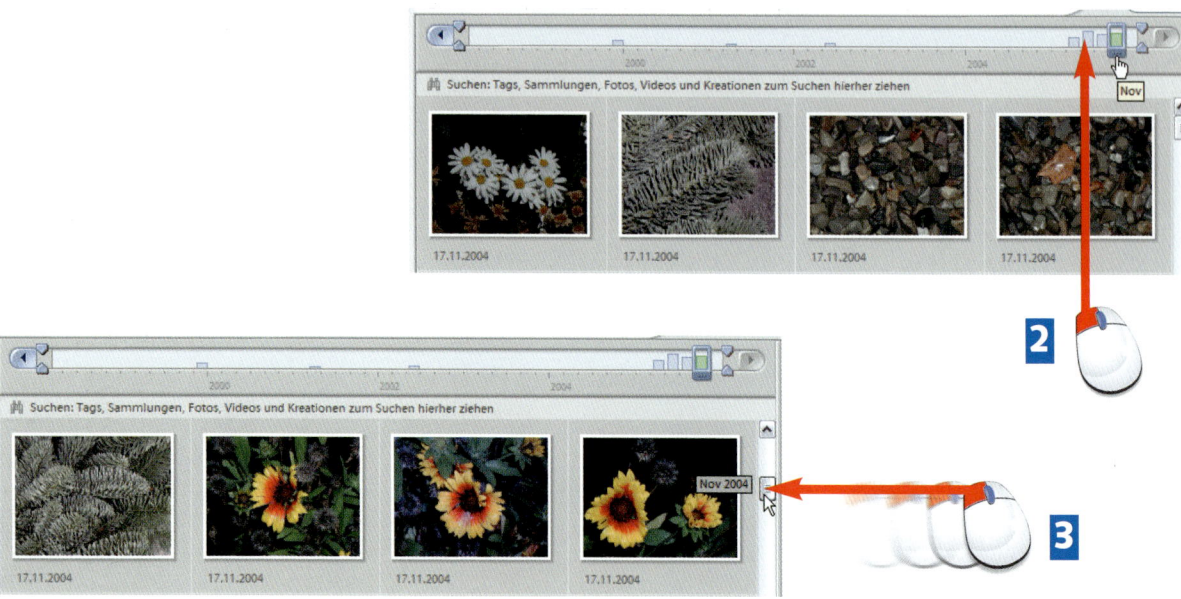

1 Standardmäßig sehen Sie nur die zuletzt importierten Fotos. Wollen Sie auch die zuvor importierten Bilder sehen, klicken Sie auf die Schaltfläche *Alle Fotos anzeigen*.

2 Die Zeitleiste zeigt alle Importsessions an, wählen Sie hier eine Session aus.

3 Ziehen Sie den Scrollbalken, dann sehen Sie in einem Schildchen das Aufnahmedatum.

Bei wenigen digitalen Fotos ist der Nutzen einer gut durchdachten Organisation vielleicht noch nicht erkennbar – aber je größer der digitale Bilderstapel wird, umso mehr schätzt man eine gute Ordnung. Außer, Sie sind der Meinung ein „Genie beherrsche das Chaos".

WISSEN

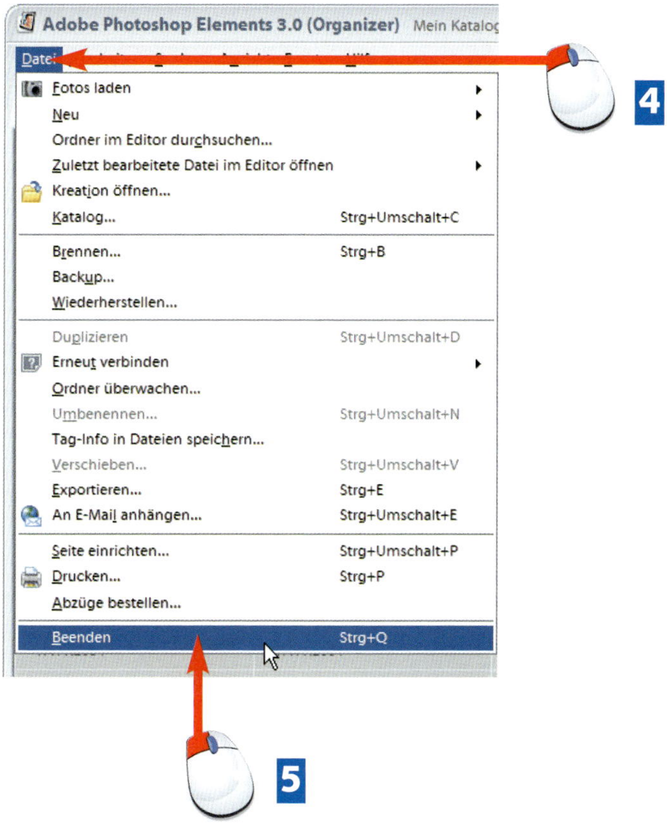

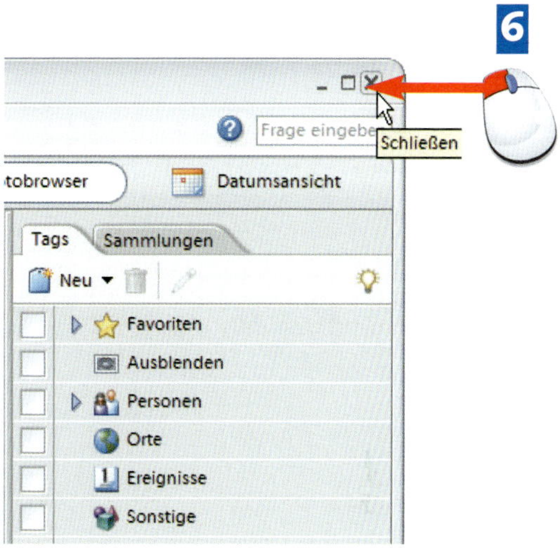

1 Von der Kamera auf den Rechner   31

4 Um Photoshop Elements 3.0 zu schließen, öffnen Sie das *Datei*-Menü …

5 … und rufen Sie dort die Funktion *Beenden* auf.

6 Oder klicken Sie einfach auf das Kreuzsymbol oben rechts im Arbeitsfenster.

Sie können das Programm auch mit der bei Windows-Programmen üblichen Tastenkombination  beenden.

HINWEIS

Fotos anzeigen und ordnen

34 Photoshop Elements 3.0 starten

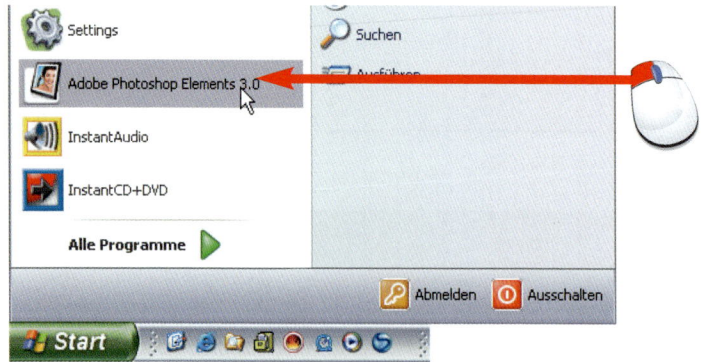

1 Wenn Sie Photoshop Elements gerade erst installiert haben, finden Sie es im Windows-*Start*-Menü. Rufen Sie dort das Programmsymbol auf.

2 Öffnen Sie ansonsten das *Programme*-Menü ...

3 ... und klicken Sie in der Auflistung auf den Eintrag *Adobe Photoshop Elements 3.0*.

Wenn Sie einen schnellen Zugriff auf Photoshop Elements haben wollen, legen Sie ein Verknüpfungs-Symbol auf dem Desktop ab und starten Sie das Programm dort mit einem Doppelklick. Haben Sie eine Standardinstallation vorgenommen, wurde das Symbol automatisch auf dem Desktop abgelegt.

WISSEN

2 Fotos anzeigen und ordnen

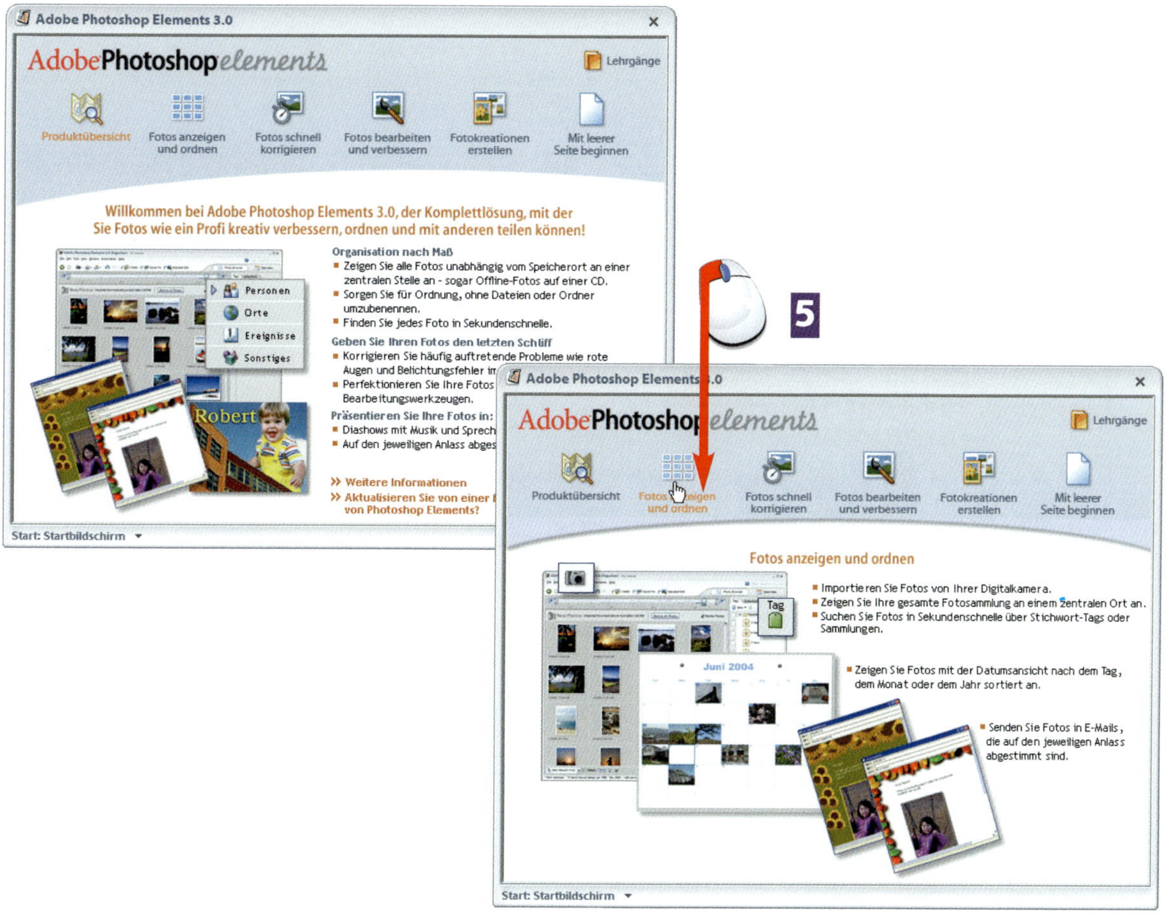

4 Nach dem Aufruf sehen Sie zunächst eine Übersicht. Hier wählen Sie aus, mit welchem Photoshop-Elements-Modul Sie beginnen wollen.

5 Rufen Sie die Funktion *Fotos anzeigen und ordnen* auf.

Die Aufteilung in verschiedene Programm-Module ist recht praktisch. Der Arbeitsbereich ist übersichtlicher, wenn nur die Funktionen angeboten werden, die für eine Aufgabe nötig sind.

HINWEIS

36 Eine Datensicherung durchführen

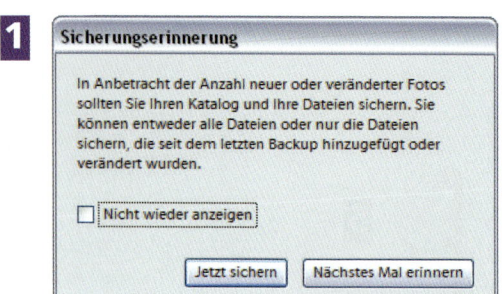

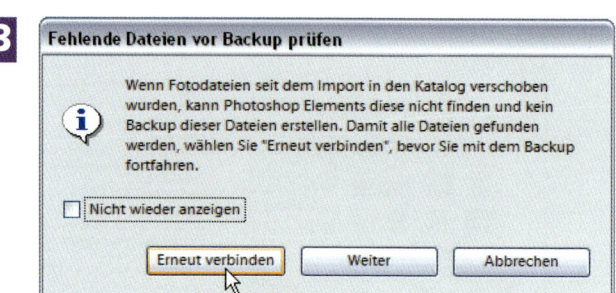

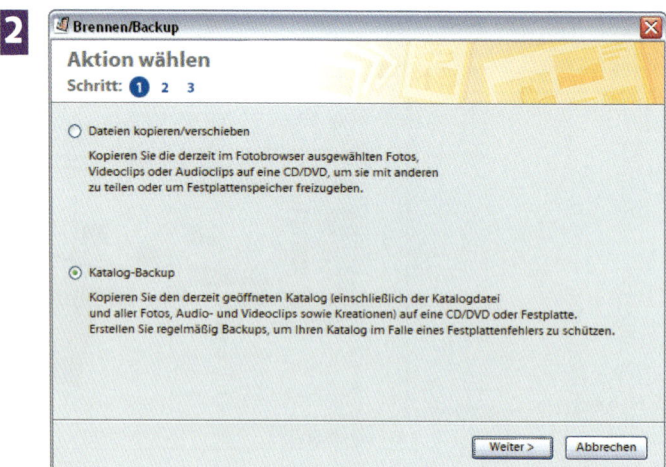

1 Wenn Sie viele Fotos importiert haben, bietet Photoshop Elements nach dem Programmstart eine Sicherung der Daten an.

2 Entscheiden Sie, ob Sie nur die Fotos oder auch die dazugehörende Katalogdatei sichern wollen. Es spricht wenig dagegen, die zweite Option zu wählen.

3 Mit der Option *Erneut verbinden* überprüft Photoshop Elements, ob noch alle Fotos im Katalog auf der Festplatte vorhanden sind.

Die regelmäßige Datensicherung ist ein wichtiges Thema, das allzu oft vernachlässigt wird. Meist erinnert man sich erst an eine Sicherung der Daten, wenn ein Crash aufgetreten ist. Dann nutzt es natürlich nichts mehr. Daher sollten Sie sich in regelmäßigen Zeitabständen ein wenig Zeit für die Sicherung Ihrer wertvollen Daten nehmen.

WISSEN

2 Fotos anzeigen und ordnen 37

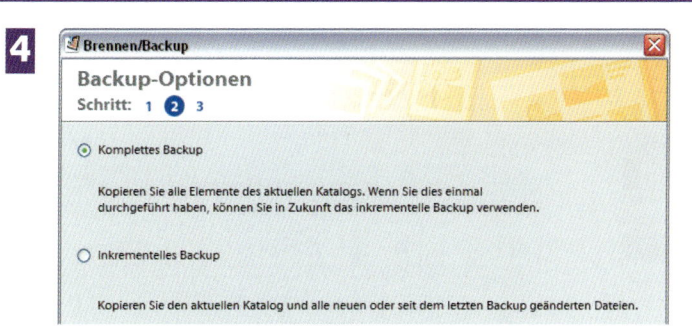

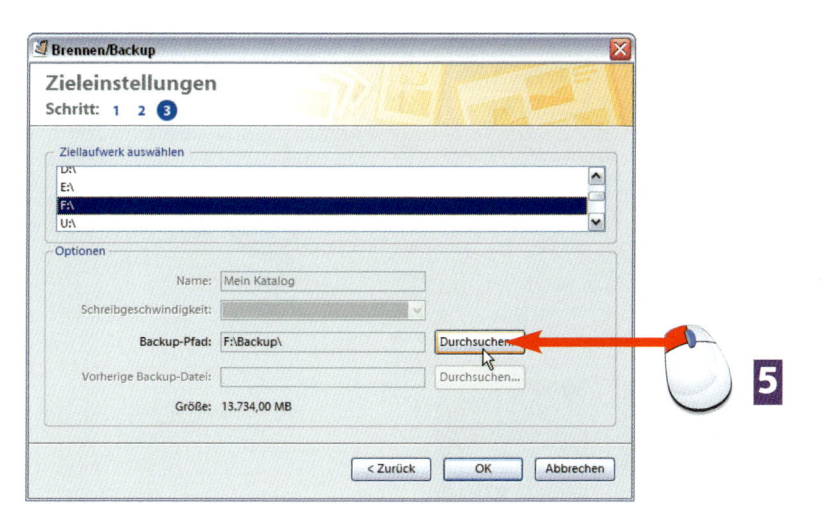

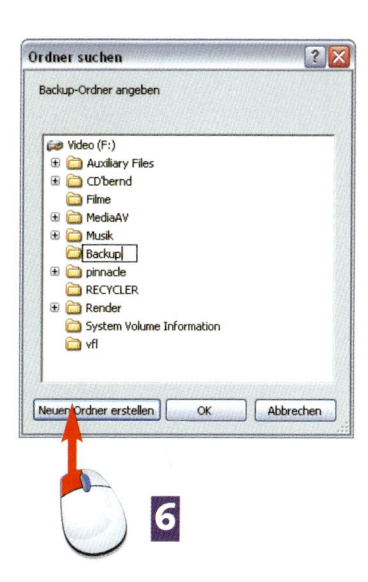

4 Entscheiden Sie im zweiten Schritt, ob Sie ein komplettes Backup erstellen oder nur die neu hinzugekommenen Fotos sichern.

5 Legen Sie mit der *Durchsuchen*-Schaltfläche im dritten Assistentenschritt den Ordner fest, in dem die Sicherheitskopie abgelegt werden soll.

6 Erstellen Sie mit der Schaltfläche *Neuen Ordner erstellen* gegebenenfalls einen neuen Ordner für die Sicherheitskopie.

Ende

TIPP
Da DVDs heute nicht mehr die Welt kosten, ist es empfehlenswert, regelmäßig eine DVD mit den aktuellen Fotos zu brennen.

FACHWORT
Als **Backup** wird eine Sicherheitskopie von Daten bezeichnet.

HINWEIS
Je nach Menge der Daten, die Sie sichern, kann es schon eine Weile dauern, ehe alle Fotos kopiert sind. Hier ist Geduld angesagt.

Sortierkriterien festlegen

Start

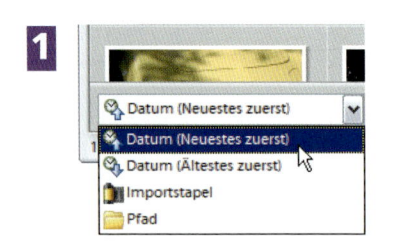

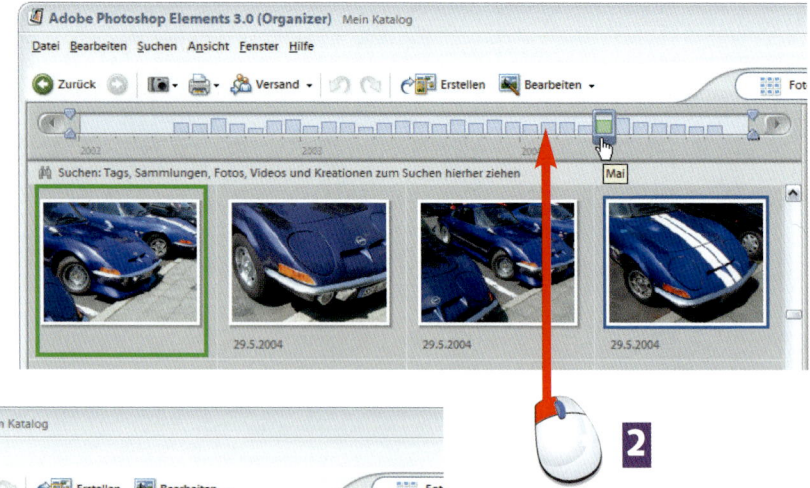

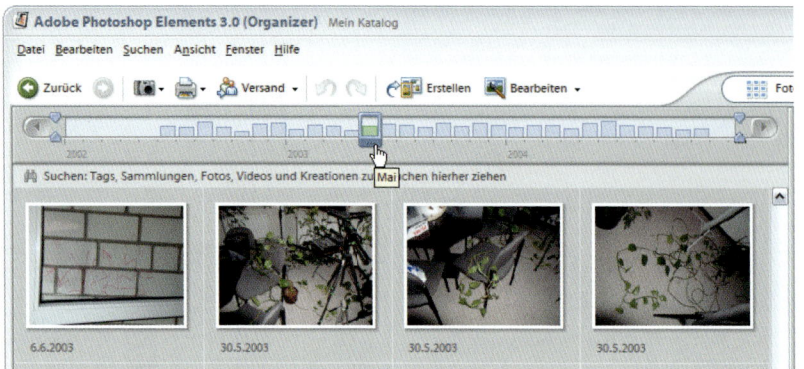

1 Im unteren Listenfeld gibt es vier verschiedene Sortierkriterien.

2 Klicken Sie in der Zeitleiste den gewünschten Monat an, wenn Sie die Datum-Sortierung eingestellt haben.

3 Klicken Sie dann einen anderen Monat an, werden sofort die dazugehörenden Fotos angezeigt.

Haben Sie nur einige, wenige Fotos im Katalog, ist das Auffinden eines bestimmten Fotos leicht. Je umfangreicher der Katalog wird, umso hilfreicher sind die Möglichkeiten, die Fotos nach bestimmten Suchkriterien zu ordnen.

WISSEN

2 Fotos anzeigen und ordnen

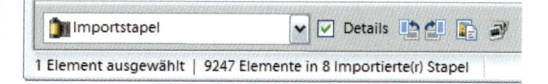

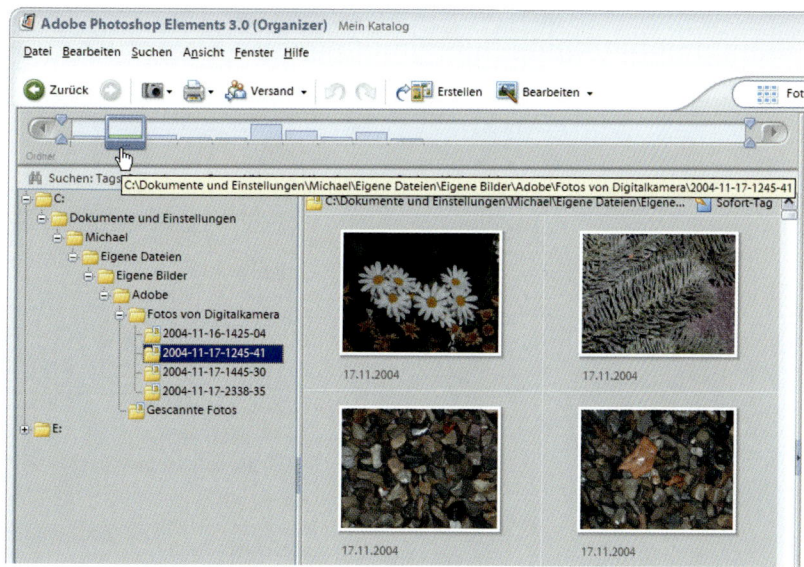

4 Wählen Sie die *Importstapel*-Option aus, ...

5 ... wird die Anzeige in der Zeitleiste entsprechend angepasst. Dort sind nun die Importsessions aufgeführt.

6 Bei der *Pfad*-Option sehen Sie in der linken Liste, wo sich das Foto auf der Festplatte befindet.

Ende

TIPP

Werfen Sie einmal einen Blick in die untere Zeile des Arbeitsfensters. Dort wird angezeigt, wie viele Vorkommnisse zum aktuellen Suchkriterium vorhanden sind.

FACHWORT

Als **Pfad** bezeichnet man die Position des Ordners innerhalb der Ordnerhierarchie.

HINWEIS

Die Hilfeschilder zeigen stets detaillierte Informationen an – beispielsweise mit welcher Kamera das Foto aufgenommen wurde.

Detailinformationen anzeigen

Start

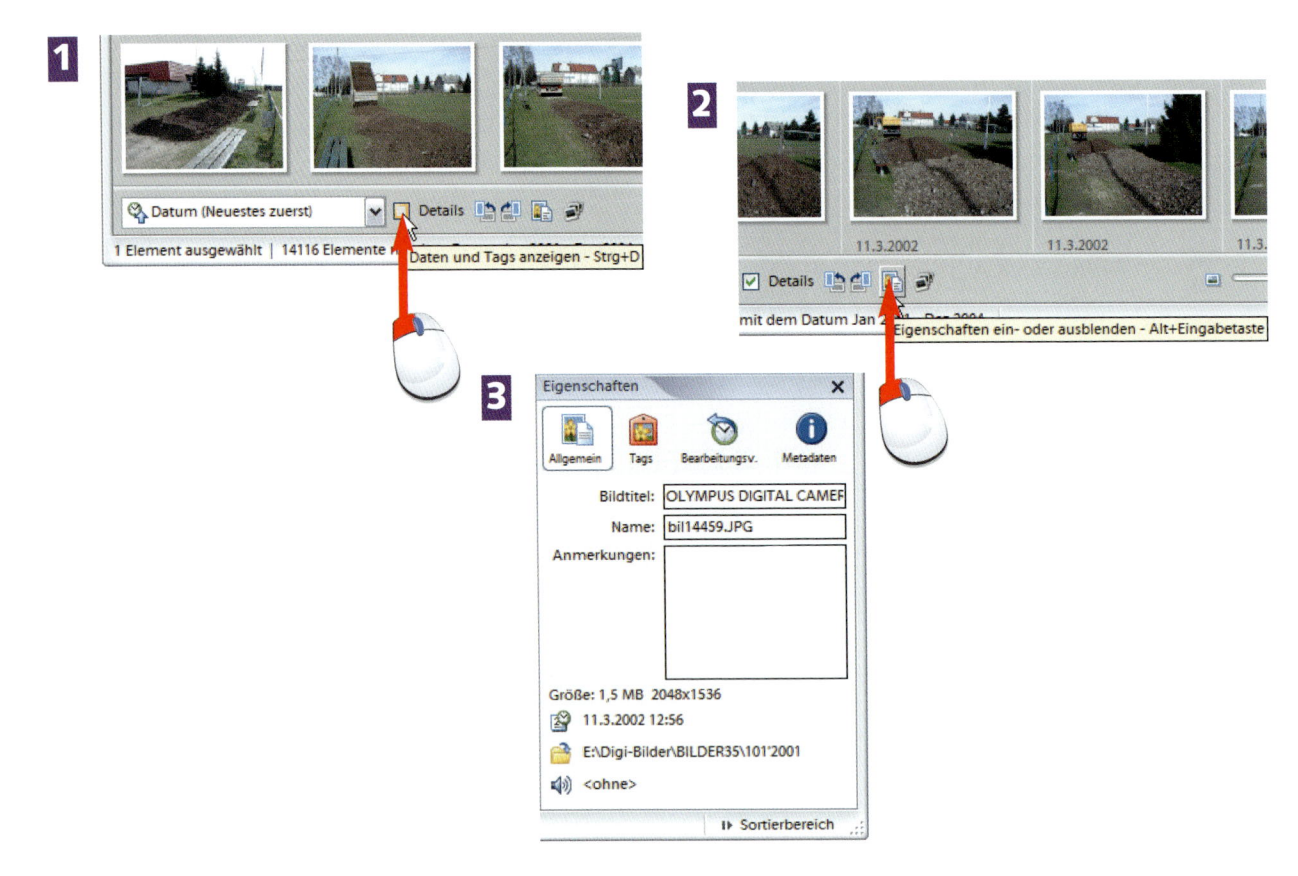

1. Wenn Sie die Anzeige der Details unter den Fotos ausblenden wollen, klicken Sie auf diese Optionsfläche, sodass das Häkchen verschwindet.

2. Klicken Sie auf diese Schaltfläche, ...

3. ... um rechts neben den Miniaturbildern ein Fenster mit den Bildeigenschaften einzublenden.

WISSEN

Bei digitalen Fotos werden verschiedene Informationen gespeichert, ohne dass Sie es „bemerken". So zeichnet die Kamera in den EXIF-Daten beispielsweise Informationen über die verwendete Verschlusszeit oder Blende auf.

2 Fotos anzeigen und ordnen 41

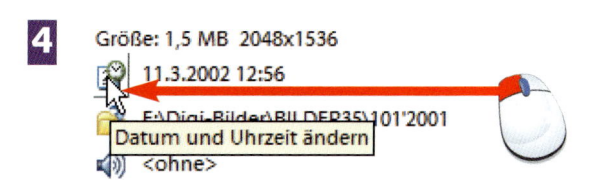

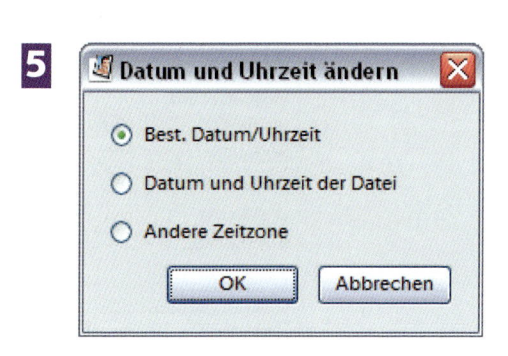

4 Größe: 1,5 MB 2048x1536
11.3.2002 12:56
E:\Digi-Bilder\BILDER35\101'2001
Datum und Uhrzeit ändern
<ohne>

5 Datum und Uhrzeit ändern
- Best. Datum/Uhrzeit
- Datum und Uhrzeit der Datei
- Andere Zeitzone

OK   Abbrechen

6 Datum und Uhrzeit einstellen

Datum
Jahr: 2002   Monat: Mrz   Tag: 11

Uhrzeit
- Bekannt 12:56
- Unbekannt

OK   Abbrechen

4 Klicken Sie auf diese Schaltfläche, wenn Sie das Datum des Fotos verändern wollen.

5 Legen Sie in diesem Dialogfeld fest, was Sie ändern möchten.

6 Wählen Sie hier die neuen Datums- und Uhrzeitangaben aus.

Ende

EXIF-Daten enthalten alle Informationen der Aufnahme. So ist es leicht, später festzustellen, ob bei der Aufnahme geblitzt oder welche Brennweite verwendet wurde.

Es kann vorkommen, dass Ihre Kamera – zum Beispiel bei Strommangel – einen Reset durchführt, bei dem Datum und Uhrzeit auf die Standardwerte zurückgesetzt werden.

FACHWORT   **HINWEIS**

42 Die EXIF-Daten begutachten

Start

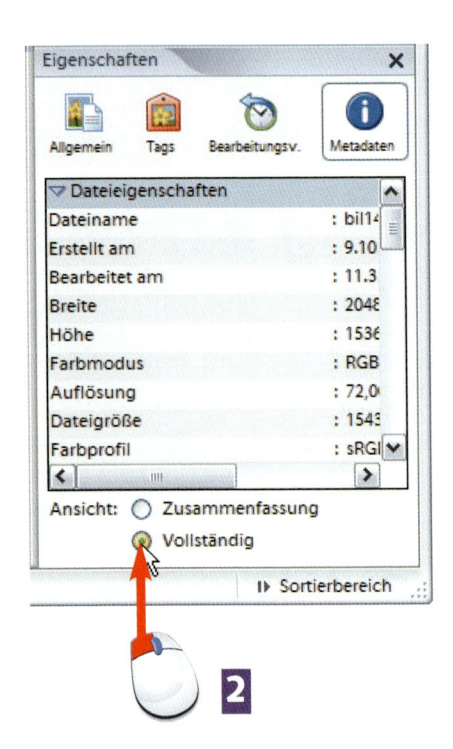

1 Um die EXIF-Daten des Fotos auszulesen, klicken Sie auf die Schaltfläche *Metadaten* in der Kopfzeile des *Eigenschaften*-Fensters.

2 Aktivieren Sie die Option *Vollständig*, um alle Metadaten anzuzeigen.

3 Ziehen Sie an dem Steg an der oberen Kante des *Eigenschaften*-Fensters, um den Bereich zu vergrößern.

WISSEN

Aus den Metadaten der Kamera lassen sich interessante Informationen ableiten. Wundern Sie sich zum Beispiel, warum ein Motiv verwackelt ist, könnte ein Blick in die Metadaten hilfreich sein. Vielleicht wurde ja wegen schlechter Lichtverhältnisse eine zu lange Belichtungszeit verwendet.

2 Fotos anzeigen und ordnen 43

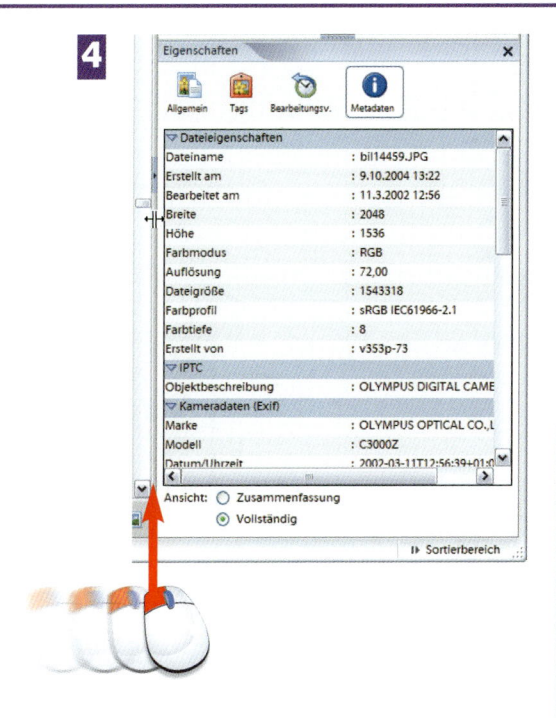

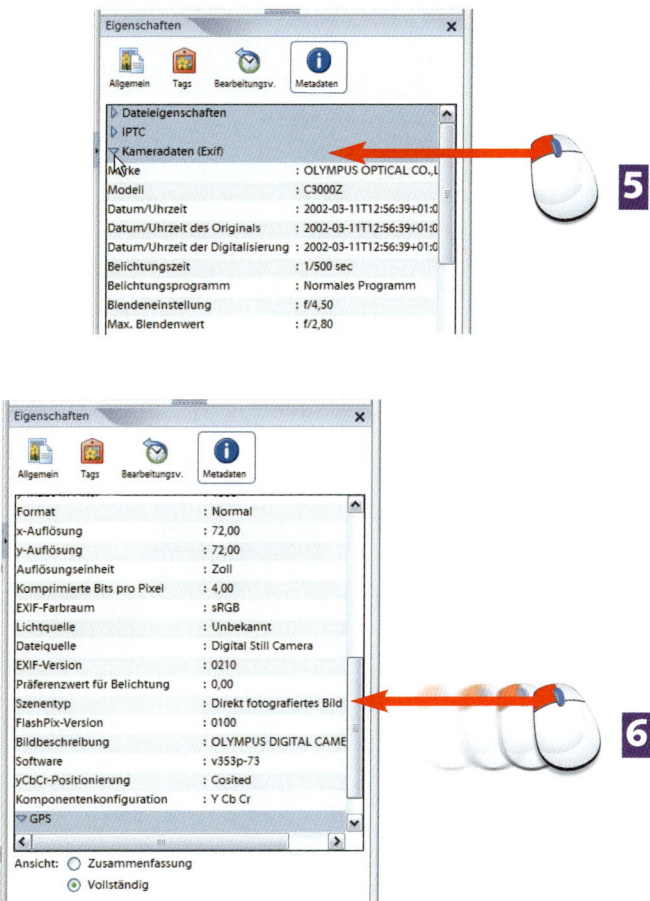

4 Sie können auch die Breite dieses Bereichs anpassen. Ziehen Sie dazu an dem linken Steg.

5 Klappen Sie mit einem Klick auf das Dreieck die einzelnen Kategorien der Metadaten auf oder zu.

6 Die Liste der Metadaten ist lang. Scrollen Sie mit dem Scrollbalken zur gewünschten Position.

Ende

TIPP

Mit einem Klick auf den Pfeil in der Mitte des linken Stegs wird der linke Bereich aus- und wieder eingeblendet. So schaffen Sie mehr Platz für die Miniaturbilder.

HINWEIS

Die EXIF-Daten kann man nur lesen – aber nicht verändern. Das ist auch sinnvoll, ansonsten gäbe es ja keinen Beleg für die „Echtheit" eines Fotos.

44 Die Datumsansicht einsetzen

Start

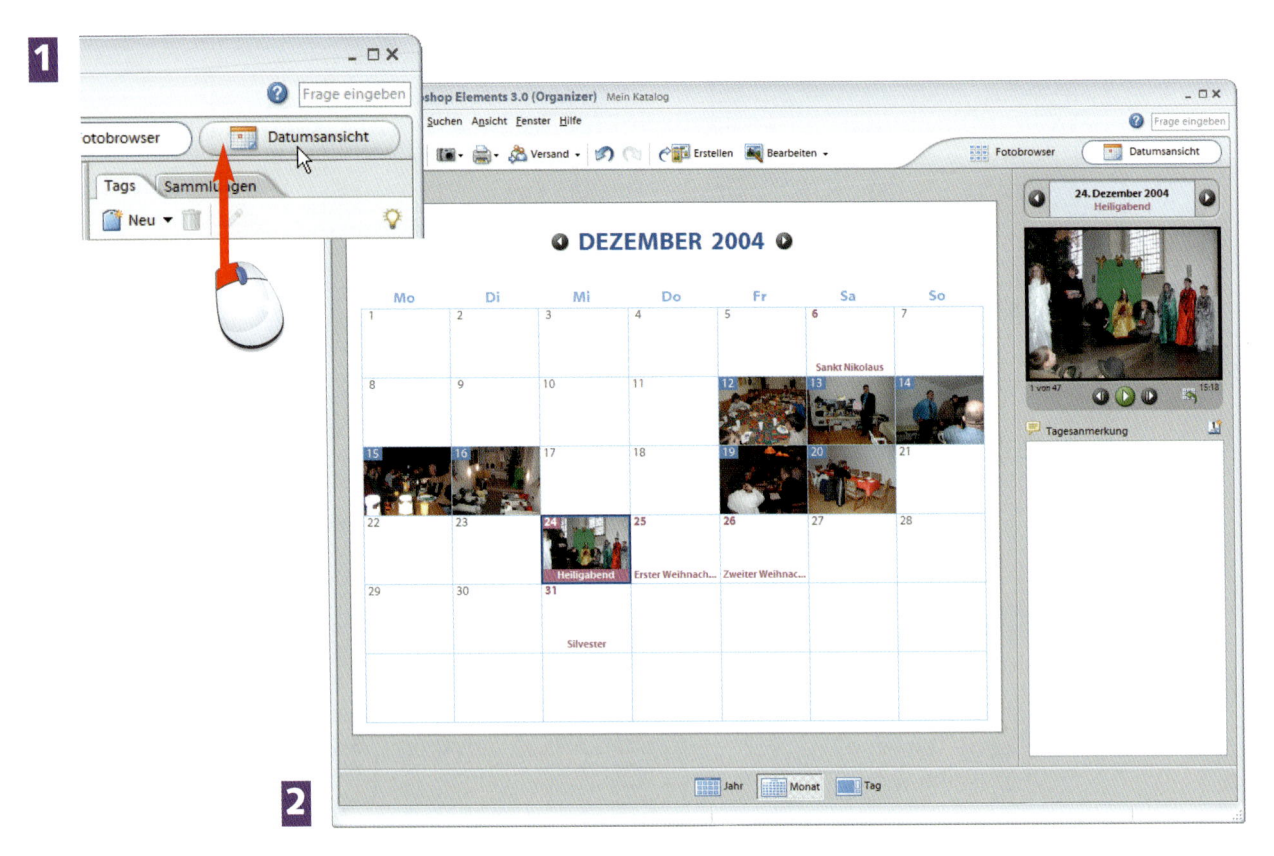

1 Klicken Sie auf die Schaltfläche *Datumsansicht*.

2 Dann wird ein symbolisches Kalenderblatt im Arbeitsbereich angezeigt. Hier erkennen Sie sofort, an welchem Tag des Monats fotografiert wurde.

WISSEN

Die Möglichkeiten der *Datumsansicht* sind sehr interessant. Vielleicht erinnern Sie sich an einen Feiertag, an dem Sie ein Foto aufgenommen haben. Da im Kalender alle Feiertage eingetragen sind, ist es so sehr leicht, das gewünschte Foto aufzufinden.

2 Fotos anzeigen und ordnen 45

3 Klicken Sie auf die Pfeile rechts und links neben der Bezeichnung des aktuellen Kalenderblatts, wechseln Sie zum nächsten oder vorherigen Monat.

4 Klicken Sie auf die Monatsbezeichnung, wird ein Menü geöffnet. Wählen Sie hier einen anderen Monat aus.

5 Um in einem gesonderten Menü das gewünschte Jahr einzustellen, klicken Sie auf die Jahresbezeichnung.

Ende

TIPP

Als Miniaturbild wird standardmäßig das erste Bild angezeigt, das am betreffenden Tag aufgenommen wurde.

HINWEIS

Ist zu einem Jahr oder Monat kein Bild im Katalog vorhanden, fehlt am Beginn der Zeile das Bildsymbol.

46 Bilder eines Aufnahmedatums verwalten

Start

1 Klicken Sie auf einen der Tage, zeigt ein Zusatzschild an, wie viele Bilder an diesem Tag gemacht wurden. In dem Beispiel war der Fotograf fleißig **;-)**

2 Spielen Sie über diese Schaltfläche eine Art Diaschau im Vorschau-Player ab. Die Bilder wechseln dabei nach einem kurzen Moment automatisch.

3 Wollen Sie manuell zwischen den Bildern des Tages wechseln, klicken Sie auf die Schaltflächen links und rechts neben der Play-Taste.

Der Vorschau-Player eignet sich gut, um einen Überblick über die Fotos eines Tages zu gewinnen. Dies ist besonders dann wichtig, wenn Sie an einem Tag viel fotografiert haben.

WISSEN

2 Fotos anzeigen und ordnen 47

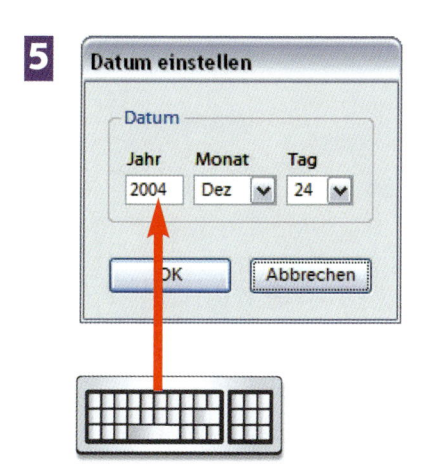

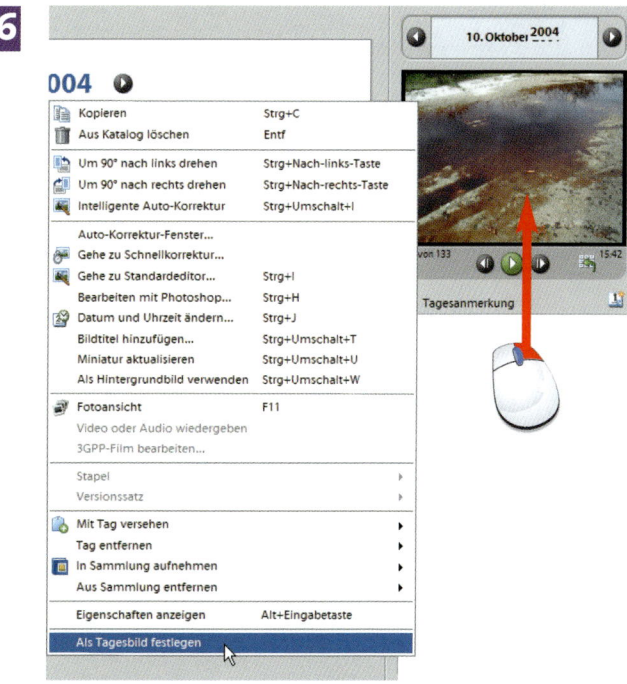

4 Klicken Sie auf die Bezeichnung über dem Vorschaubild, wenn Sie schnell zu einem ganz anderen Tag wechseln wollen.

5 Tippen Sie dann in einem gesonderten Dialogfeld das gewünschte neue Datum ein.

6 Wollen Sie nicht das erste Bild des Tages als Miniaturbild verwenden, rufen Sie im Kontextmenü die Funktion *Als Tagesbild festlegen* auf.

Ende

FACHWORT

Kontextmenü wird das Menü genannt, das sich öffnet, wenn Sie ein Element mit der rechten Maustaste anklicken.

48 Die Jahres- und Tagesansicht verwenden

Start

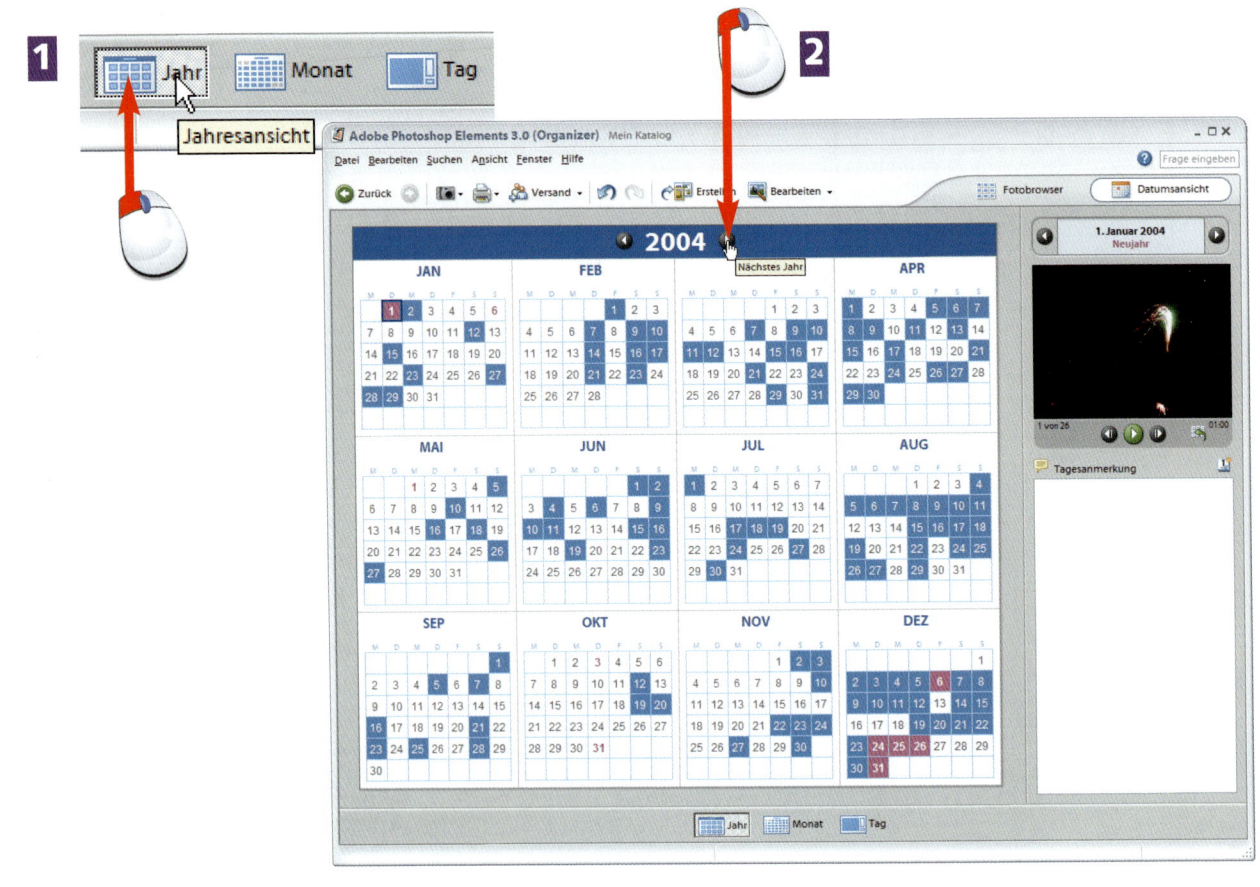

1 Rufen Sie über diese Schaltfläche die Jahresübersicht auf.

2 Jeder blau markierte Tag zeigt an, dass für diesen Tag Fotos im Katalog vorhanden sind. Klicken Sie auf die Pfeil-Schaltflächen, um das vorige oder nächste Jahr aufzurufen.

WISSEN

Mit der *Jahresansicht* erhalten Sie einen schnellen Überblick. Um detaillierter „einzusteigen", ist die *Tagesansicht* sinnvoll. Von der Monats- und Jahresansicht gelangen Sie übrigens sehr schnell zur Tagesansicht, indem Sie den entsprechenden Tag einfach doppelt anklicken.

2 Fotos anzeigen und ordnen 49

3 In der Tagesansicht wird rechts ein Balken mit den Miniaturbildern des Tages eingeblendet. Ziehen Sie am Scrollbalken, um sich ein Bild auszusuchen.

4 Klicken Sie auf das gewünschte Miniaturbild, um es links in großer Darstellung zu bewundern.

Wenn Sie der schwarze Balken um das Tagesfoto herum stört, skalieren Sie das Arbeitsfenster. Verschieben Sie dazu eine Kante des Arbeitsbereichs mit gedrückter linker Maustaste.

Die korrekte Bildanzeige dauert einen kurzen Moment. Das Bild wird zunächst in einer schlechteren Vorschau angezeigt, ehe die endgültige, gute Bildqualität erscheint.

TIPP

HINWEIS

Schlüsselwörter verwenden

Start

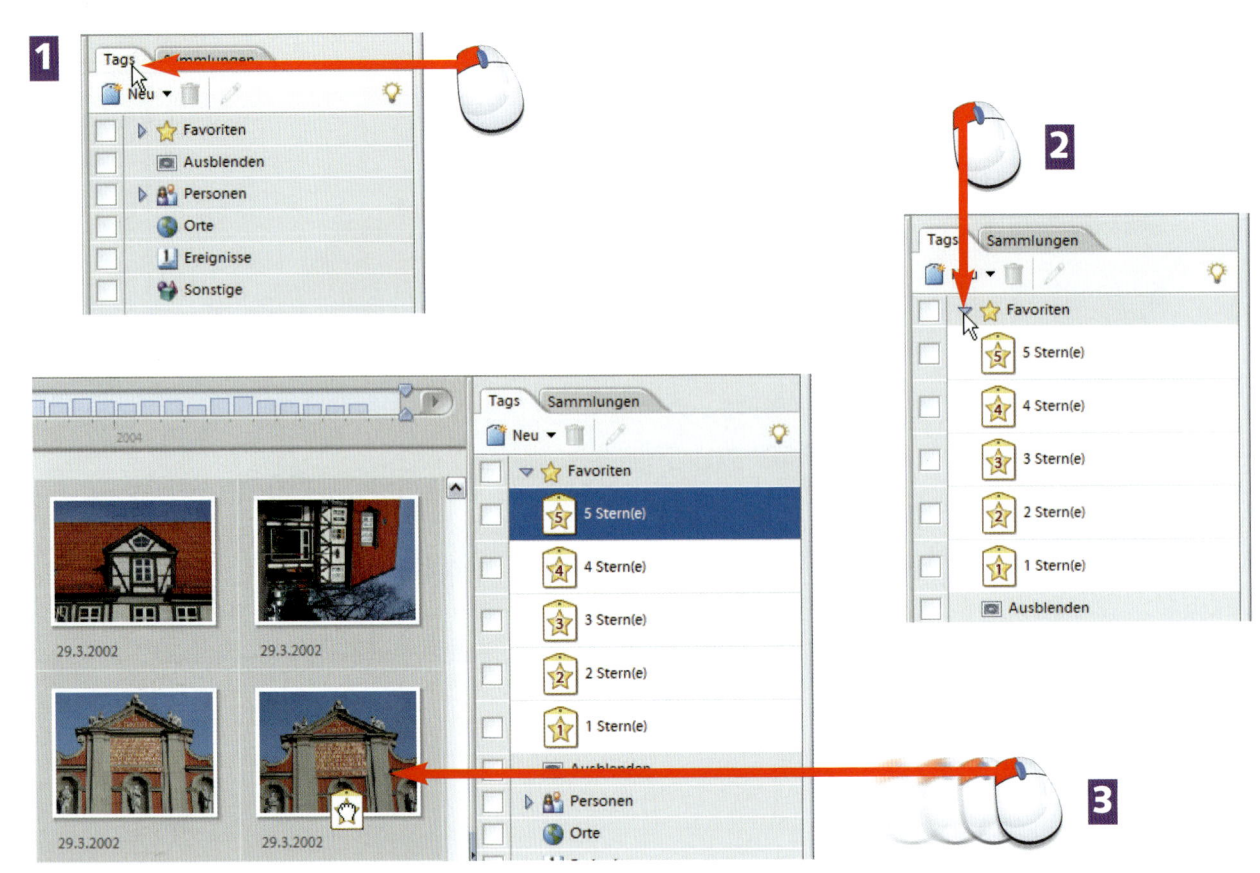

1 Öffnen Sie im rechten Bereich mit einem Mausklick die *Tags*-Registerkarte.

2 Klicken Sie auf das Pfeilsymbol, um sich die verschiedenen vorgegebenen Tags anzusehen. Bewerten Sie zum Beispiel Ihre Bilder mit Sternen.

3 Um ein Tag zuzuweisen, ziehen Sie das Symbol einfach auf das betreffende Foto.

WISSEN

Für eine differenzierte Suche sind mehr Informationen nötig als nur das Aufnahmedatum eines Bildes. Vielleicht wollen Sie ja Aufnahmen von verschiedenen Aufnahmetagen zu einem Thema zusammenfassen. Dafür benötigen Sie die Tags.

2 Fotos anzeigen und ordnen 51

4 Haben Sie ein Tag zugewiesen, wird das Symbol rechts unter dem Miniaturbild angezeigt.

5 Weisen Sie auf diese Art und Weise allen Fotos in Ihrem Album die erforderlichen Tags zu.

Ende

FACHWORT
Als **Tags** werden zusätzliche Informationen bezeichnet, die einem Foto zugeordnet sind.

HINWEIS
Weisen Sie einem Foto zur differenzierteren Sortierung ohne weiteres mehrere verschiedene Tags zu.

52 Neue Suchkriterien verwenden

Start

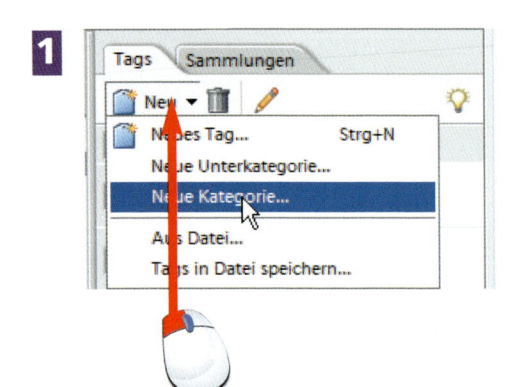

1 Klicken Sie auf die *Neu*-Schaltfläche und rufen Sie aus dem Menü die Option *Neue Kategorie* auf.

2 Tippen Sie den Namen der neuen Kategorie ein und suchen Sie ein Symbol aus der unteren Liste aus.

3 Bestätigen Sie die Eingabe über die *OK*-Schaltfläche. Die neue Kategorie wird am Ende der Liste eingefügt.

Durch die Eingabe neuer Kategorien und Unterkategorien können Sie eine sehr genaue Klassifizierung der Fotos vornehmen und sich so eine spätere Suche erleichtern.

WISSEN

2 Fotos anzeigen und ordnen　53

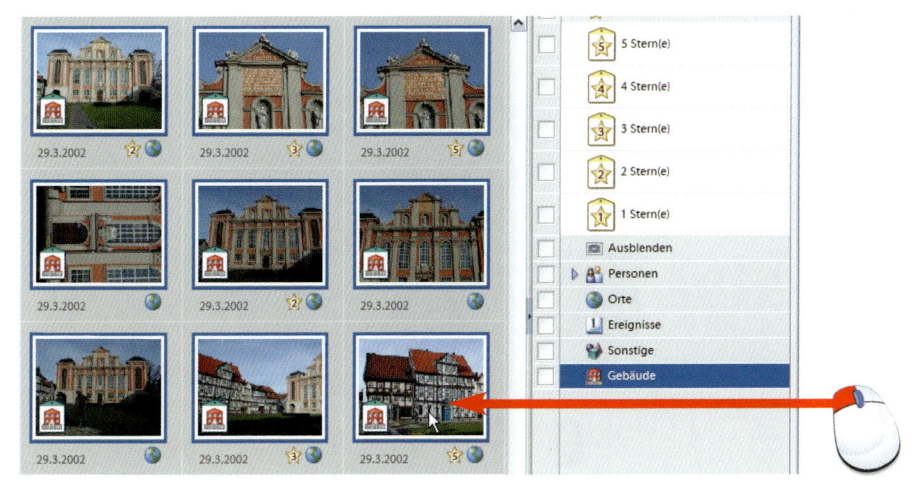

4 Wollen Sie ein Tag mehreren Fotos auf einmal zuweisen, markieren Sie die betreffenden Fotos und ziehen Sie das Tag auf eines der Bilder.

5 Um eine neue Unterkategorie zu erstellen, rufen Sie die Funktion *Neue Unterkategorie* aus dem *Neu*-Menü auf.

6 Tippen Sie den gewünschten Namen ein und bestätigen Sie die Eingabe mit der *OK*-Schaltfläche.

Ende

TIPP

Das Zuweisen der Tags dauert zwar eine Weile, da Sie diese Arbeit aber nur einmal vornehmen müssen, lohnt sich der Aufwand. Dafür fällt später die Suche leicht.

54 Nach Schlüsselwörtern sortieren

Start

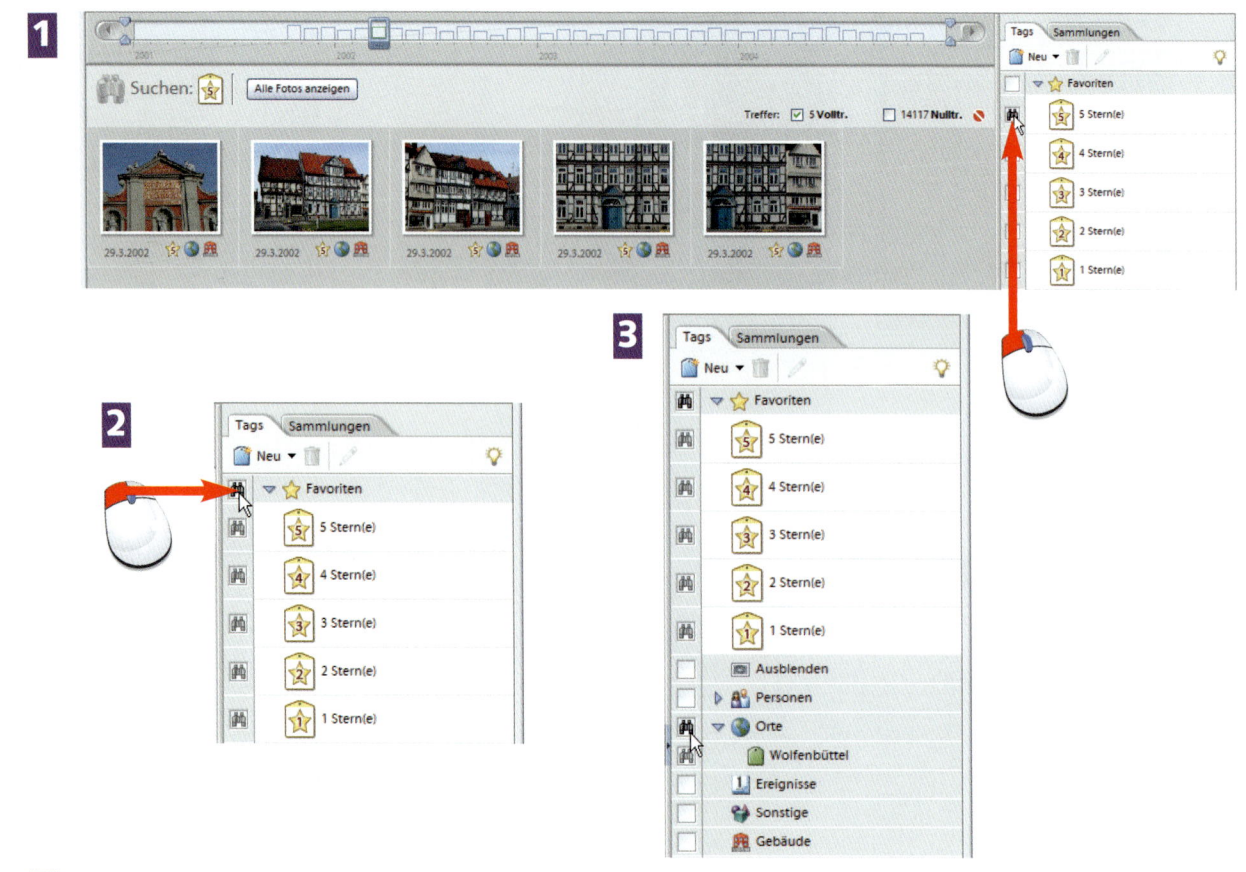

1 Klicken Sie auf das Kästchen vor einem Tag, um alle Vorkommnisse dieses Tags anzuzeigen. Alle anderen Fotos des Katalogs sind dann nicht mehr zu sehen.

2 Besitzt ein Tag Unterkategorien, blenden Sie diese alle auf einmal ein, indem Sie die Hauptkategorie markieren.

3 Es ist auch möglich, mehrere Tags zur Suche zu aktivieren.

WISSEN

Wenn Sie tausende von Fotos in Ihrem Katalog haben, reduzieren Sie mit dem Aufruf der Suchoption die Anzahl der angezeigten Miniaturbilder und erhalten so einen guten Überblick.

2 Fotos anzeigen und ordnen 55

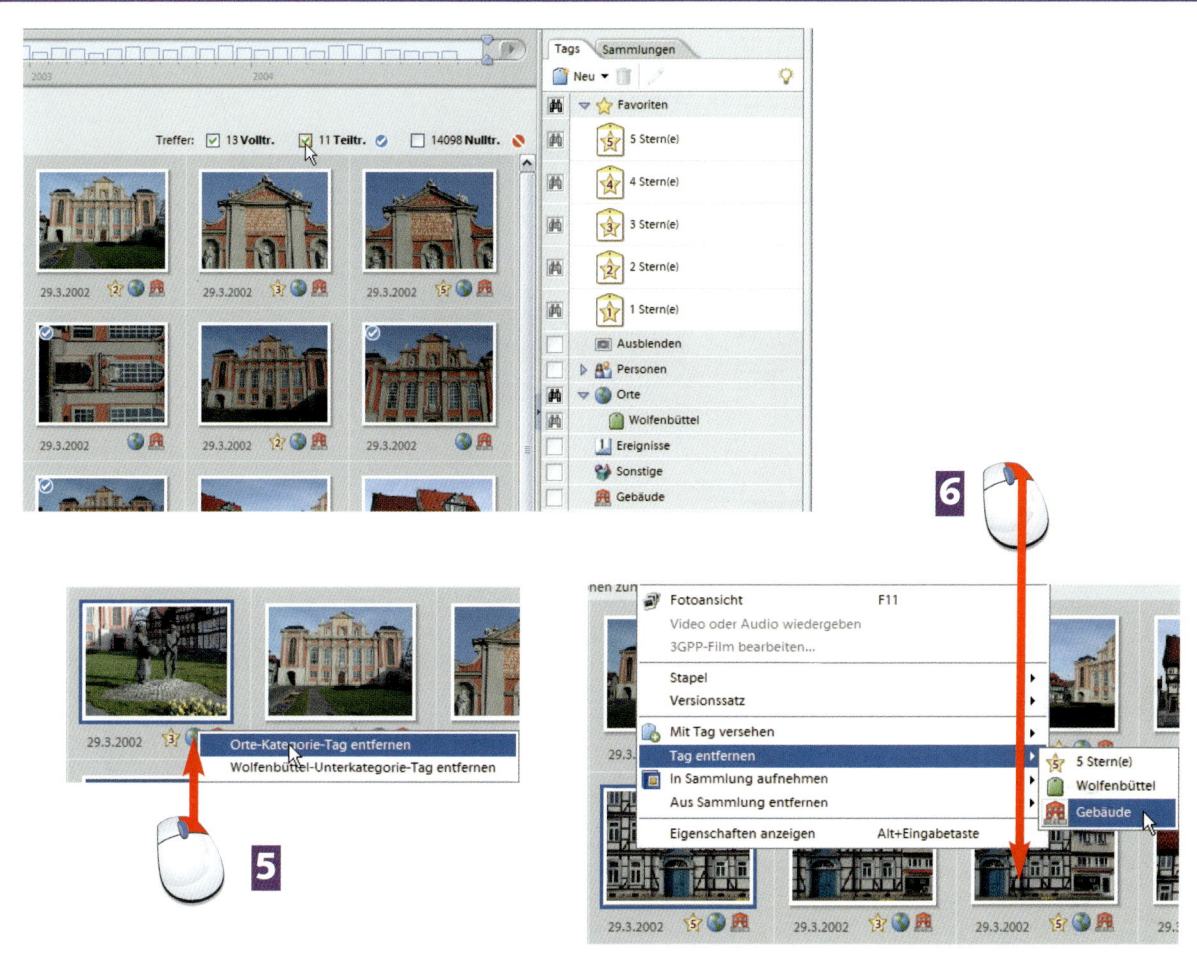

4 Haben Sie mehrere Tags für die Suche eingestellt, wird über den Miniaturbildern angezeigt, wie viele Voll- oder Teiltreffer es gibt.

5 Um ein Tag wieder zu entfernen, klicken Sie das betreffende Symbol unter dem Miniaturbild mit der rechten Maustaste an oder …

6 … klicken Sie das Miniaturbild mit der rechten Maustaste an, um die Funktion im Kontextmenü zu verwenden.

Ende

TIPP

Für eine schnelle Zuweisung von Tags verwenden Sie ebenfalls die Funktionen des Kontextmenüs.

HINWEIS

In den Miniaturbildern erkennen Sie an verschiedenen Symbolen, ob es sich um Teiltreffer handelt. Ein blauer Kreis mit einem Haken symbolisiert dies.

56 Weitere Sortier-"Hilfsmittel"

Start

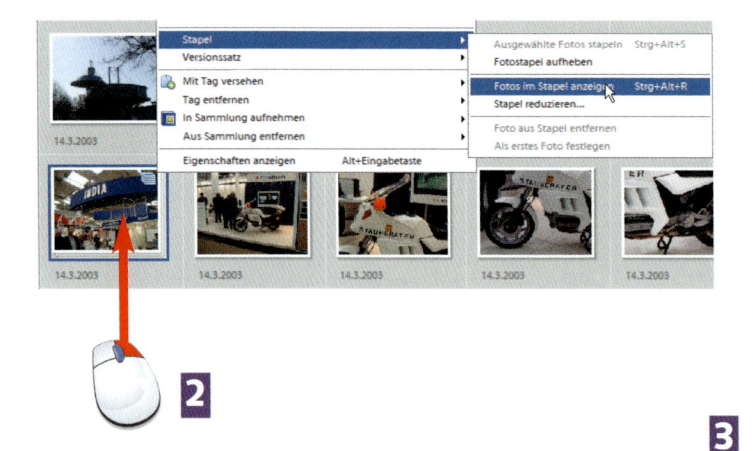

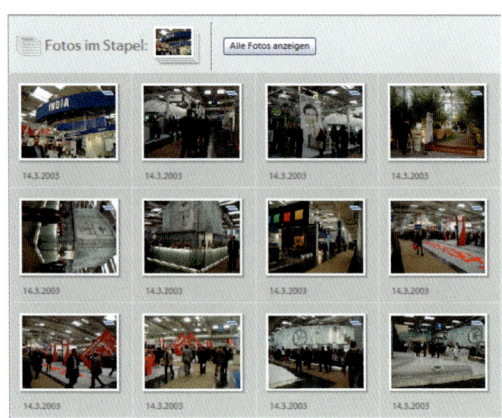

1 Markieren Sie die Bilder, die Sie zu einem Bilderstapel zusammenfassen wollen, und rufen Sie aus dem Kontextmenü die Funktion *Stapel/Ausgewählte Fotos stapeln* auf.

2 Um die Fotos zu betrachten, die sich innerhalb eines Stapels befinden, rufen Sie nach der Auswahl des Stapels die Funktion *Fotos im Stapel anzeigen* auf.

3 Dann zeigt das Übersichtsfenster nur noch die Bilder an, die sich im Bilderstapel befinden.

Sie können mehrere Bilder zu einem Stapel zusammenfassen. Auch die Stapelfunktion dient dazu, etwas mehr „Ordnung" in große Bildermengen zu bringen. Haben Sie nur eine kleine Bildersammlung, lohnt sich diese Funktion eher nicht.

WISSEN

2 Fotos anzeigen und ordnen

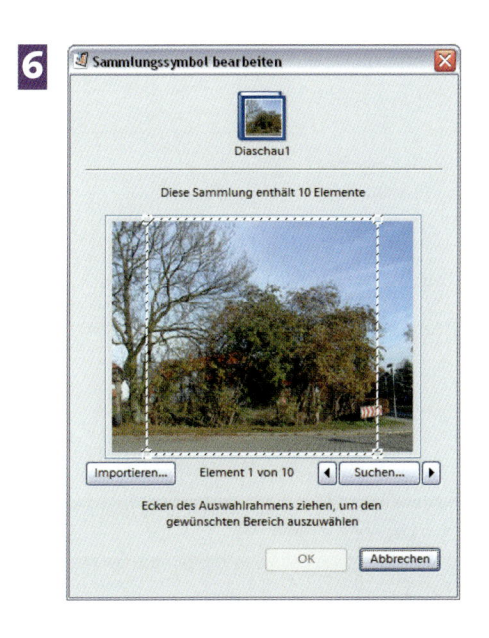

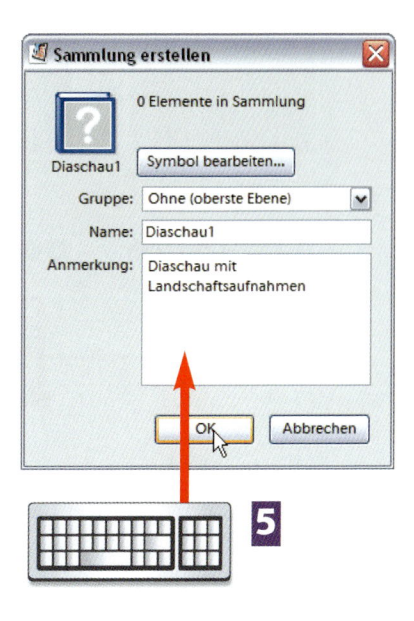

4 Aktivieren Sie die Funktion *Neue Sammlung* aus dem *Neu*-Menü der *Sammlungen*-Registerkarte, wenn Sie zum Beispiel eine Diaschau zusammenstellen.

5 Tippen Sie den Namen und eine Bezeichnung für die Diaschau ein.

6 Verändern Sie mit der Schaltfläche *Symbol bearbeiten* das verwendete Symbol. Die Aufnahme von Fotos funktioniert genauso wie bei den Tags.

Ende

HINWEIS

Mit der Funktion *Stapel reduzieren* löschen Sie alle Bilder im Stapel – außer dem obersten Bild.

TIPP

Im Kontextmenü finden Sie am Ende eines Menüeintrags gelegentlich eine Tastenkombination. Diese können Sie zum Schnellaufruf einer Funktion verwenden.

58 Die Fotoansicht verwenden

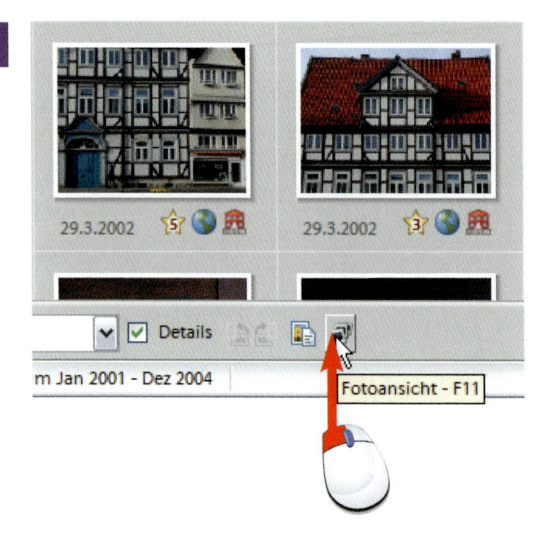

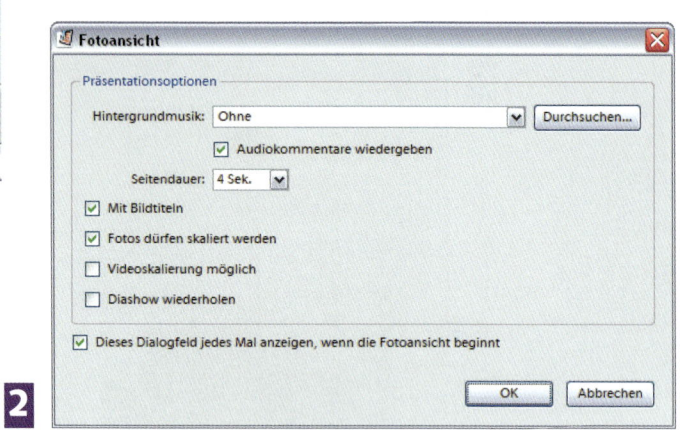

Start

1 Starten Sie mit dieser Schaltfläche die *Fotoansicht*.

2 Geben Sie hier die Optionen an, die Sie für die *Fotoansicht* verwenden wollen.

3 In der Navigationsleiste über dem Bild finden Sie Schaltflächen, um in der „Diaschau" zu navigieren.

Die *Fotoansicht* ist wichtig, wenn Sie Details des Fotos begutachten wollen. Auch für Schnellkorrekturen ist diese Ansicht sinnvoll.

WISSEN

2 Fotos anzeigen und ordnen 59

4 Wenn Sie die Fotos manuell auswählen wollen, klicken Sie das betreffende Foto in der Bildleiste rechts an. Mit der Esc-Taste verlassen Sie die *Fotoansicht* übrigens wieder.

Ende

TIPP

Die *Fotoansicht* ist in allen Ansichtsmodi verfügbar. Achten Sie darauf, vor dem Aufruf entsprechende Suchkriterien anzugeben.

HINWEIS

In der Navigationsleiste über dem Foto finden Sie verschiedene Funktionen für Schnellkorrekturen.

3

Photoshop Elements 3.0 kennen lernen

Den Editor starten

Start

1. Sie können den Editor auf verschiedene Art und Weise starten. Rufen Sie im Start-Dialogfeld die Option *Fotos schnell korrigieren* ...

2. ... oder die Option *Fotos bearbeiten und verbessern* auf, startet der Editor, ebenso wie bei der Option *Mit leerer Seite beginnen*.

3. Haben Sie den Organizer bereits gestartet, öffnen Sie das *Bearbeiten*-Menü und rufen dort die Schnellkorrektur oder den Standardeditor auf.

WISSEN

Wenn Sie mit der Vorgängerversion von Photoshop Elements gearbeitet haben, kommt Ihnen der Editor bekannt vor. Den Organizer-Bereich gab es damals nämlich nicht – da bestand Elements nur aus dem Editor.

3 Photoshop Elements 3.0 kennen lernen 63

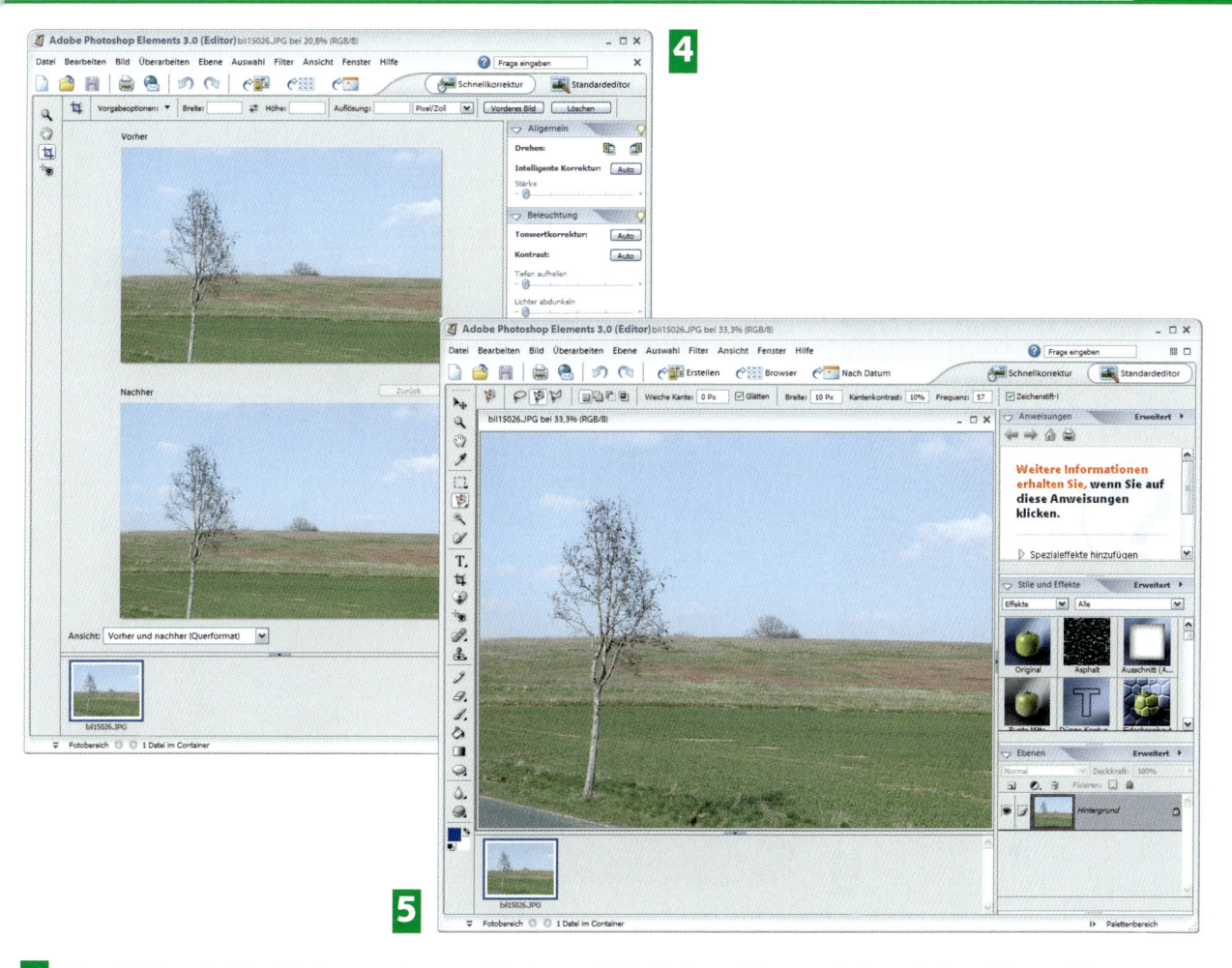

4 Der Editor teilt sich in zwei verschiedene Arbeitsbereiche auf. Der *Schnellkorrektur*-Bereich stellt nur wenige Optionen bereit.

5 Die Möglichkeiten des *Standardeditors* sind dagegen vielfältiger.

Ende

TIPP

Wenn Sie beim Aufruf des Editors aus dem Organizer ein Bild markiert haben, wird dies gleich im Editor geöffnet.

FACHWORT

Als **Editor** bezeichnet Photoshop Elements den Arbeitsbereich, in dem komplexere Fotobearbeitungsschritte möglich sind.

HINWEIS

Wechseln Sie über die Schaltflächen oben rechts im Editor zwischen den beiden Bearbeitungsmodi.

64 Der Arbeitsbereich Schnellkorrektur

Start

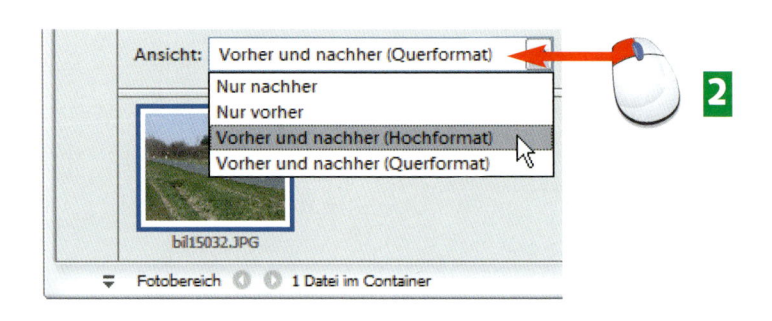

1 Nach dem Start der Schnellkorrektur sehen Sie zwei Vorschaubilder im Arbeitsbereich. Das obere zeigt die *Vorher*-Ansicht, das untere das Ergebnis der Anpassung.

2 Öffnen Sie die *Ansicht*-Liste und wählen Sie eine Ansicht aus.

3 Die Option *Vorher und nachher (Hochformat)* zeigt die beiden Bilder nebeneinander.

Der Arbeitsbereich *Schnellkorrektur* ist immer dann empfehlenswert, wenn Sie kleinere Veränderungen möglichst schnell und ohne großen Aufwand erledigen wollen.

WISSEN

3 Photoshop Elements 3.0 kennen lernen

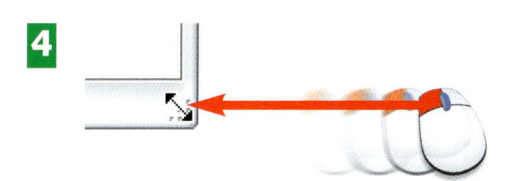

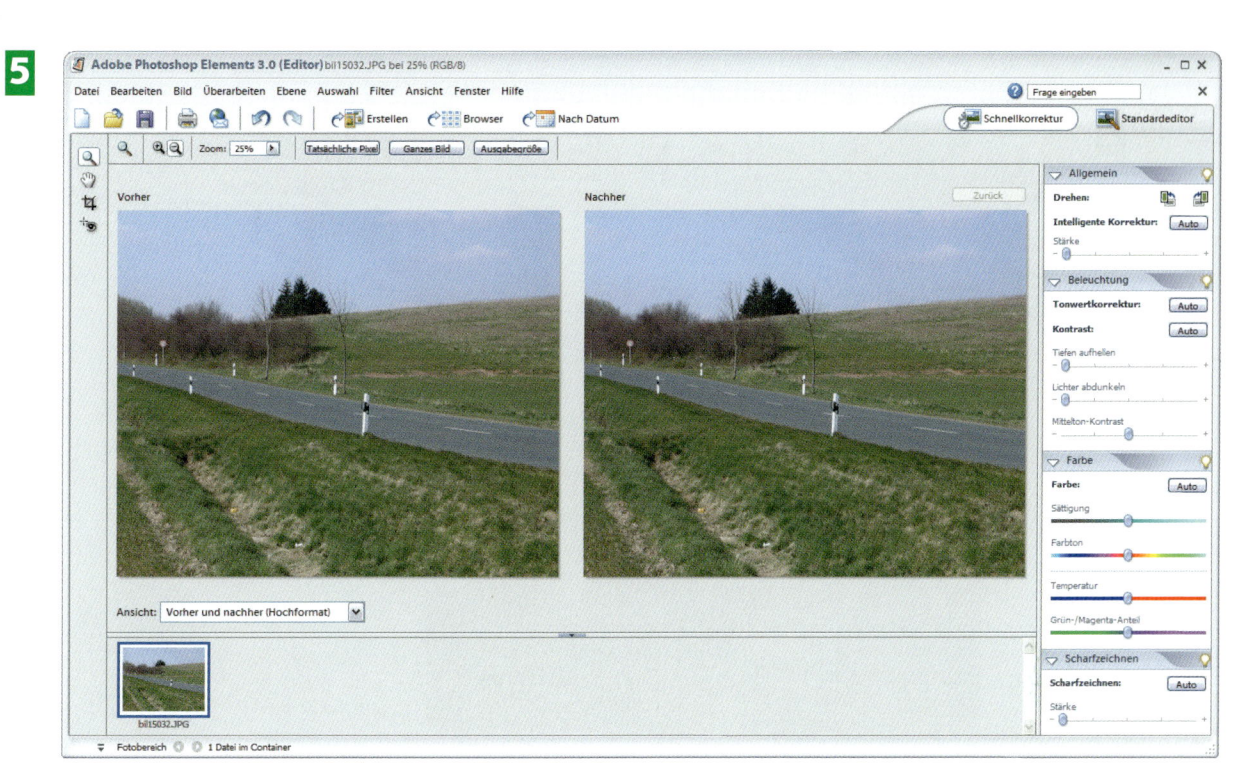

4 Wollen Sie den Arbeitsbereich skalieren, ziehen Sie an der unteren rechten Ecke des Arbeitsfensters.

5 So sieht unser Arbeitsbereich danach aus. So lässt es sich besser arbeiten.

Ende

HINWEIS

Durch das Skalieren des Arbeitsbereichs wird der Bereich vergrößert, in dem die Fotos angezeigt werden.

66 Das Zoom-Werkzeug verwenden

Start

1 Links sehen Sie die Werkzeugleiste. Klicken Sie dort auf das *Zoom-Werkzeug*, um die Bildansicht zu verändern.

2 In der Optionsleiste über dem Arbeitsbereich finden Sie Optionen zum ausgewählten Werkzeug. Wählen Sie die Option *Ganzes Bild*, ...

3 ... damit das Foto vollständig zu sehen ist.

Die Optionsleiste bietet unterschiedliche Funktionen an. Je nachdem, welches Werkzeug Sie aufgerufen haben, werden dazu passende Optionen bereitgestellt. Das ist sehr praktisch.

WISSEN

3 Photoshop Elements 3.0 kennen lernen 67

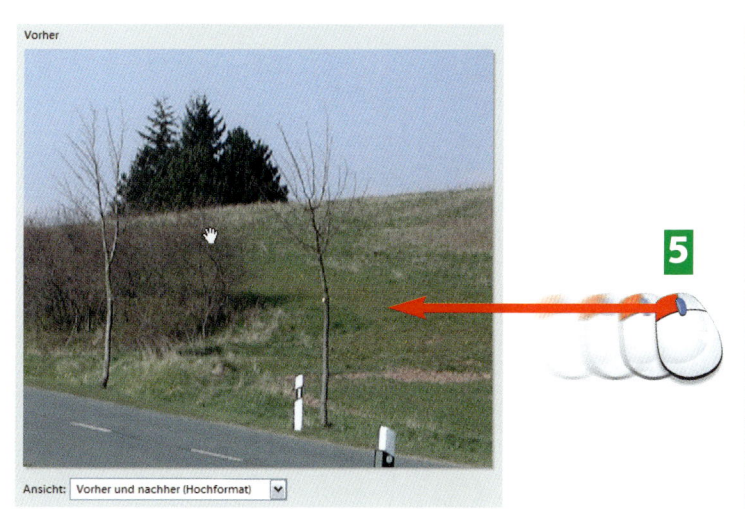

4 Um die Darstellungsgröße zu vergrößern, klicken Sie in das Bild. Die angeklickte Stelle ist das Zentrum der vergrößerten Darstellung.

5 Verschieben Sie mit dem Hand-Werkzeug aus der Werkzeugleiste den sichtbaren Bildausschnitt bei vergrößerten Darstellungen.

6 In diesem Bild sehen Sie einen ganz anderen Bildausschnitt als zuvor.

Wenn Sie die Alt-Taste gedrückt halten, wird die Ansicht mit jedem Klick stufenweise verkleinert.

Halten Sie die linke Maustaste gedrückt und ziehen Sie einen Rahmen um den Bereich auf, den Sie in vergrößerter Darstellung betrachten wollen.

TIPP   **HINWEIS**

68 Schnelle automatische Korrekturen

Start

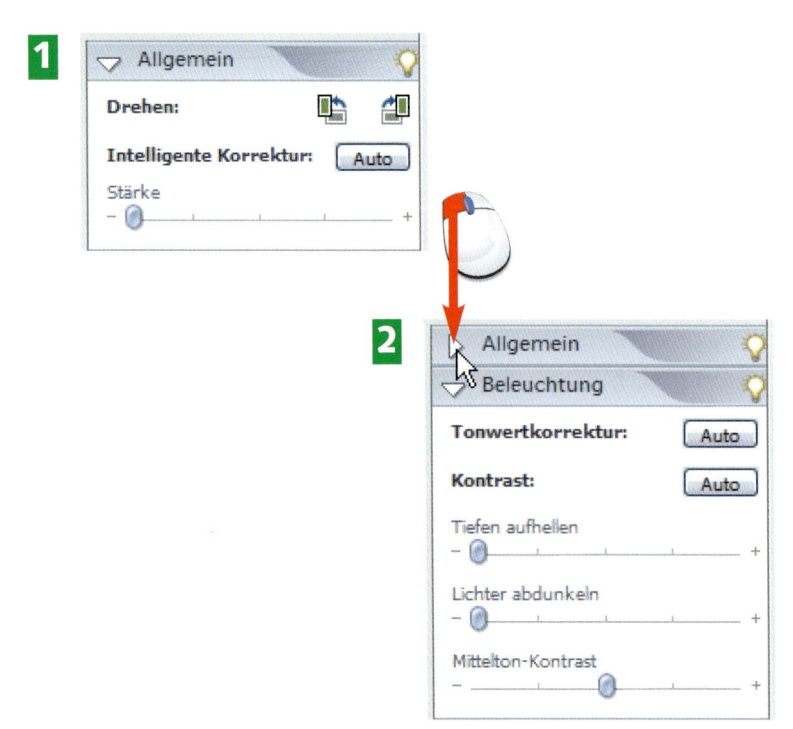

1 Die Palettenfenster rechts neben dem Arbeitsbereich bieten Funktionen zur automatischen Korrektur an.

2 Klappen Sie mit dem Pfeil die Palettenfenster auf und zu.

3 Wollen Sie mehr über die Wirkungsweise einer Funktion erfahren, klicken Sie auf das Glühbirnensymbol. Dann öffnet sich die Hilfe zu diesem Thema.

Die Palettenfenster bieten einen schnellen Zugriff auf wichtige Funktionen zur Bildkorrektur. So ersparen Sie sich den Aufruf von Menüfunktionen.

WISSEN

3 Photoshop Elements 3.0 kennen lernen 69

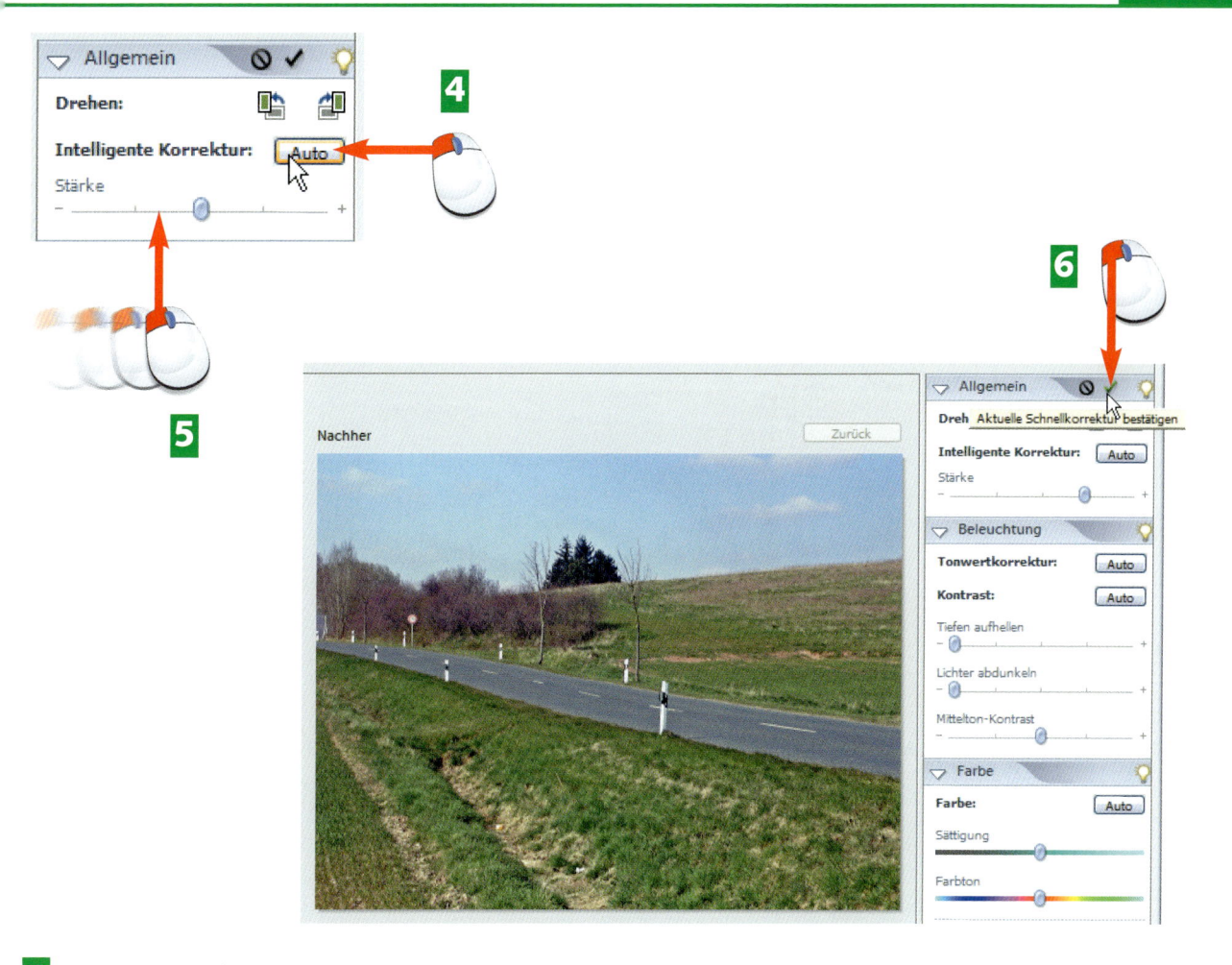

4 Weisen Sie die automatische Korrektur mit der *Auto*-Schaltfläche zu.

5 Passen Sie die Intensität der Korrektur mit diesem Schieberegler an.

6 Weisen Sie mit diesem Symbol die Veränderung zu. Das Foto ist schon deutlich verbessert.

Ende

TIPP	FACHWORT	HINWEIS
Bei vielen digitalen Fotos erzielen Sie mit den automatischen Funktionen bereits sehr ansehnliche Ergebnisse.	Jedes Foto besteht aus vielen verschiedenen Farben mit unterschiedlichen Helligkeiten – **Tonwerte** nennt dies der Fachmann.	Falls Ihr Foto einen Farbstich aufweist, sind die Optionen im *Tonwertkorrektur*-Bereich interessant.

70 Der Standardeditor-Bereich

Start

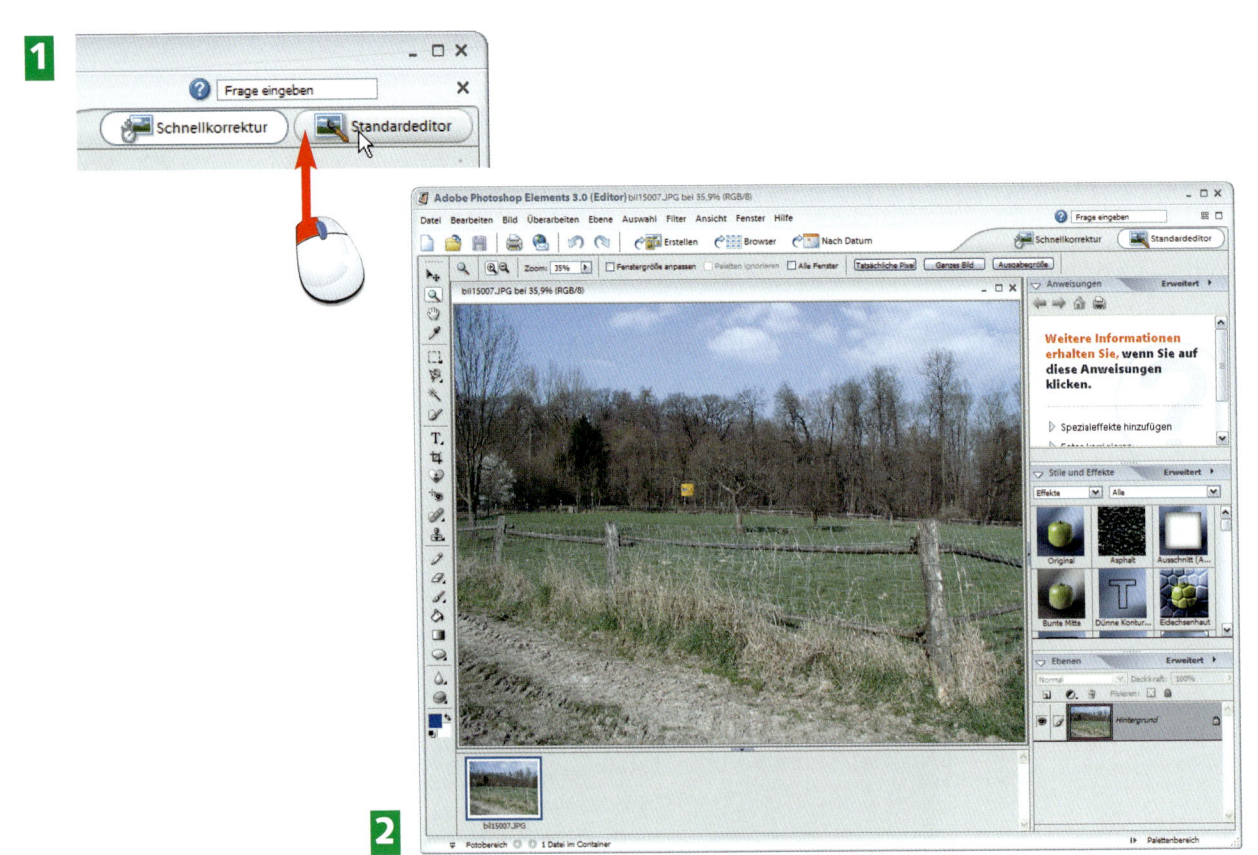

1 Klicken Sie auf die Schaltfläche *Standardeditor*.

2 Damit öffnen Sie den *Standardeditor*-Arbeitsbereich, der etwas voller aussieht.

WISSEN

Im *Standardeditor* stehen alle Funktionen zur Verfügung, die Photoshop Elements zu bieten hat. Im *Schnellkorrektur*-Bereich sind dagegen viele Funktionen deaktiviert, was den Einstieg für Anfänger erleichtert.

3 Photoshop Elements 3.0 kennen lernen

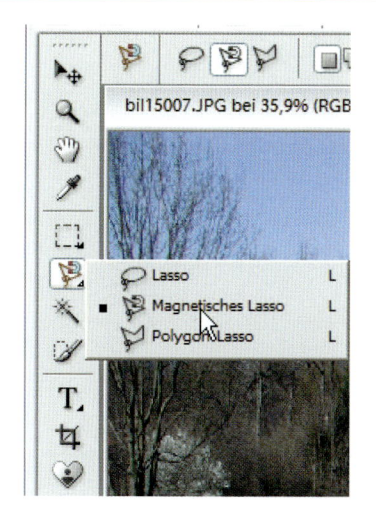

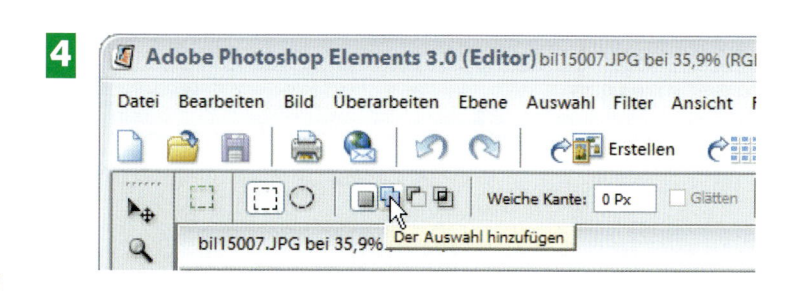

3 Oft sind die Schaltflächen der Werkzeugleiste mit mehreren Funktionen belegt, die in einem Flyout-Menü bereitstehen.

4 Die Optionsleiste bietet ebenfalls deutlich mehr Funktionen an, als bei der *Schnellkorrektur*.

5 Legen Sie mit den zwei Farbfeldern am Ende der Werkzeugleiste die Vorder- und Hintergrundfarbe fest.

Ende

Flyout-Menüs werden immer dann verwendet, wenn mehrere Funktionen über eine Schaltfläche erreichbar sein sollen. Halten Sie nach dem Anklicken die linke Maustaste einen Moment gedrückt.

FACHWORT

72 Den Fotobereich verwenden

Start

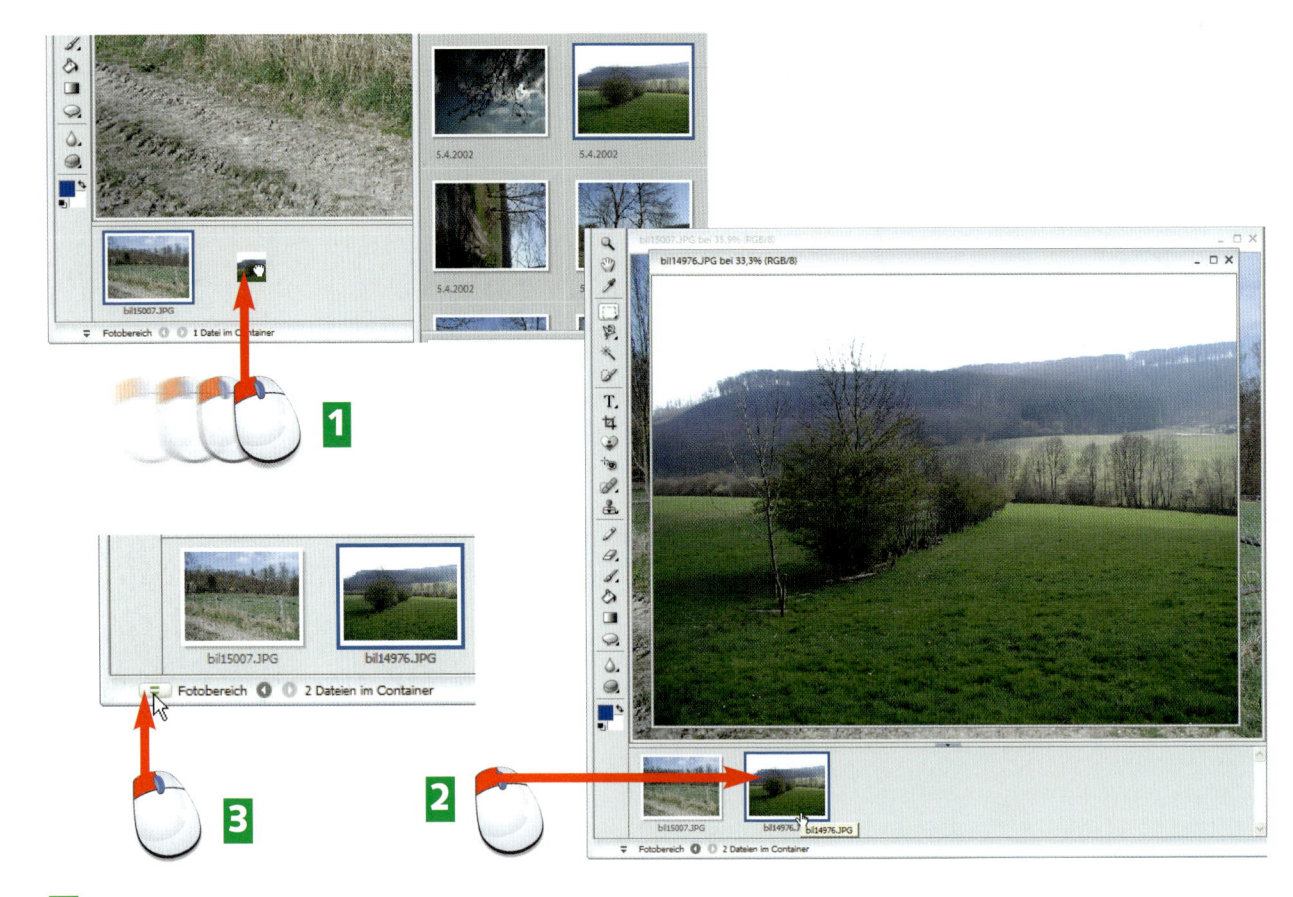

1 Wollen Sie mehrere Fotos im Editierbereich öffnen, ziehen Sie diese einfach aus dem Organizer in den Fotobereich.

2 Sind im Fotobereich mehrere Fotos vorhanden, klicken Sie auf das Vorschaubild des zu bearbeitenden Fotos.

3 Öffnen oder schließen Sie den Fotobereich mit dieser Schaltfläche.

Sie können nicht nur ein Foto im Editierbereich öffnen. Dies ist nützlich, wenn Sie beispielsweise verschiedene Fotos bearbeiten wollen, bei denen dieselben Arbeitsschritte zu erledigen sind. Wechseln Sie zwischen den aktiven Fotos mit einem Mausklick.

WISSEN

3 Photoshop Elements 3.0 kennen lernen 73

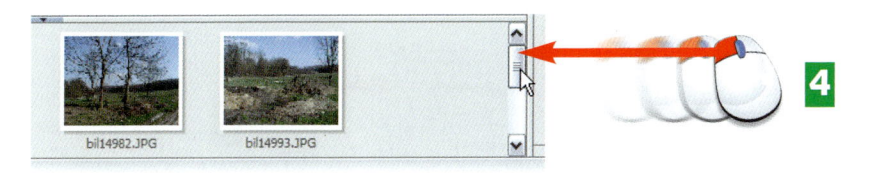

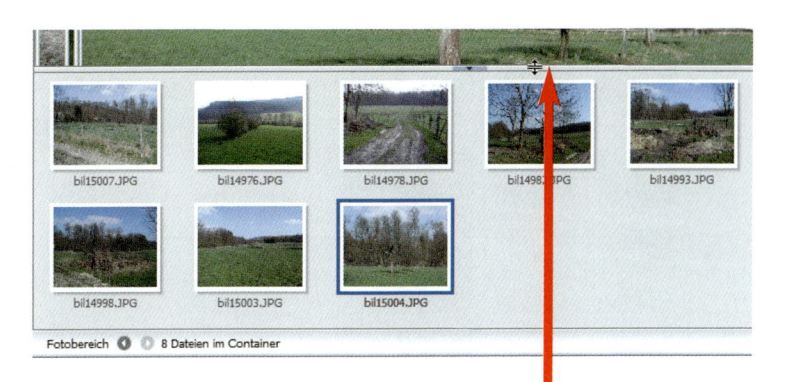

4 Sind viele Bilder im Fotobereich enthalten, schieben Sie den Scrollbalken so, dass das gewünschte Foto zu sehen ist.

5 Verschieben Sie alternativ dazu den oberen Steg mit gedrückter linker Maustaste, um den Fotobereich zu vergrößern.

6 Fotos, die in den Fotobereich übertragen wurden, sind im Organizer für eine Bearbeitung gesperrt.

Ende

HINWEIS

Wollen Sie den Arbeitsbereich vergrößern, schließen Sie den Fotobereich. Während der Bildbearbeitung wird er nicht benötigt.

74 Mit den Palettenfenstern arbeiten

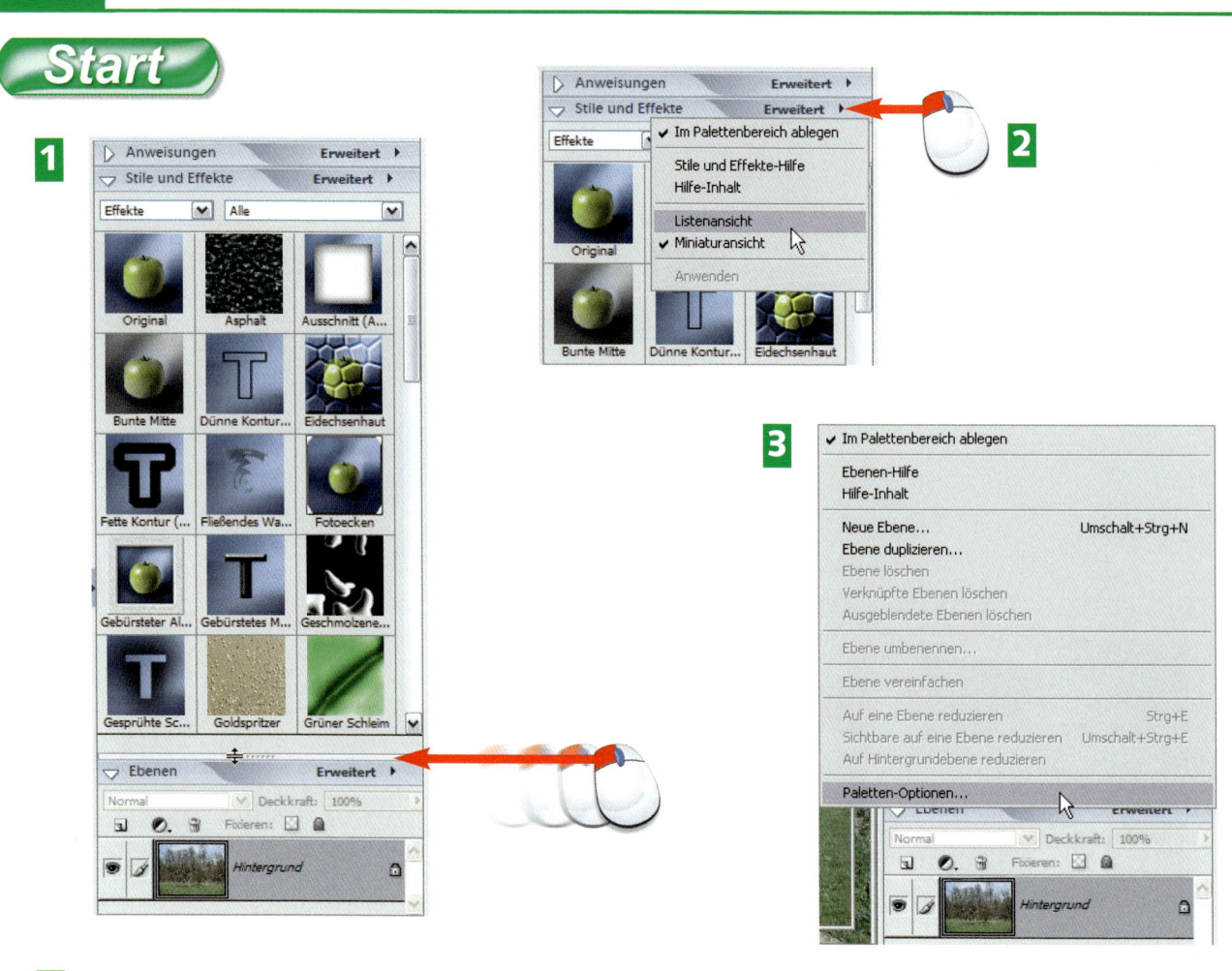

1 Verschieben Sie die Stege zwischen den Palettenfenstern, um die Größe eines Palettenfensters anzupassen.

2 Klicken Sie auf die *Erweitert*-Bezeichnung der Palettenfenster. Damit öffnen Sie ein Menü mit zusätzlichen Funktionen, …

3 … die von Palettenfenster zu Palettenfenster variieren.

WISSEN

Im *Standardeditor* gibt es eine ganze Menge verschiedener Palettenfenster. Neben den standardmäßig rechts eingeblendeten Varianten finden Sie weitere im *Fenster*-Menü.

3 Photoshop Elements 3.0 kennen lernen   75

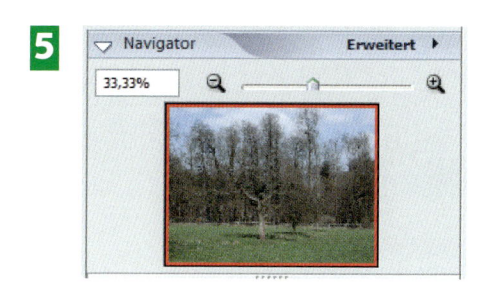

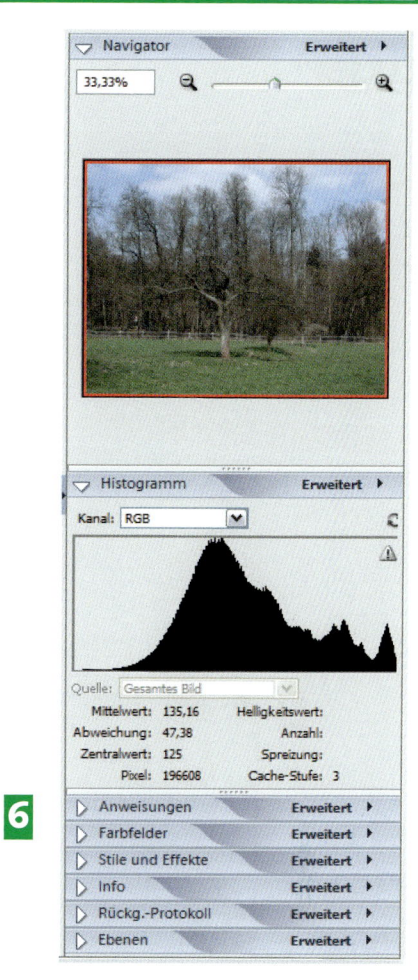

4 „Greifen" Sie die Registerkarte eines frei schwebenden Palettenfensters und ziehen Sie das Palettenfenster ...

5 ... in den Palettenraum, um es dort aufzunehmen.

6 Sind alle Palettenfenster des *Fenster*-Menüs eingeblendet, wird es voll im Palettenraum.

Ende

TIPP

Um die Palettenfenster wieder in die Ausgangssituation zu versetzen, benötigen Sie die Funktion *Fenster/Palettenposition zurücksetzen*.

HINWEIS

Die zusätzlichen Palettenfenster im *Fenster*-Menü werden nach dem Aufruf standardmäßig als frei schwebende Varianten eingeblendet.

76 Weitere Bedienelemente

Start

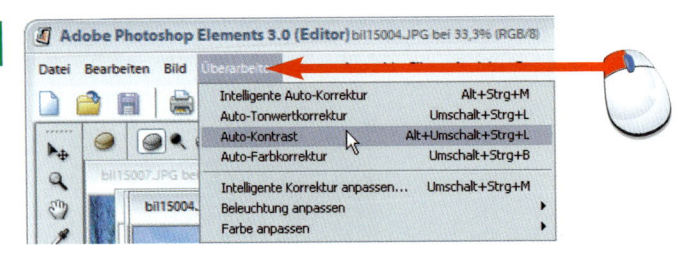

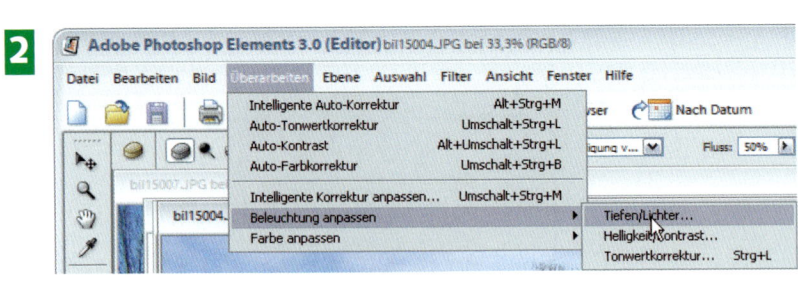

1 Klicken Sie auf eine Menüfunktion, um ein Menü mit verschiedenen Funktionen anzuzeigen.

2 Ist rechts neben dem Eintrag ein Pfeil zu sehen, verzweigen Sie zu einem Untermenü.

3 Sind nach dem Eintrag drei Punkte zu sehen, öffnet sich nach dem Aufruf ein Dialogfeld. Nehmen Sie hier Ihre Einstellungen vor.

Viele Funktionen erreichen Sie nur über das Menü – dies ist bei Windows-Programmen so üblich.

WISSEN

3 Photoshop Elements 3.0 kennen lernen 77

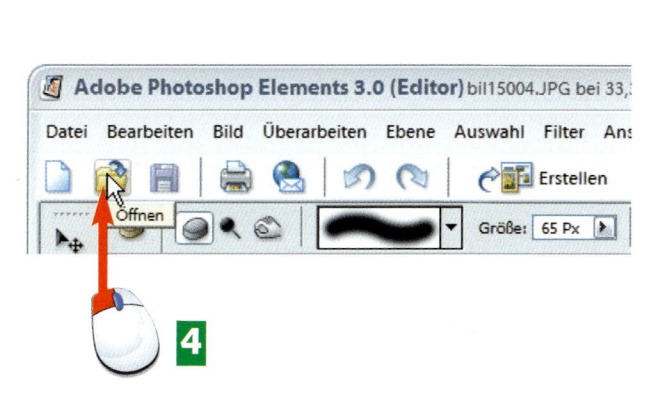

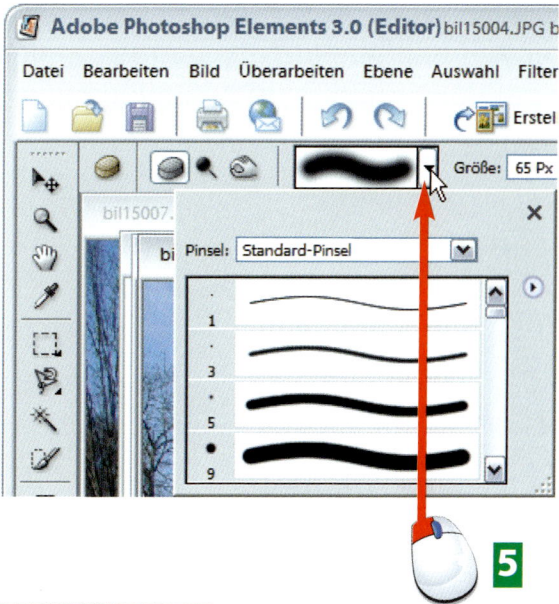

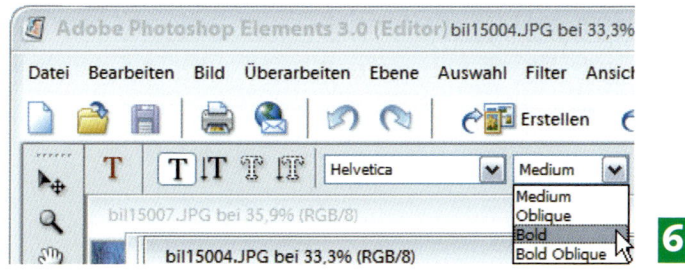

4 Nutzen Sie die Standardoptionsleiste mit ihren Standardfunktionen für einen schnellen Funktionsaufruf.

5 Treffen Sie in den Listenfeldern der Optionsleiste anhand von Vorschaubildern ...

6 ...oder Texteinträgen Ihre Wahl.

Ende

Gibt es für eine Funktion eine Tastenkombination für einen schnellen Aufruf, wird diese nach dem Eintrag angezeigt.

HINWEIS

4

Fotos schnell korrigieren

Fotos im Organizer optimieren

Start

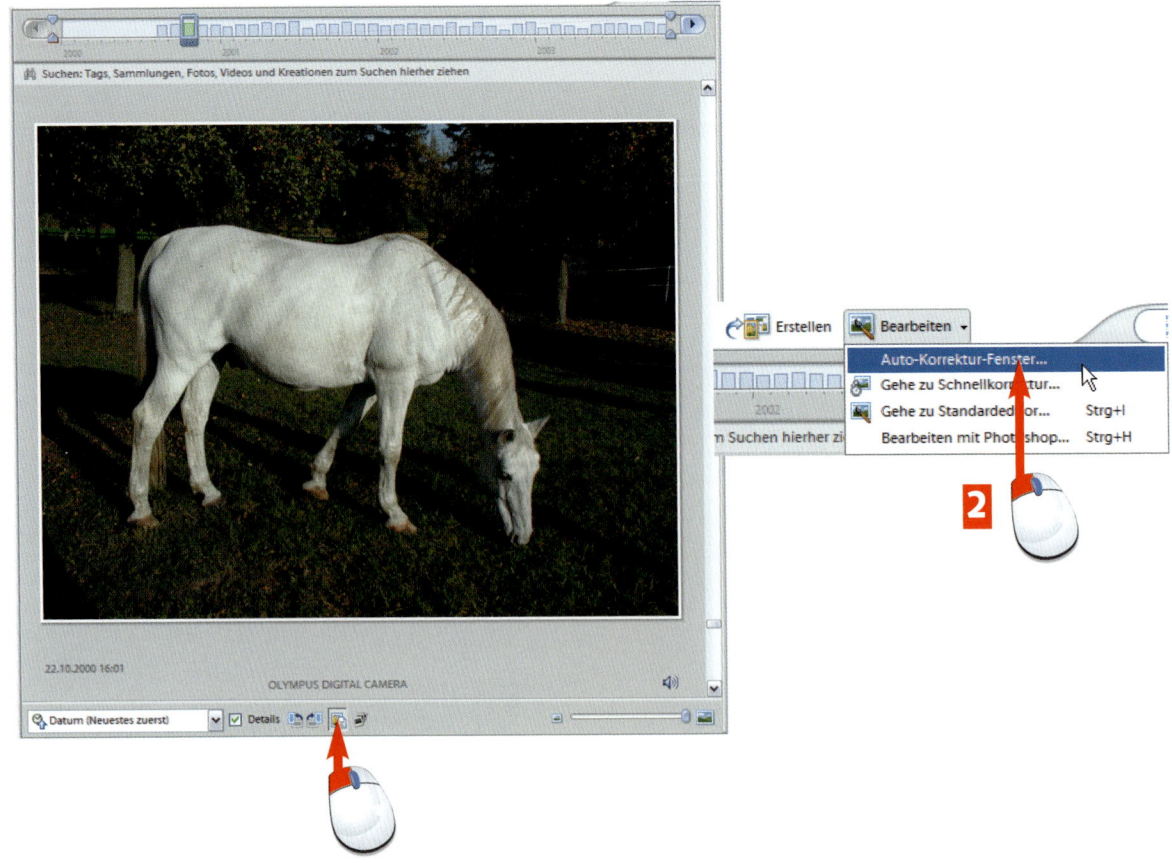

1 Markieren Sie das zu optimierende Bild im Katalog. Wechseln Sie zur Fotoansicht, um die Bilddetails gut erkennen zu können.

2 Rufen Sie aus dem *Bearbeiten*-Menü die Option *Auto-Korrektur-Fenster* auf.

WISSEN

Wenn Sie nur kleinere Korrekturen vornehmen wollen, erledigen Sie dies im Organizer. Das Öffnen des Editors ist dazu nicht notwendig.

4 Fotos schnell korrigieren 81

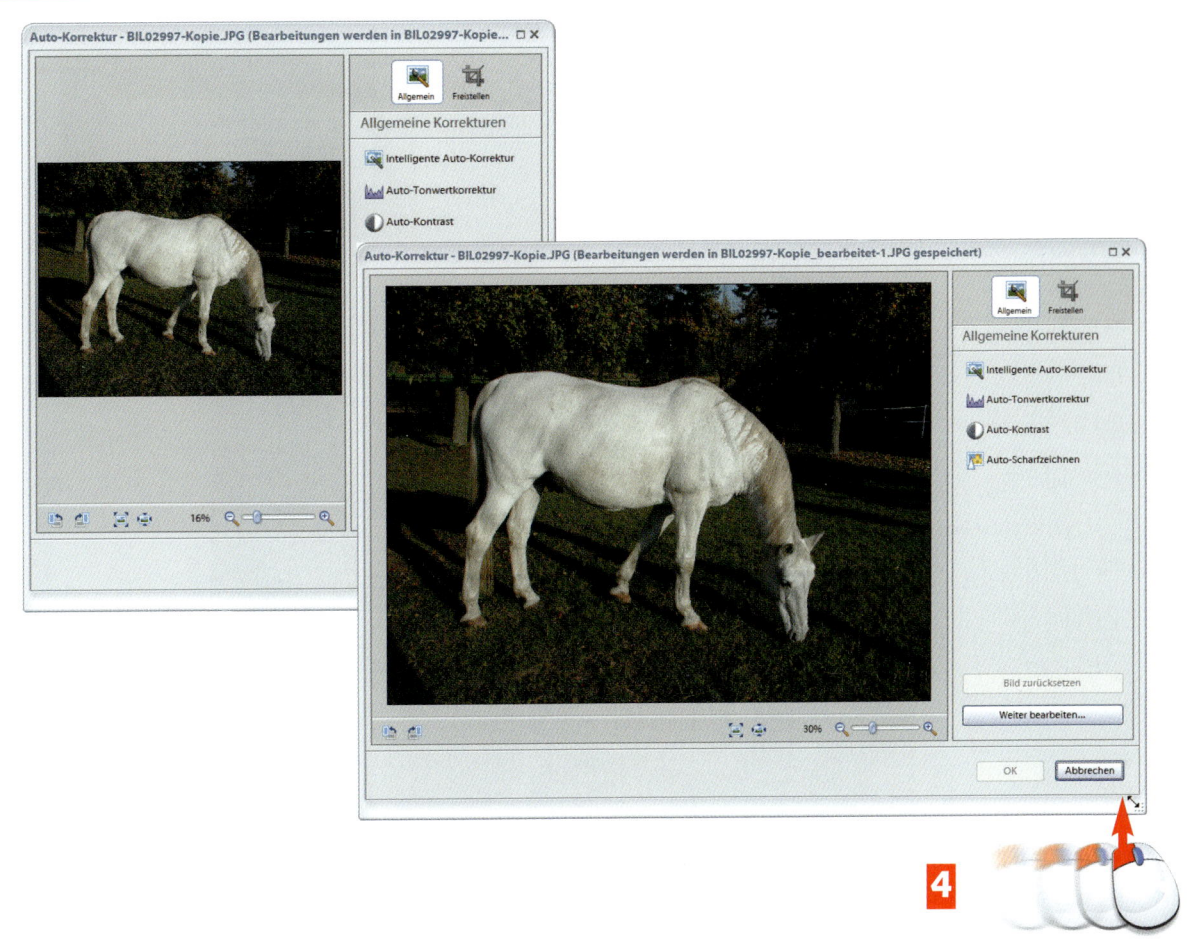

3 Im *Auto-Korrektur-Fenster* sehen Sie links das Vorschaubild. Rechts sind die Funktionen untergebracht.

4 Ziehen Sie an der unteren rechten Ecke, um das Fenster zu skalieren.

TIPP

Die Darstellungsgröße der Bilder verändern Sie mit dem Schieberegler rechts unter dem Vorschaubild.

HINWEIS

Photoshop Elements bearbeitet automatisch eine Kopie des Fotos. Sie brauchen also keine Bedenken zu haben, dass das Originalfoto „verloren" geht.

82 Die automatische Korrektur verwenden

Start

1 Allgemeine Korrekturen
Intelligente Auto-Korrektur
Farben korrigieren, Tiefen und Lichter verbessern

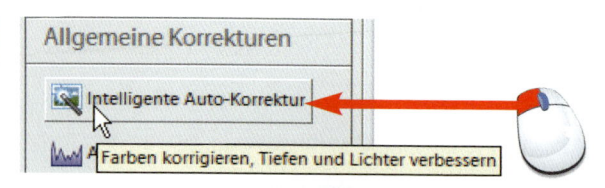

2 Laden 50%

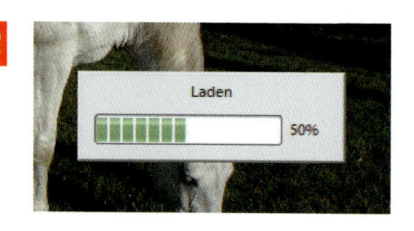

3 Auto-Korrektur - BIL02997-Kopie.JPG (Bearbeitungen werden in BIL02997-Kopie_bearbeitet-1.JPG gespei...

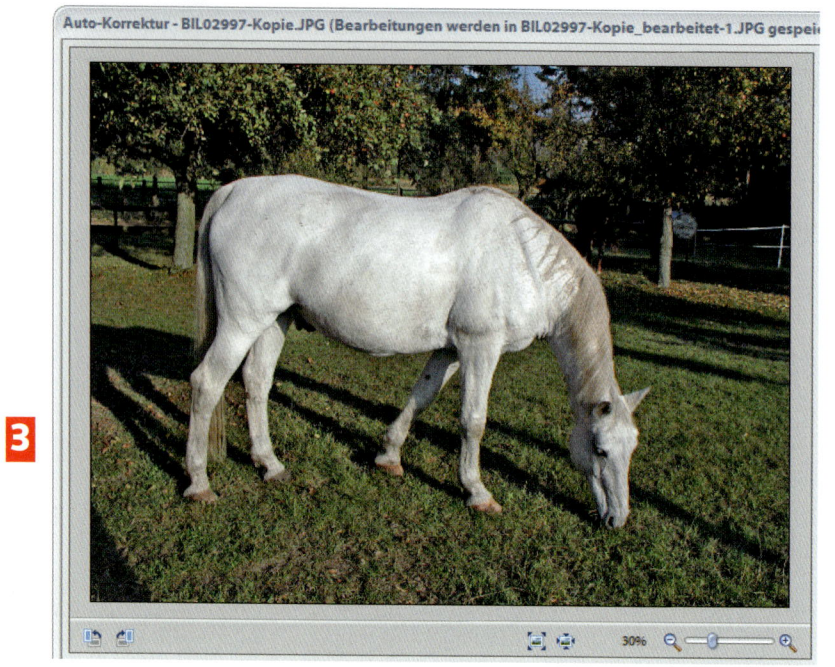

1 Klicken Sie auf die Schaltfläche *Intelligente Auto-Korrektur*.

2 Die automatische Korrektur dauert einen kurzen Moment. Der Fortschrittsbalken zeigt an, wie weit die Berechnung „gediehen" ist.

3 Das korrigierte Ergebnis überzeugt – der dunkle Hintergrund ist deutlich aufgehellt und wirkt so besser.

Die automatischen Korrekturen arbeiten bei den meisten Fotos sehr wirkungsvoll. Auch Bilder, die vermeintlich gut sind, werden durch die Korrekturen oft noch verbessert.

WISSEN

4 Fotos schnell korrigieren 83

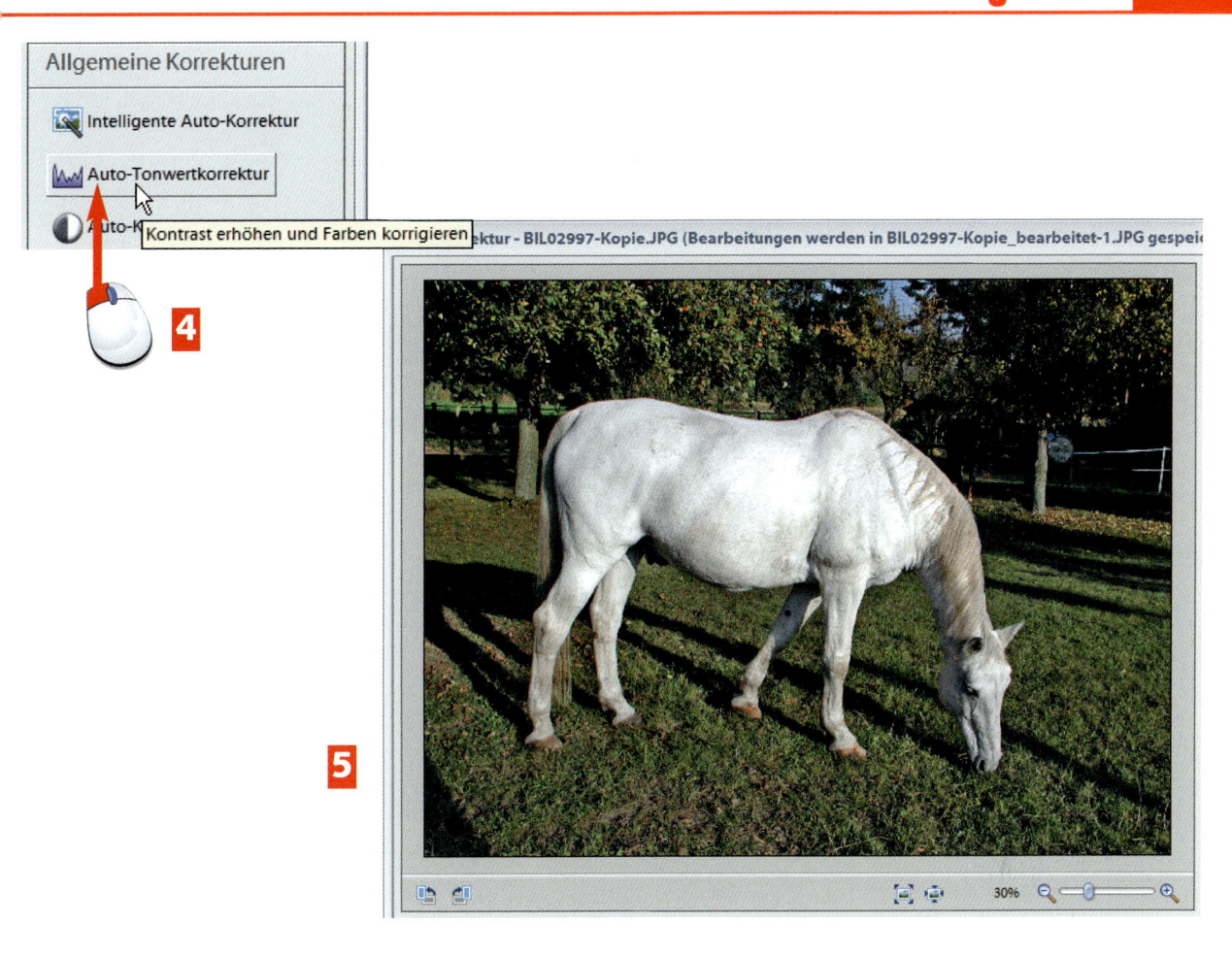

4 Klicken Sie nun auf die *Auto-Tonwertkorrektur*, wenn Sie den Kontrast des Bilds ein wenig verstärken wollen.

5 Das Ergebnis der automatischen Korrektur wirkt brillant.

TIPP
Falls Sie die Änderungen verwerfen wollen, klicken Sie auf die Schaltfläche *Bild zurücksetzen*.

FACHWORT
Als **Kontrast** bezeichnet man den Bereich vom hellsten bis zum dunkelsten Punkt des Fotos.

HINWEIS
Sie können die verschiedenen Korrekturen nacheinander vornehmen.

84 Fotos zurechtschneiden

Start

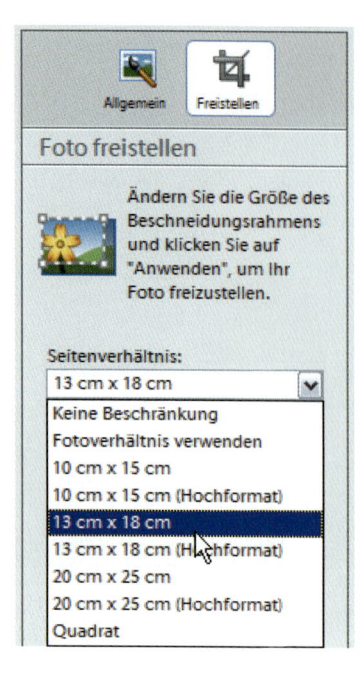

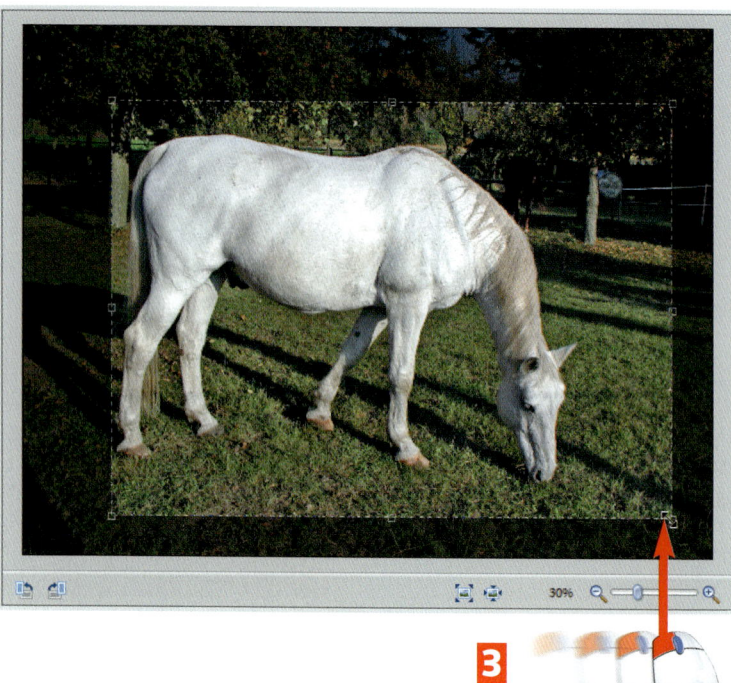

1 Klicken Sie auf die *Freistellen*-Schaltfläche.

2 In der *Seitenverhältnis*-Liste finden Sie unter anderem unterschiedliche Fotopapier-Standardmaße. Wählen Sie hier beispielsweise das Format *13 cm x 18 cm* aus.

3 Im Vorschaubild zeigt dann ein Rahmen das ausgewählte Seitenverhältnis an. Verschieben Sie einen Eckpunkt, um den Rahmen zu skalieren.

WISSEN

Es wird oft vorkommen, dass der Bildausschnitt etwas zu groß gewählt wurde oder Bildteile am Rand stören. Dies können Sie korrigieren, indem Sie die überflüssigen Bildteile abschneiden.

4 Fotos schnell korrigieren   85

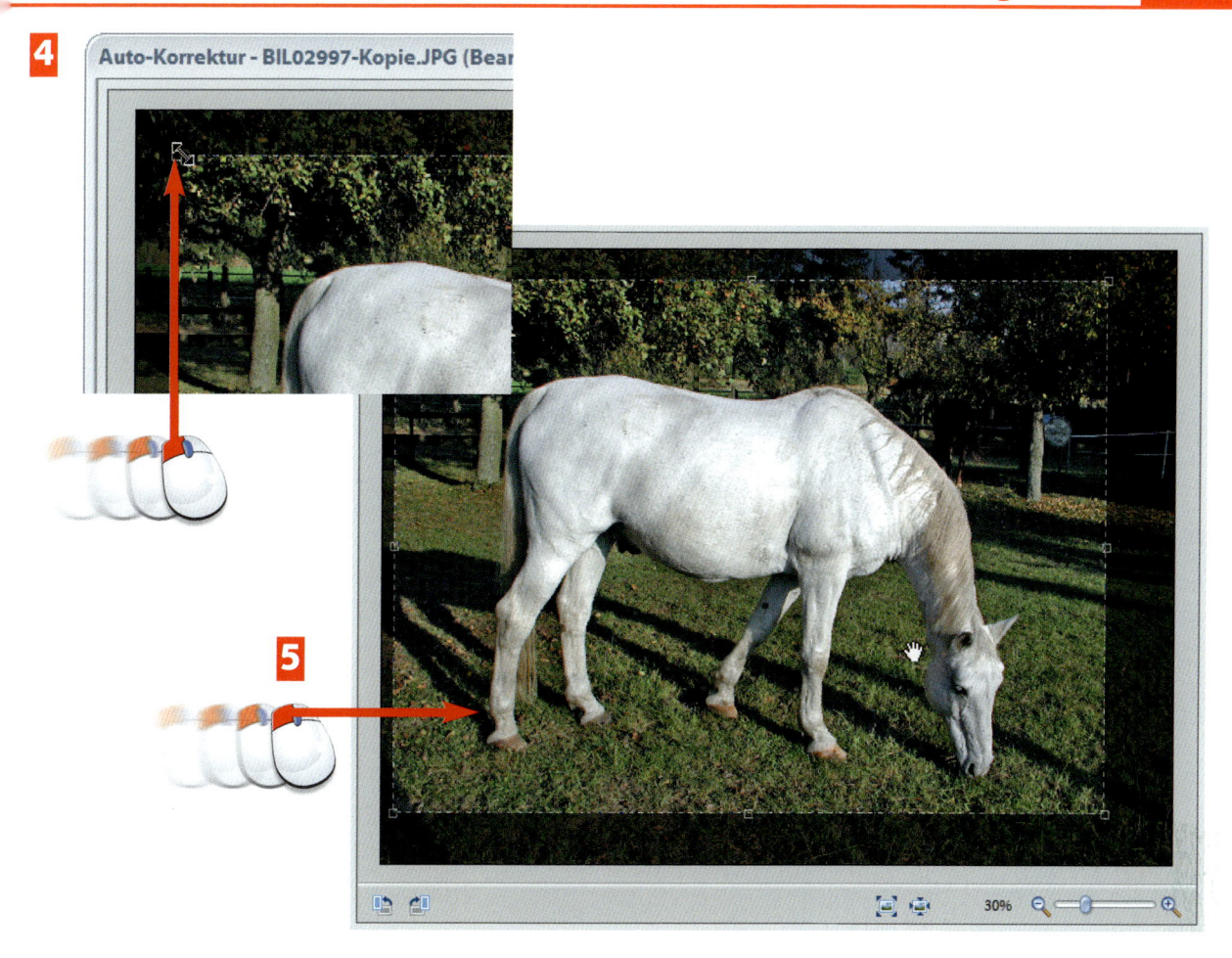

4 Ziehen Sie die Ecken, bis der gewünschte Bildausschnitt erreicht ist.

5 Klicken Sie irgendwo innerhalb des Rahmens, um den Rahmen zu verschieben.

Die Flächen, die abgedunkelt dargestellt sind, werden nach dem Bestätigen vom Bild abgeschnitten. Durch die Markierung haben Sie stets einen guten Überblick über das Ergebnis.

HINWEIS

86 Fotos zurechtschneiden

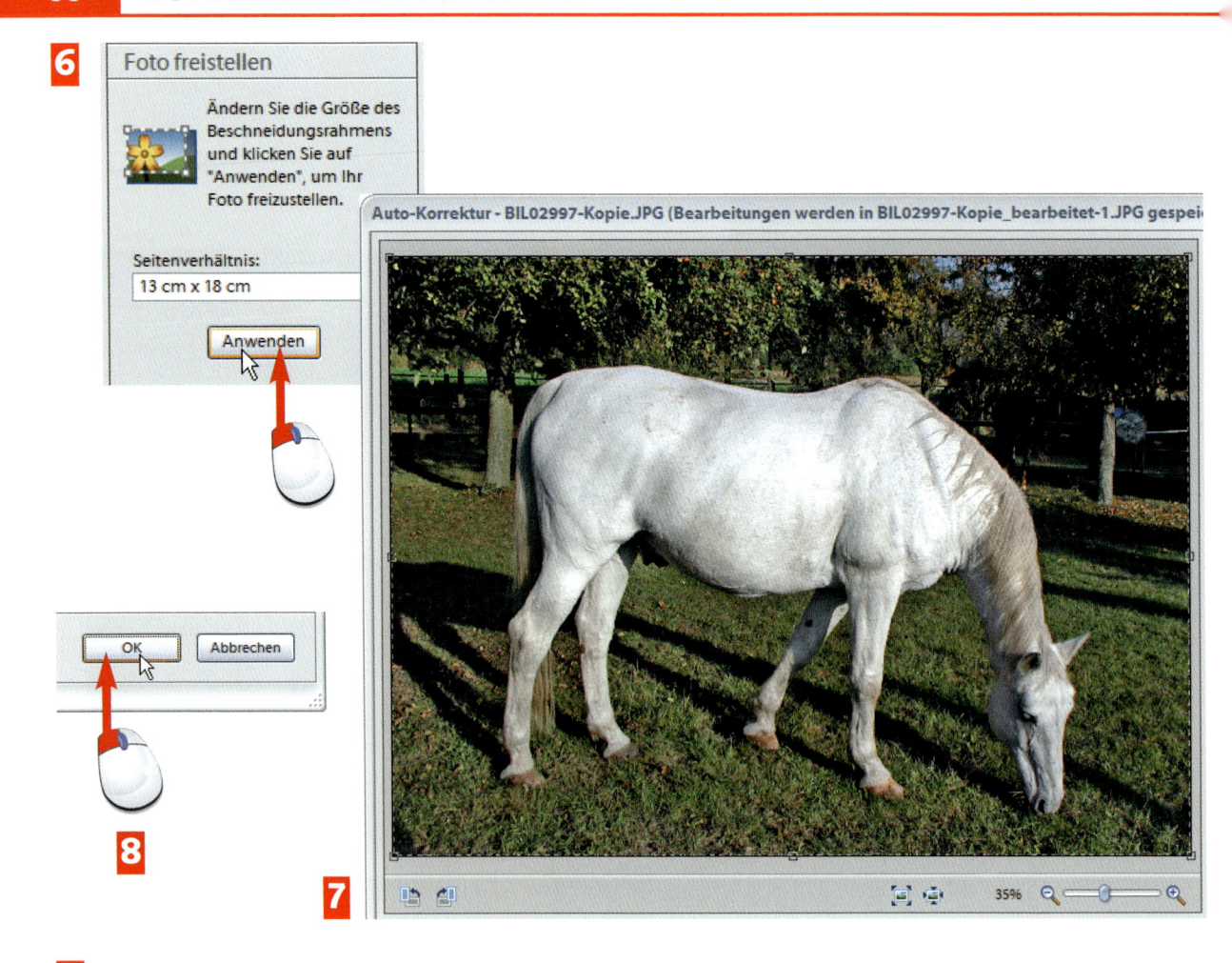

6 Wenn der passende Ausschnitt ausgewählt ist, klicken Sie auf die *Anwenden*-Schaltfläche.

7 Anschließend sehen Sie das zugeschnittene Bild im Vorschaubereich.

8 Um das Ergebnis zu speichern, klicken Sie auf die *OK*-Schaltfläche.

Das *Auto-Korrektur*-Fenster bietet die Möglichkeit, in wenigen Arbeitsschritten alle wichtigen Änderungen am Foto vorzunehmen.

WISSEN

4 Fotos schnell korrigieren 87

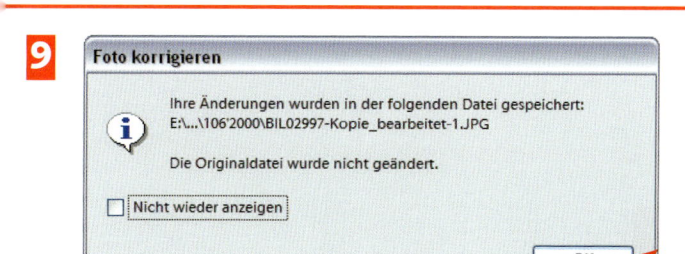

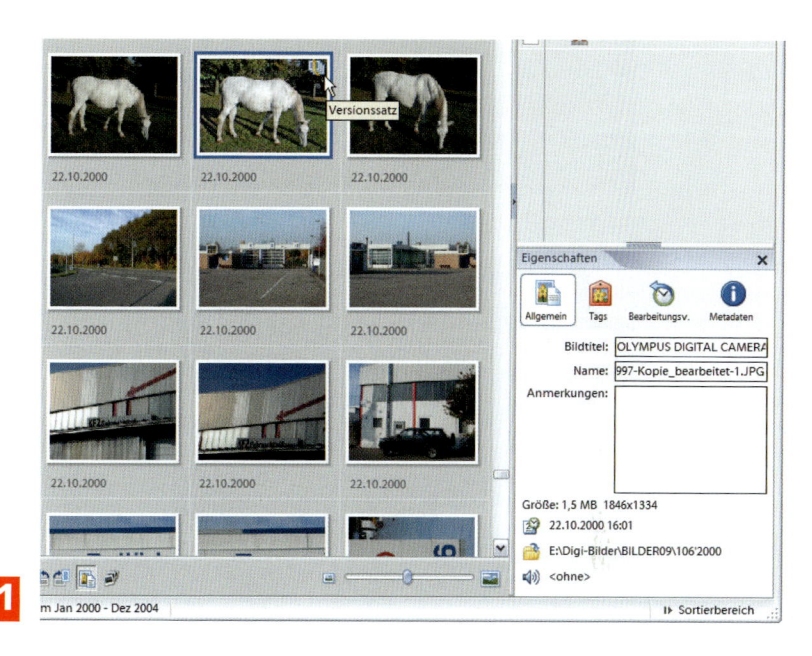

9 Bestätigen Sie den Hinweis, unter welchem Namen die Datei von Phtoshop Elements gespeichert wird.

10 Aktivieren Sie im *Eigenschaften*-Palettenfenster die Rubrik *Bearbeitungsv.*, erhalten Sie Informationen zum bearbeiteten Bild.

11 An dem Symbol, mit dem das Vorschaubild im Katalog gekennzeichnet ist, erkennen Sie, ob es sich um ein bearbeitetes Foto handelt.

Ende

HINWEIS

Wenn Sie das korrigierte Bild gespeichert haben, wird es automatisch in den Katalog aufgenommen – darum brauchen Sie sich also nicht zu kümmern.

88 Schnelle Korrekturen

Start

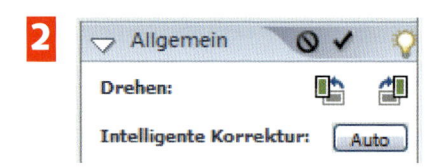

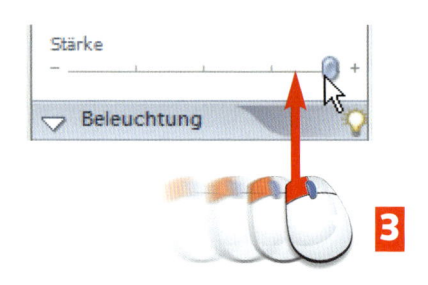

1 Laden Sie das betreffende Foto im *Schnellkorrektur*-Bereich. Stellen Sie beispielsweise die *Ansicht*-Option *Vorher und nachher (Querformat)* ein.

2 Es ist durchaus empfehlenswert, zunächst einmal die *Intelligente Korrektur* im Palettenfenster *Allgemein* durchzuführen.

3 Verschieben Sie dazu zum Beispiel den Schieberegler, um die Stärke der anzuwendenden Korrektur festzulegen.

WISSEN

Das Korrigieren im Organizer ist für die kleinen „Bildblessuren" gedacht. Wollen Sie einige Eingriffsmöglichkeiten haben, um das Ergebnis zu beeinflussen, ist der Wechsel zum *Schnellkorrektur*-Bereich sinnvoll.

4 Fotos schnell korrigieren 89

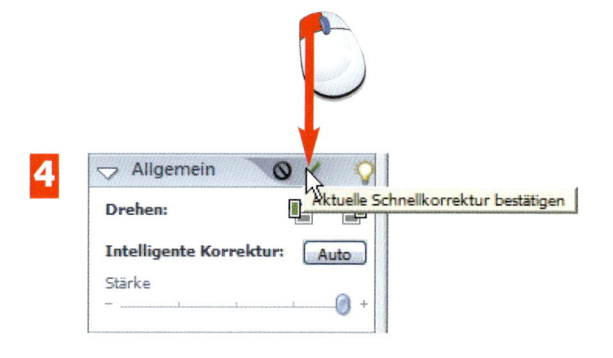

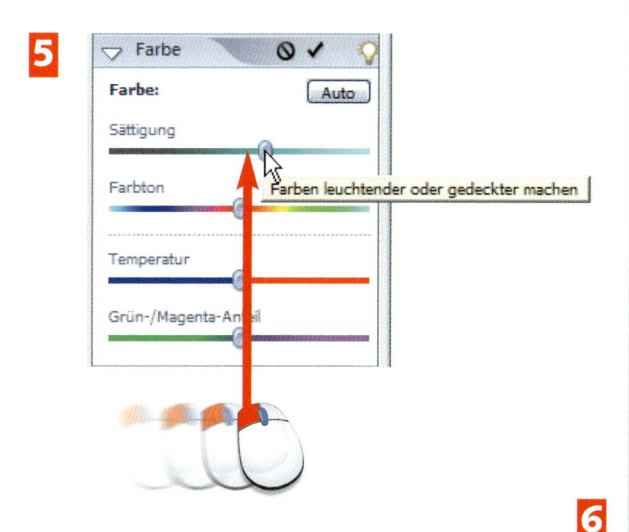

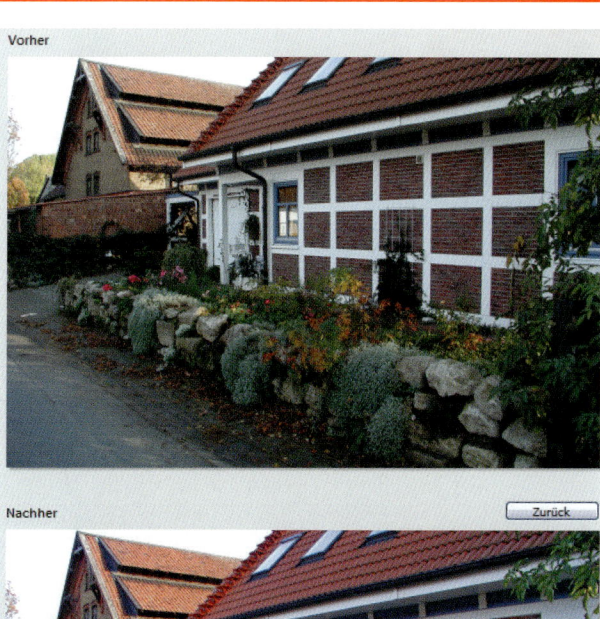

4 Klicken Sie in der Kopfzeile des Palettenfensters auf die Schaltfläche mit dem Hakensymbol, um die Korrektur zuzuweisen.

5 Optimieren Sie anschließend zum Beispiel noch auf dieselbe Art und Weise die Sättigung der Farben.

6 Weisen Sie auch diese Veränderung zu. Damit entsteht eine deutliche Verbesserung des Bildes.

Sollten Sie die Bestätigungs-Schaltfläche nicht in der Kopfzeile des Palettenfensters finden, klicken Sie einmal in die Kopfzeile.

Durch eine höhere **Sättigung** sind die Farben leuchtender.

Solange Sie die Korrektur nicht zugewiesen haben, können Sie die Einstellungen noch verändern.

TIPP **FACHWORT** **HINWEIS**

Weitere Korrekturen

Start

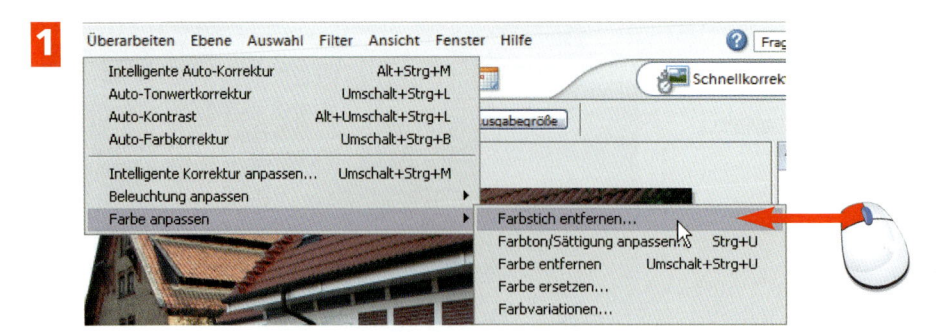

1 Rufen Sie die Funktion *Farbstich entfernen* aus dem Menü *Überarbeiten/Farbe anpassen* auf.

2 Klicken Sie im Foto auf eine Position, an der entweder ein weißer, grauer oder schwarzer Farbton sein soll.

3 Bestätigen Sie die Eingabe mit der *OK*-Schaltfläche.

WISSEN

Mit dem Einsatz der Menüfunktionen erreichen Sie diffizilere Ergebnisse, da hier auch eine numerisch präzise Eingabe von Werten möglich ist.

4 Fotos schnell korrigieren   91

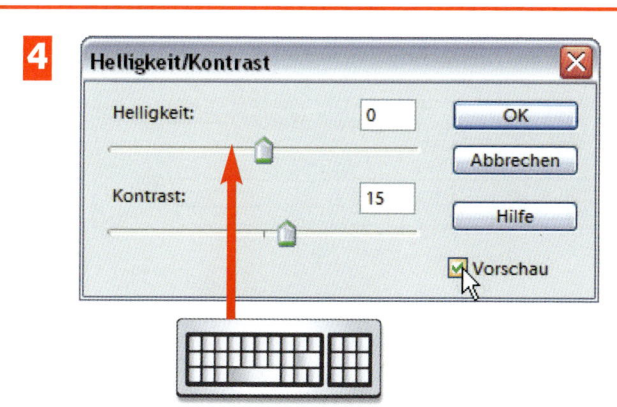

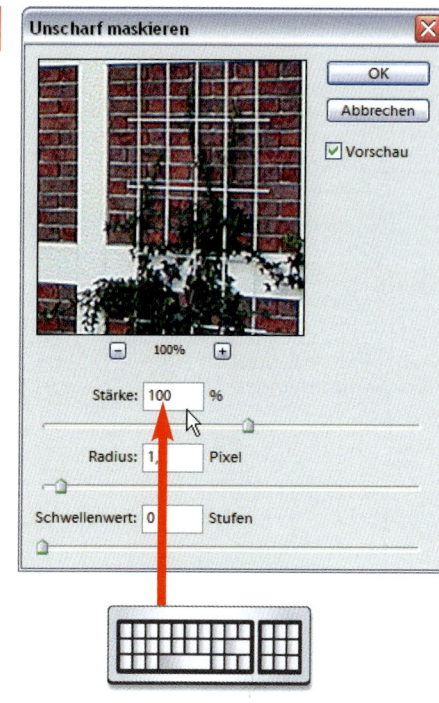

4 Rufen Sie die Funktion *Bearbeiten/Beleuchtung anpassen/Helligkeit/Kontrast* auf. Stellen Sie für den *Kontrast* einen Wert von *15* ein.

5 Anschließend benötigen Sie die Funktion *Filter/Scharfzeichnungsfilter/Unscharf maskieren*. Stellen Sie die abgebildeten Werte ein, um …

6 … dieses Ergebnis zu erhalten.

TIPP

Ob ein Foto einen Farbstich aufweist, erkennen Sie am besten an den Flächen, die weiß sein müssten. Sind diese nicht „rein" weiß hat das Foto einen Farbstich.

HINWEIS

Digitalkamerabilder müssen meist ein wenig nachgeschärft werden – das ist normal.

92 Die bearbeiteten Fotos speichern

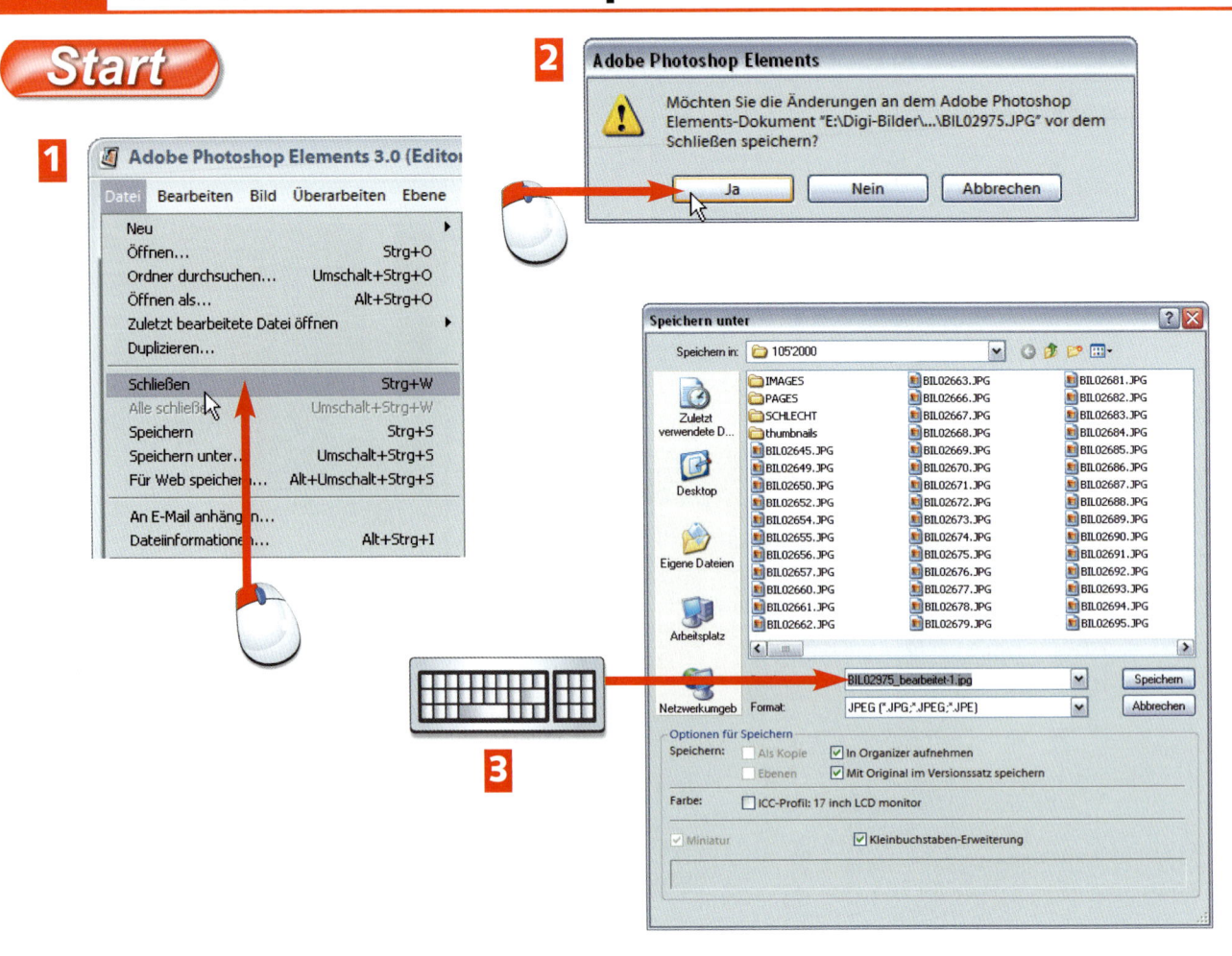

Start

1. Rufen Sie aus dem *Datei*-Menü die Funktion *Schließen* auf, um den Bearbeitungsmodus zu ändern.

2. Bestätigen Sie, dass die bearbeitete Version gespeichert werden soll.

3. Geben Sie einen neuen Namen ein oder übernehmen Sie einfach die vorgeschlagene Variante.

Das Speichern in der *Schnellkorrektur*-Ansicht bietet Ihnen einige erweiterte Möglichkeiten.

WISSEN

4 Fotos schnell korrigieren — 93

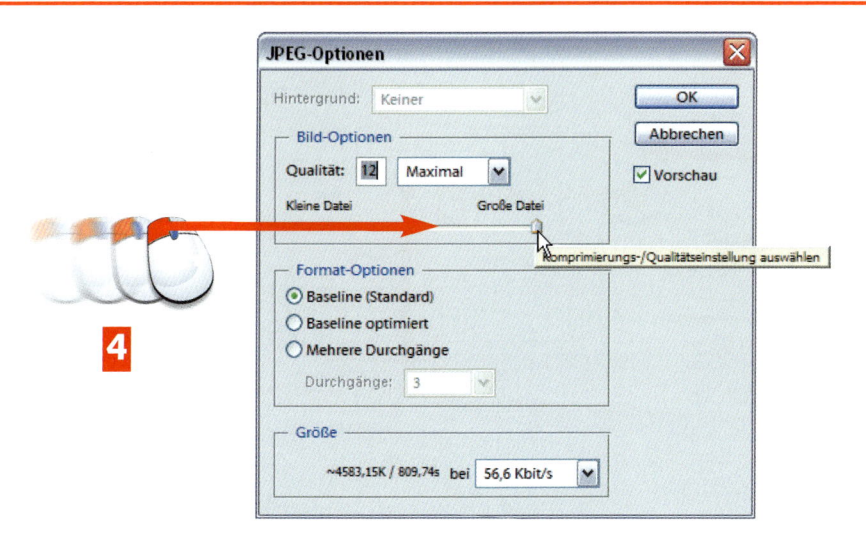

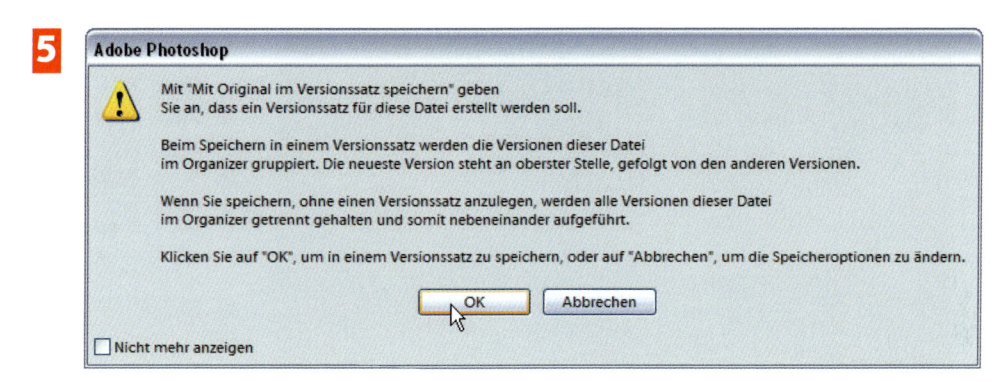

4 Stellen Sie im nächsten Arbeitsschritt die Qualität der JPEG-Speicherung ein. Sie sollten die Option *Große Datei* verwenden.

5 Bestätigen Sie den abschließenden Hinweis, dass ein Versionssatz erstellt wird.

TIPP
Stellen Sie stets die maximale JPEG-Komprimierung ein, um die bestmögliche Bildqualität zu erhalten.

FACHWORT
Die **Komprimierung** reduziert die Dateigröße. Dies geschieht allerdings zu Lasten der Bildqualität. Daher müssen Sie hier einen Kompromiss wählen.

HINWEIS
Wenn Sie einen Versionssatz bilden, haben Sie den Vorteil, stets Zugriff auf das Original und das veränderte Bild zu haben.

94 Fotos im Standardeditor bearbeiten

Start

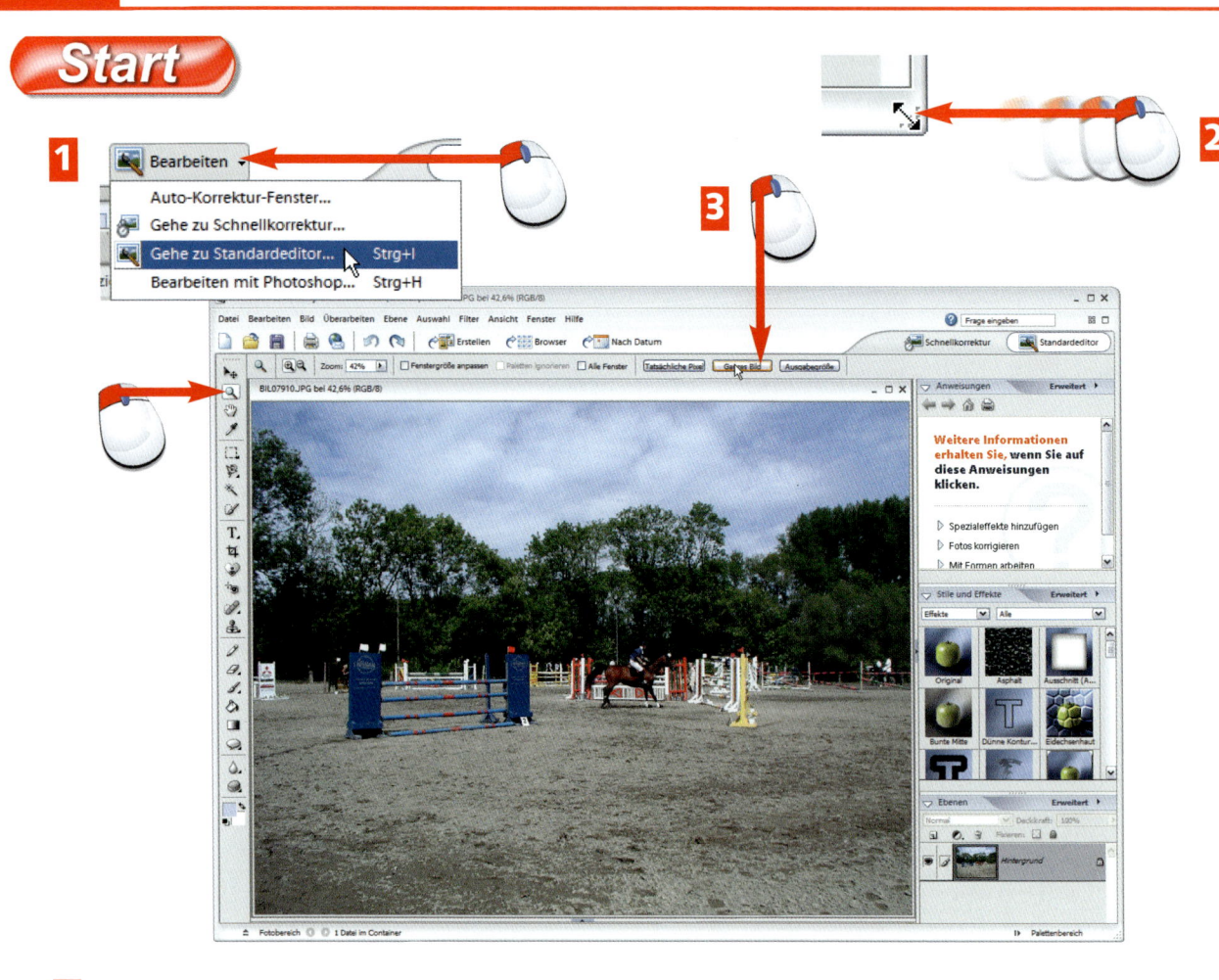

1. Rufen Sie im Organizer aus dem *Bearbeiten*-Menü die Funktion *Gehe zu Standardeditor* auf.

2. Ziehen Sie an der unteren rechten Ecke des Arbeitsfensters, um den Arbeitsbereich zu skalieren.

3. Aktivieren Sie das Lupen-Werkzeug in der Werkzeugleiste und klicken Sie auf die Schaltfläche *Ganzes Bild* in der Optionsleiste.

Im *Standardeditor* haben Sie sehr viele ausgefeilte Optionen, um Fotos in allen erdenklichen Bereichen zu bearbeiten und zu optimieren.

WISSEN

4 Fotos schnell korrigieren

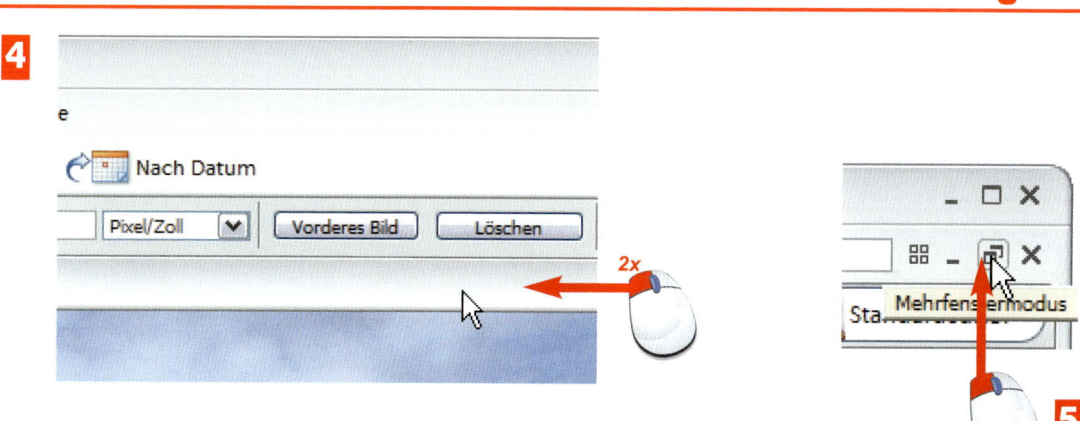

4 Wenn Sie für das Foto ein wenig mehr Platz im Arbeitsbereich bereitstellen wollen, klicken Sie doppelt auf die Kopfzeile des Fensters. Diese verschwindet dann.

5 Um anschließend in den Fenstermodus zurückzukehren, verwenden Sie die abgebildete Schaltfläche oben rechts im Arbeitsbereich.

6 Ziehen Sie an den Scrollbalken am unteren und rechten Rand des Bildes, um den sichtbaren Bereich zu verändern.

Ende

Um noch mehr Platz im Arbeitsbereich zu erhalten, klicken Sie auf den vertikalen Steg der Palettenfenster, um diese vorübergehend auszublenden.

TIPP

96 Freistellen des Bildes

Start

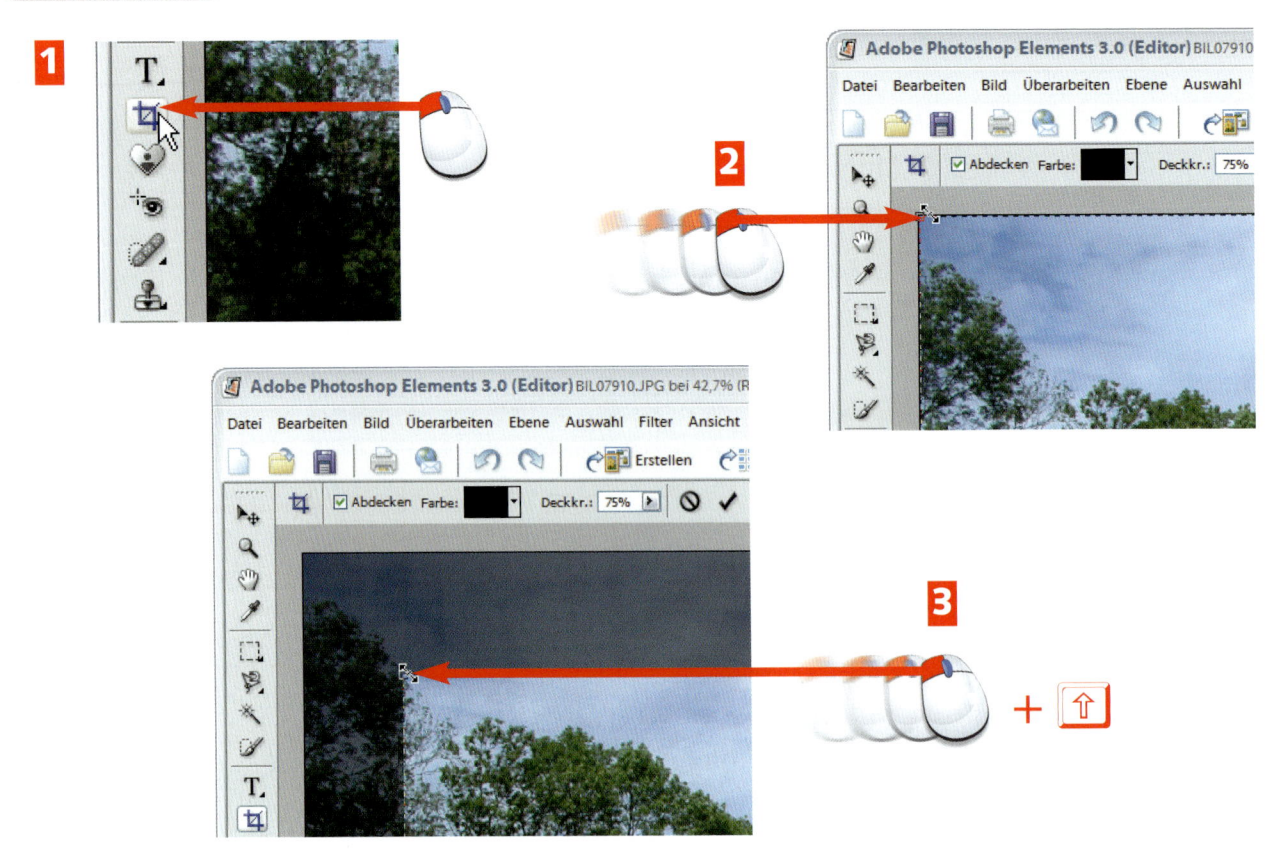

1. Klicken Sie in der Werkzeugleiste auf das *Freistellungswerkzeug*.
2. Ziehen Sie einen Rahmen auf, der sich über das gesamte Bild erstreckt.
3. Halten Sie die ⇧-Taste gedrückt und ziehen Sie einen Eckmarkierungspunkt, bis die gewünschte neue Größe erreicht ist.

Im *Standardeditor* können Sie ein Bild sehr flexibel freistellen. Um zu erkennen, welche Bildpartien abgeschnitten werden, sind diese dunkel markiert.

WISSEN

4 Fotos schnell korrigieren   97

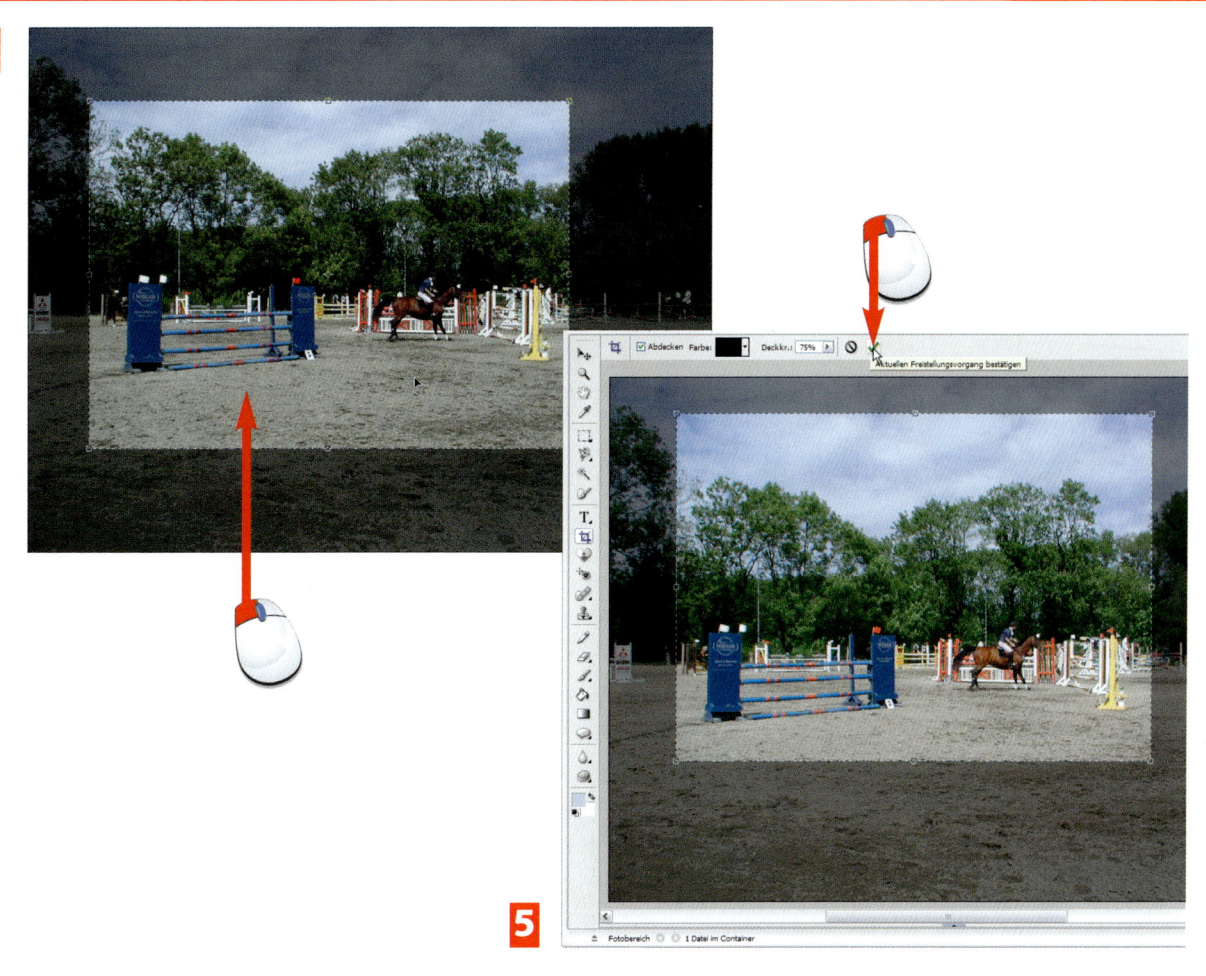

4 Wenn Sie den Markierungsrahmen auf eine andere Position verschieben wollen, klicken Sie in den Markierungsbereich.

5 Wir haben die abgebildete Endposition gewählt. Klicken Sie auf die Haken-Schaltfläche in der Optionsleiste, um dann die Freistellung zuzuweisen.

Ende

> Durch Drücken der ⇧-Taste bleibt das Seitenverhältnis von Höhe zu Breite erhalten.

HINWEIS

Die Bildqualität optimieren

Start

1. Im *Überarbeiten*-Menü gibt es verschiedene Funktionen zur Bildoptimierung. Rufen Sie die Funktion *Intelligente Korrektur anpassen* auf.

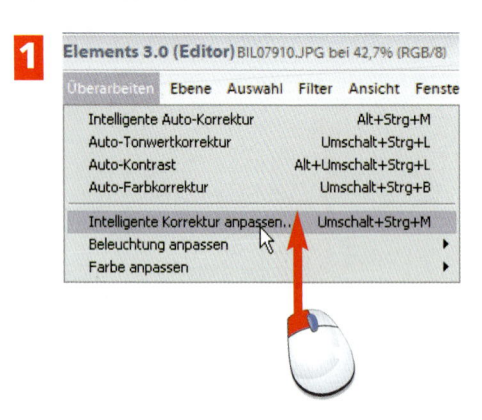

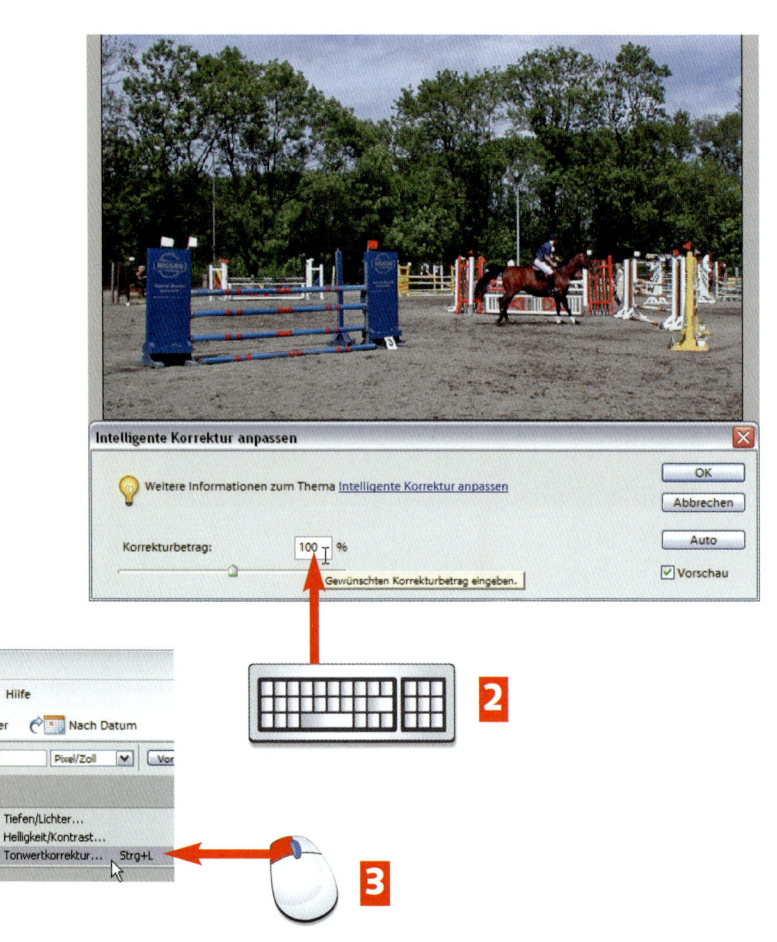

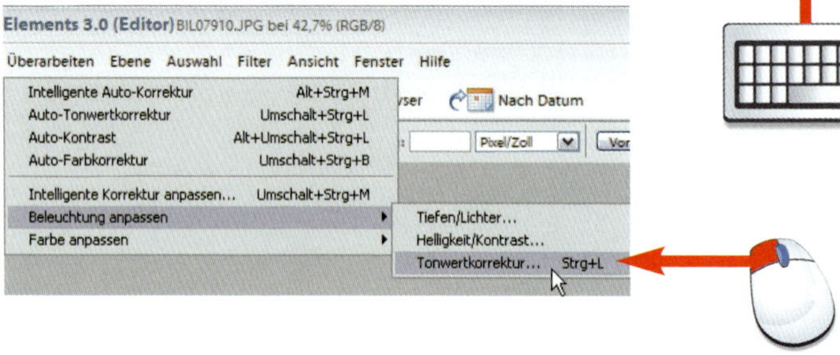

2. Geben Sie einen *Korrekturbetrag* von *100* ein. Wenn rechts die *Vorschau*-Option aktiviert ist, sehen Sie das zu erwartende Ergebnis gleich im Bild.

3. Führen Sie gegebenenfalls auch eine *Tonwertkorrektur* durch. In unserem Beispiel ist dies aber nicht notwendig.

WISSEN

Im *Standardeditor* werden die Einstellungen meist in gesonderten Dialogfeldern vorgenommen. Hier ist eine numerisch präzise Angabe der Änderungen möglich.

4 Fotos schnell korrigieren 99

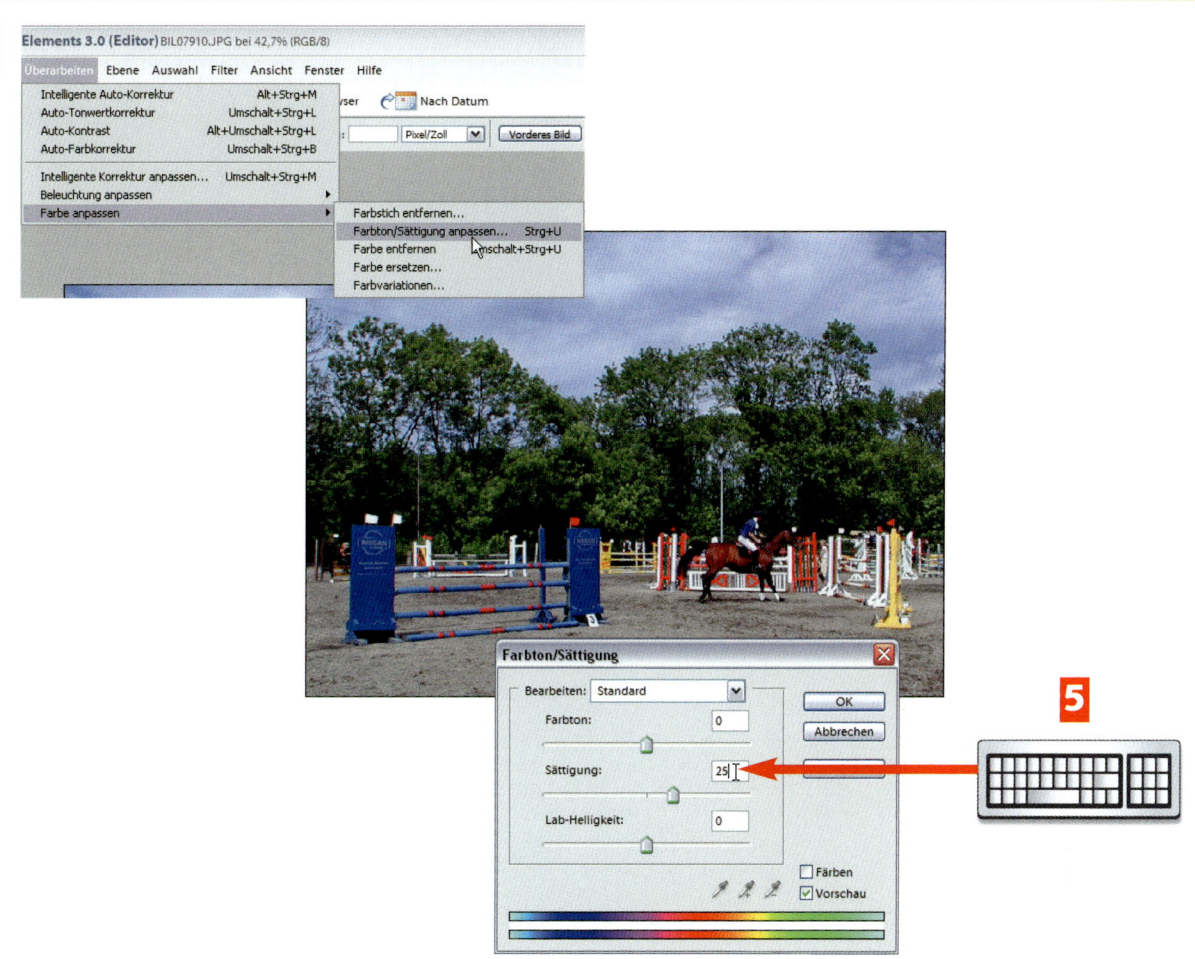

4 Rufen Sie die nützliche Funktion *Farbe anpassen/Farbton/Sättigung anpassen* auf.

5 Tippen Sie im *Sättigung*-Eingabefeld 25 ein, damit die Farben gesättigter dargestellt werden.

TIPP

Wenn Sie die Korrekturen häufiger benötigen, lohnt es, sich die hinter dem Menüeintrag angezeigten Tastenkürzel einzuprägen.

HINWEIS

Digitalkameraaufnahmen müssen meist mit einer höheren Sättigung versehen werden.

5

Fotos bearbeiten

102 Hintergründe in Ebenen verwandeln

Start

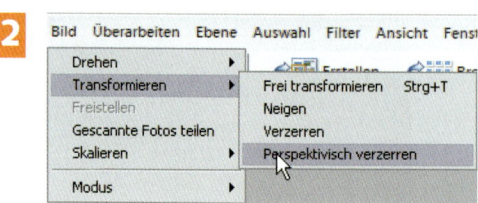

1 Rufen Sie das Zoom-Werkzeug auf. Tippen Sie in dem Eingabefeld einen Zoomwert ein, bei dem ein wenig Umfeld zu sehen ist – etwa so, wie es die Abbildung zeigt.

2 Rufen Sie die Funktion *Bild/Transformieren/Perspektivisch verzerren* auf.

WISSEN

Die Schritte zur Optimierung kennen Sie ja schon. Daher beginnen wir diesen Workshop mit einem Foto, bei dem die Tonwertkorrektur und die Erhöhung der Farbsättigung bereits erledigt sind.

5 Fotos bearbeiten 103

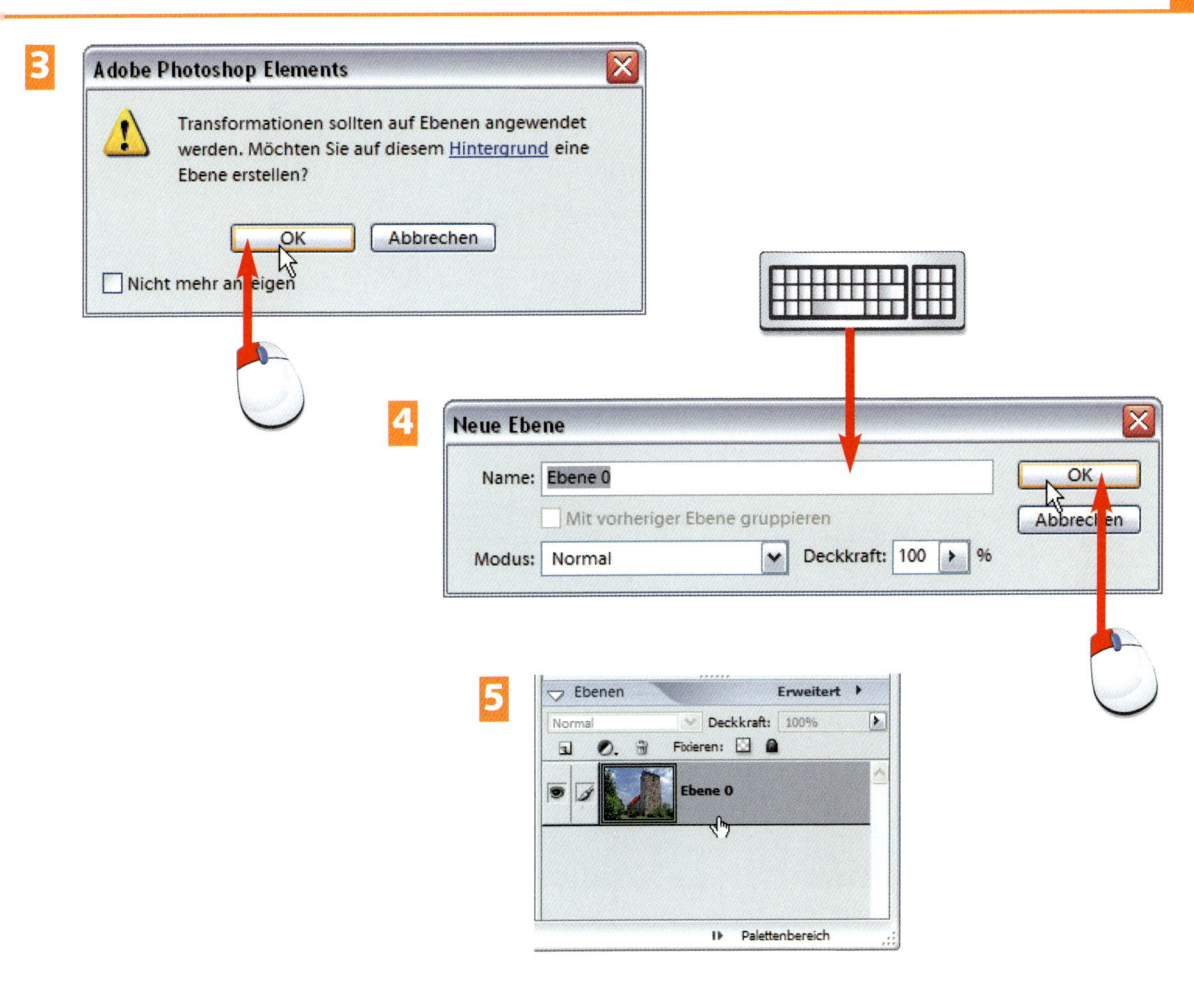

3 Bestätigen Sie die Abfrage, ob der Hintergrund in eine Ebene umgewandelt werden soll.

4 Versehen Sie die Ebene gegebenenfalls mit einem neuen Namen.

5 Im *Ebenen*-Palettenfenster sehen Sie die neue Ebene.

Ende

Eine Ebene können Sie auch erstellen, indem Sie einfach doppelt auf das Miniaturbild des Hintergrunds klicken.

Eine Ebene „schwebt" sozusagen über dem Hintergrund.

TIPP

HINWEIS

104 Die Perspektive bearbeiten

Start

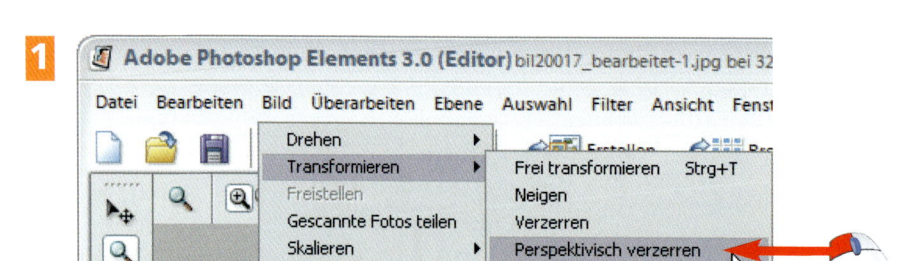

1 Rufen Sie die Funktion *Bild/Transformieren/Perspektivisch verzerren* auf.

2 Acht Markierungspunkte dienen zur Verzerrung der Ebene. Verschieben Sie den linken oder …

Bei Gebäudeaufnahmen lässt es sich nicht vermeiden, dass „stürzende Linien" entstehen. Diese perspektivische Verzerrung entsteht immer dann, wenn die Kamera bei der Aufnahme geneigt wird.

WISSEN

5 Fotos bearbeiten 105

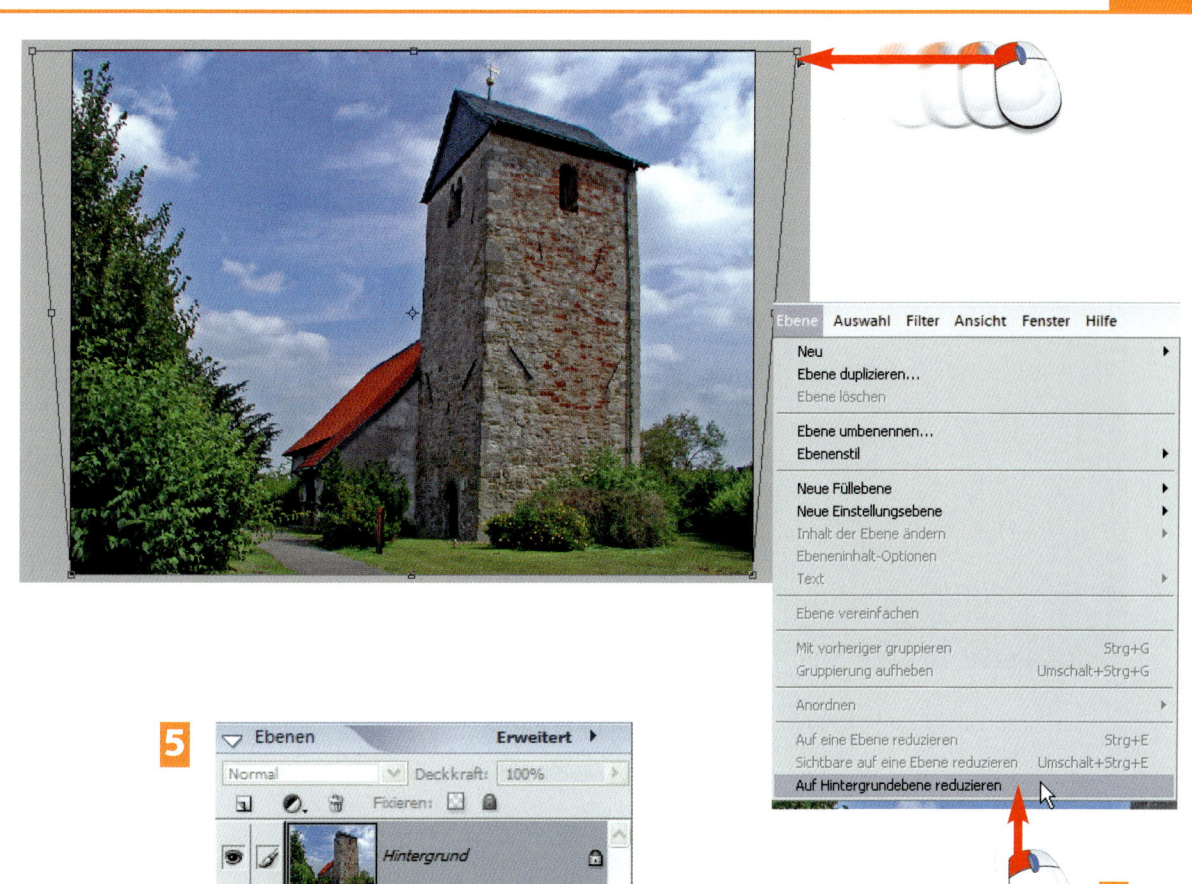

3 … den rechten Markierungspunkt, um die stürzenden Linien zu korrigieren.

4 Um die Ebene wieder mit dem Hintergrund zu „verschmelzen", verwenden Sie die Funktion *Ebene/Auf Hintergrund reduzieren*.

5 Im *Ebenen*-Palettenfenster sehen Sie dann die umgewandelte Ebene.

Verwenden Sie die Funktion *Ansicht/Raster*, um bei der Korrektur eine Orientierung zu erhalten.

TIPP

106 Farbverfälschte Bilder erstellen

Start

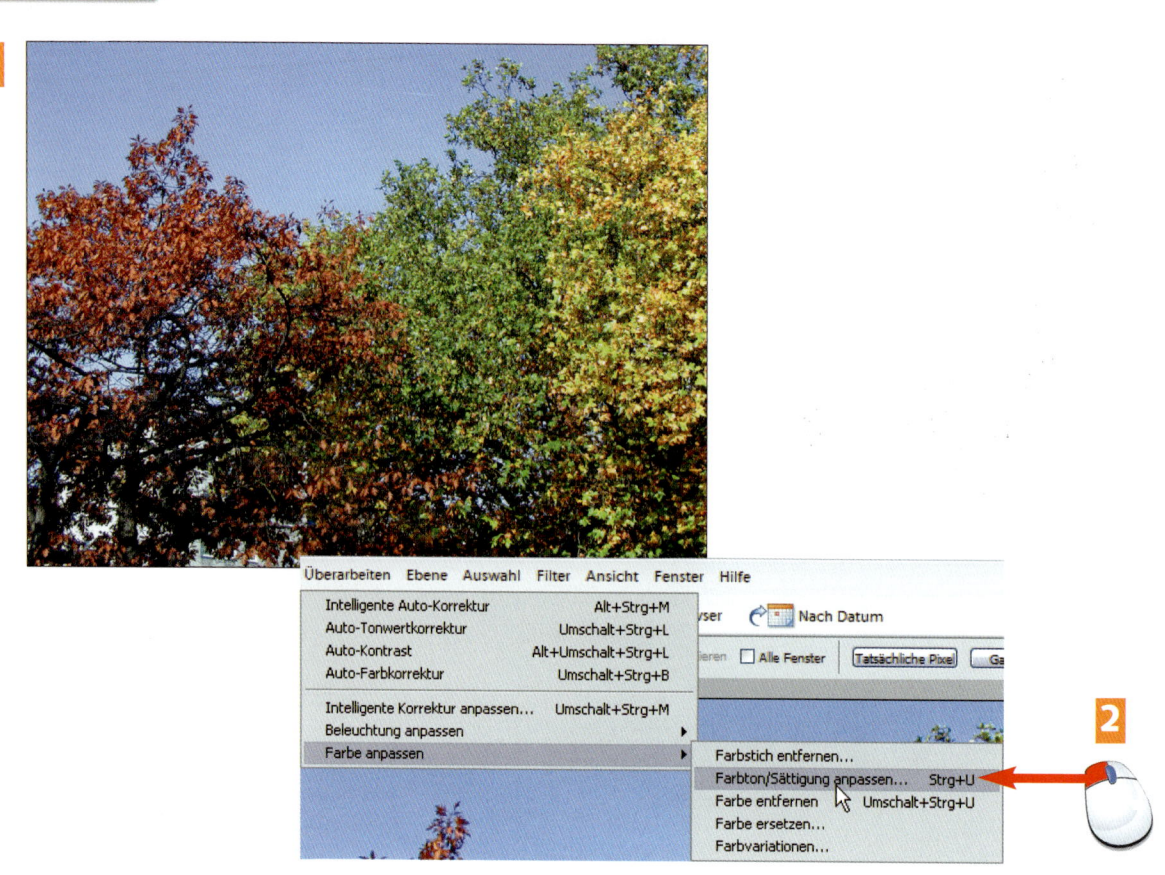

1 Dieses Foto werden wir verfremden.

2 Rufen Sie dazu die Funktion *Überarbeiten/Farbe anpassen/Farbton/Sättigung anpassen* auf.

WISSEN

Die Optimierungsfunktionen können Sie nicht nur verwenden, um Bilder zu verbessern. Mit extremen Werten erstellen Sie beispielsweise interessante Effektbilder.

5 Fotos bearbeiten 107

3 Wenn Sie den Wert für den Farbton verändern, ...

4 ... entstehen spannende neue Ergebnisse.

Ende

Experimentieren Sie doch einmal mit verschiedenen extremen Werten herum – beispielsweise auch beim Verstärken des Kontrastes.

TIPP

Drastische Bildkorrekturen

1 Das Ausgangsbild ist nicht so richtig spannend.

2 Rufen Sie die Funktion *Überarbeiten/Beleuchtung anpassen/Tonwertkorrektur* auf.

3 Geben Sie im ersten Eingabefeld der Option *Tonwertspreizung* einen Wert von *120* ein, um das Bild drastisch abzudunkeln.

WISSEN

Die Funktionen des *Überarbeiten*-Menüs bieten sehr viele verschiedene Möglichkeiten zur Bildveränderung. So können beispielsweise die Helligkeit und der Kontrast ebenso wie die Farbe der Bilder verändert werden.

5 Fotos bearbeiten 109

4 Geben Sie einen Gammawert von *1,5* ein, um die mittleren Farbtöne aufzuhellen.

5 Das Ergebnis sieht schon viel spannender aus, nicht wahr?

FACHWORT

Der **Gammawert** regelt die Helligkeit der mittleren Grautöne. Der Standardwert ist 1,0. Höhere Werte hellen das Bild auf – niedrigere Werte dunkeln es ab.

HINWEIS

Oft lassen sich unattraktive Fotos mit den Funktionen im *Überarbeiten*-Menü in ansprechende „Kunstwerke" verwandeln.

110 Formen ausstechen

Start

1 Öffnen Sie das Foto und rufen Sie das *Ausstecher*-Werkzeug aus der Werkzeugleiste auf.

2 Klicken Sie im *Form*-Listenfeld auf den Pfeil, ...

3 ... um eine Liste mit verschiedenen Form-Bibliotheken zu unterschiedlichen Themenbereichen zu öffnen.

WISSEN

Fotos müssen nicht immer rechteckig sein. Mit dem *Ausstecher*-Werkzeug haben Sie die Möglichkeit, unregelmäßige Konturen zu erstellen.

5 Fotos bearbeiten   111

4 Wählen Sie hier eine Form aus.

5 Klicken Sie in das Bild und ziehen Sie die Form mit gedrückter linker Maustaste auf. Eine Vorschaulinie zeigt die Form an.

6 Lassen Sie die linke Maustaste los und klicken Sie doppelt innerhalb der Markierungslinie, um die Form zuzuweisen.

Ende

Es gibt sehr viele unterschiedliche Formen, die Sie zum Ausstechen verwenden können. Durchstöbern Sie doch einmal die verschiedenen Bibliotheken.

HINWEIS

Bildpartien ausbessern

Start

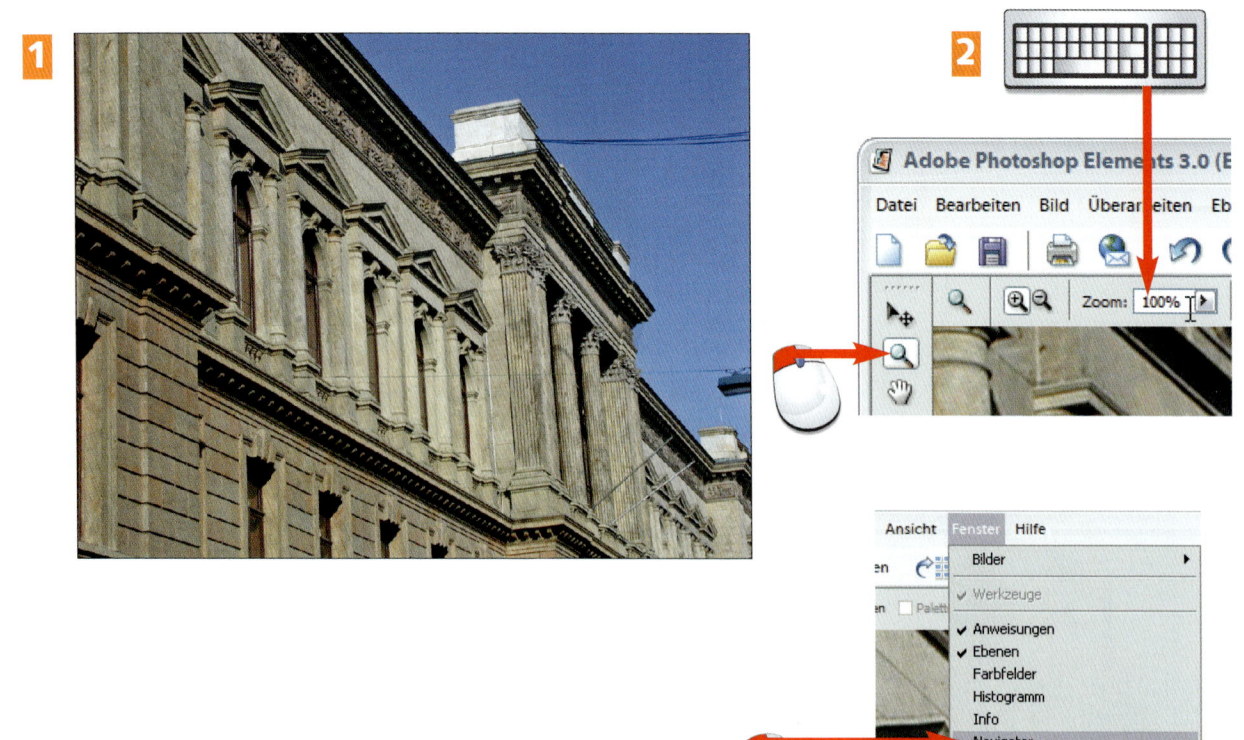

1 In diesem Ausgangsbild stört das Lampenkabel ein wenig.

2 Rufen Sie das *Zoom-Werkzeug* auf und tippen Sie in der Optionsleiste eine Darstellungsgröße von *100 %* ein.

3 Rufen Sie aus dem *Fenster*-Menü die Option *Navigator* auf, um ...

WISSEN

Mit Photoshop Elements haben Sie vielseitige Möglichkeiten zur Bildbearbeitung – bis hin zu komplexen Bildretuschen. So können Sie störende Bildteile leicht entfernen oder austauschen. Wenn Sie wollen, können Sie Personen an andere Orte „verfrachten". Vielleicht wollten Sie ja schon immer einmal nach Hawaii. Mit Photoshop Elements ist das kein Problem.

5 Fotos bearbeiten | **113**

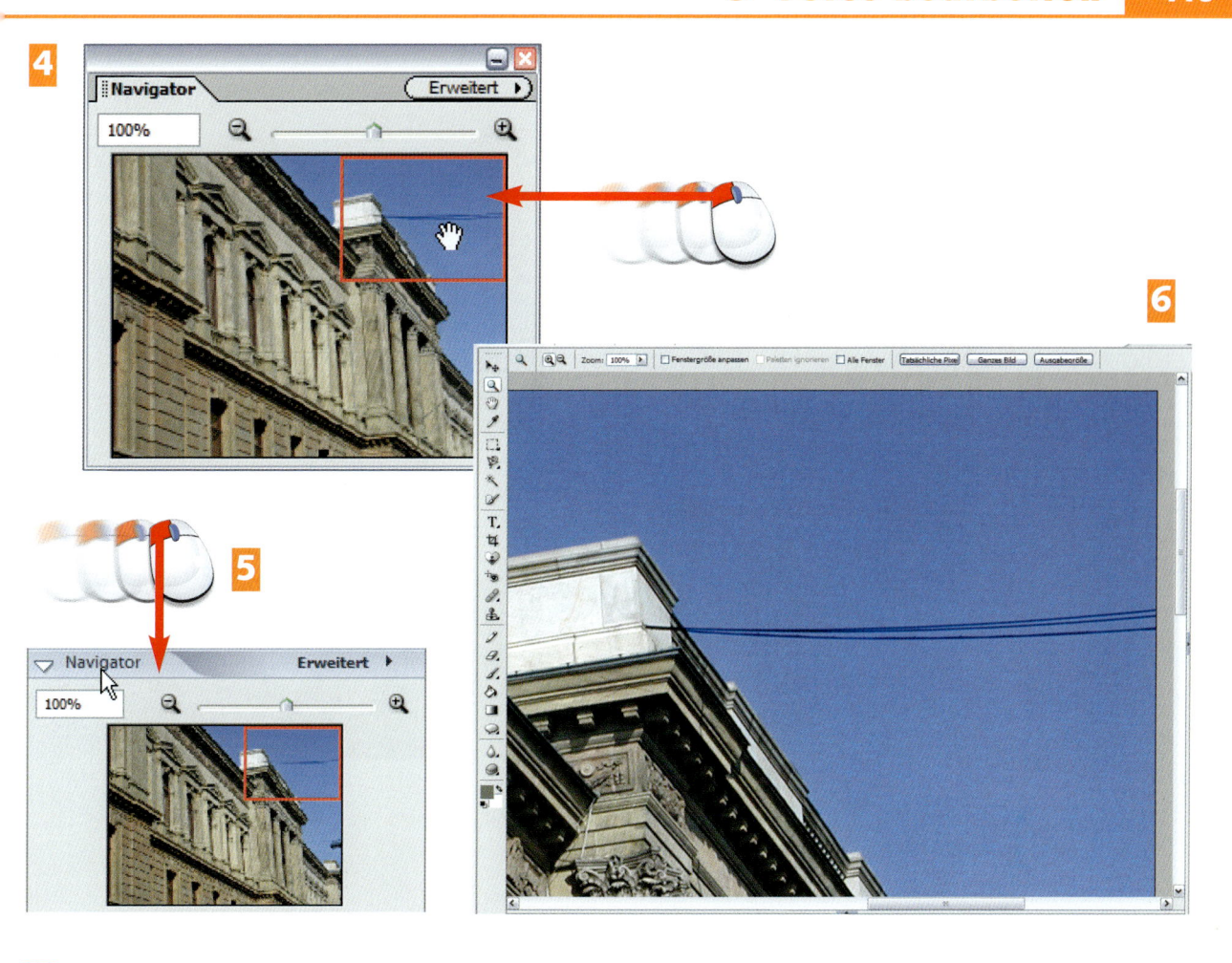

4 ... dies nützliche Palettenfenster zu öffnen. Ziehen Sie den roten Rahmen im *Navigator*-Palettenfenster auf den Bildausschnitt der angezeigt werden soll.

5 Ziehen Sie die Registerkarte in den Palettenraum, damit das Palettenfenster keinen Platz im Arbeitsbereich in Anspruch nimmt.

6 Nach der Auswahl des neuen Bildausschnitts, ist der zu korrigierende Bildbereich zu sehen.

TIPP

Bildkorrekturen führen Sie am besten in der Originalansichtsgröße oder einer vergrößerten Darstellung durch, damit die Details gut zu erkennen sind.

HINWEIS

Sie können den Bildausschnitt alternativ auch durch Verziehen des vertikalen und horizontalen Scrollbalkens verändern.

Korrekturen mit dem Reparatur-Pinsel

Start

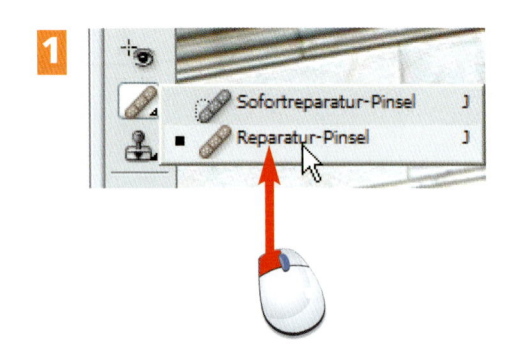

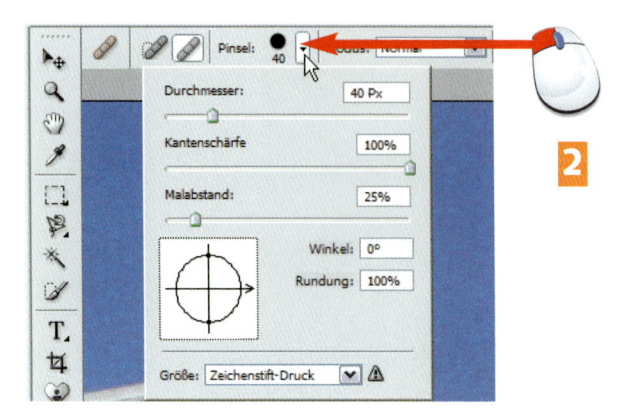

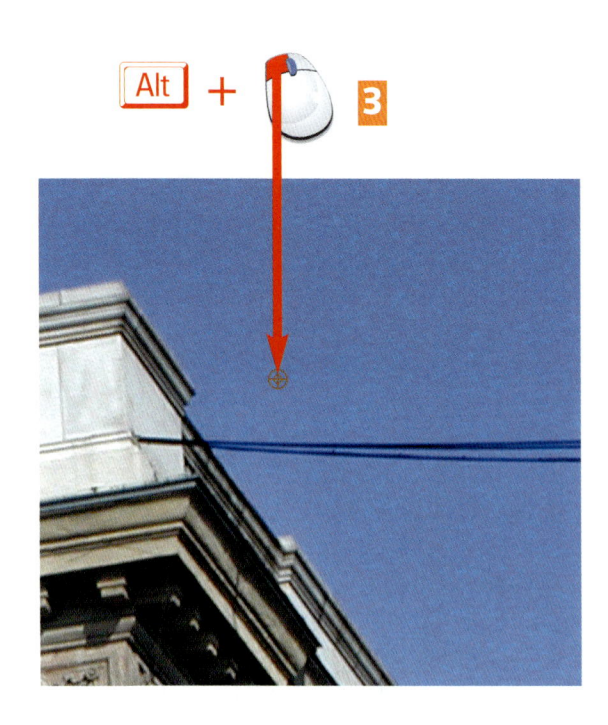

1. Rufen Sie aus dem abgebildeten Flyout-Menü der Werkzeugleiste den *Reparatur-Pinsel* auf.

2. Öffnen Sie dieses Listenfeld in der Optionsleiste und stellen Sie dort den Pinseldurchmesser ein.

3. Klicken Sie mit gedrückter Alt-Taste auf eine Stelle knapp neben dem Kabel, das entfernt werden soll.

Der Reparatur-Pinsel ist ein leistungsfähiges Werkzeug, das Sie sicherlich häufig verwenden, wenn Sie Bilder retuschieren. Sie können ihn nutzen, um zum Beispiel Fussel oder andere Unreinheiten im Bild zu korrigieren.

WISSEN

5 Fotos bearbeiten   115

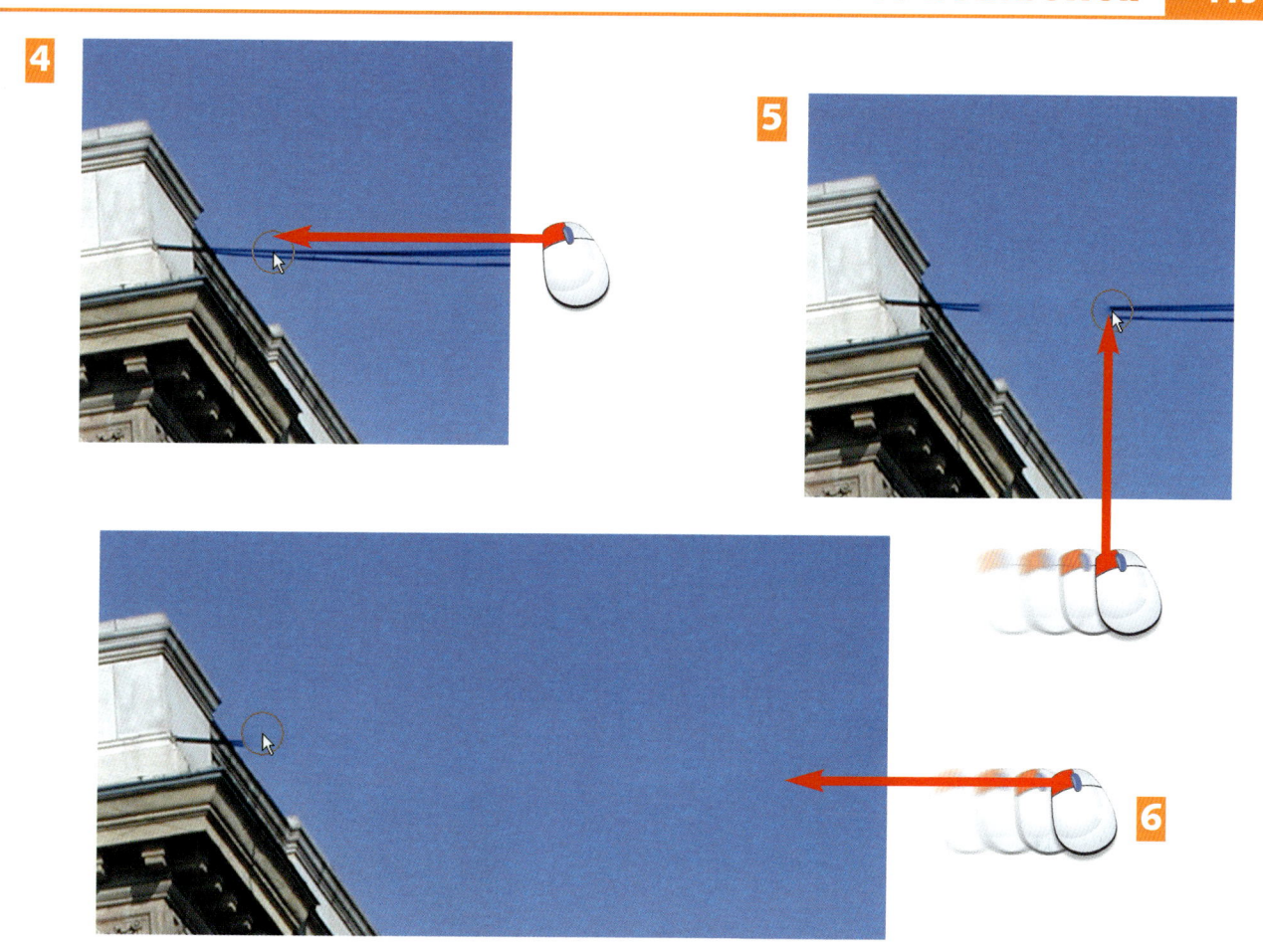

4 Lassen Sie die ⟨Alt⟩-Taste los und klicken Sie auf die Stelle im Bild, wo das Kabel zu sehen ist.

5 Mit jedem Mausklick wird das Kabel mit dem zuvor aufgenommenen Himmelbereich „überdeckt", oder …

6 … „übermalen" Sie das Kabel mit gedrückter linker Maustaste.

Prinzipiell ist es egal, ob Sie die Fehler „zutupfen" oder mit gedrückter linker Maustaste „übermalen". Oft ist das Zutupfen aber praktischer, da das Arbeiten mit der Maus nicht ganz einfach ist.

TIPP

Wenn Sie versehentlich falsch „korrigiert" haben, verwenden Sie die Funktion *Bearbeiten/Rückgängig*, um die gewünschten Arbeitsschritte zurückzunehmen.

HINWEIS

116 Korrekturen mit dem Reparatur-Pinsel

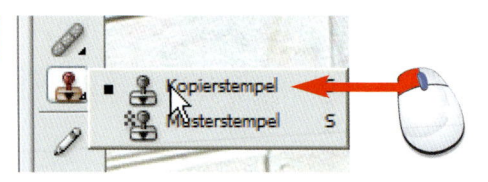

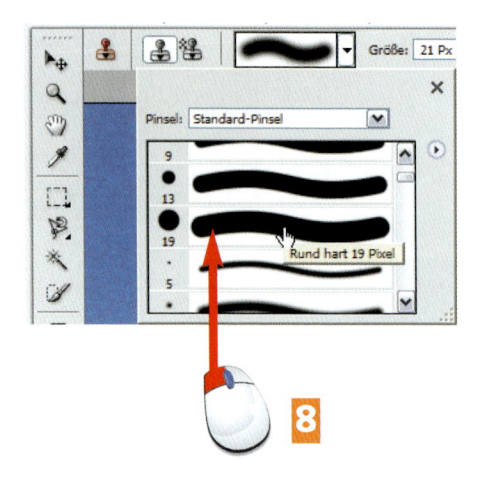

7 Rufen Sie aus dem abgebildeten Flyout-Menü der Werkzeugleiste den *Kopierstempel* auf.

8 Verwenden Sie eine Malspitze mit einem harten Rand.

9 Klicken Sie auf das Kabel, durch den harten Rand fällt die Korrektur an der Hauskante nicht auf.

Der Kopierstempel und der Reparatur-Pinsel arbeiten fast identisch. Hier werden allerdings die Originalpartien 1:1 übertragen. Der Reparatur-Pinsel berücksichtigt dagegen auch die Strukturen der ausgebesserten Stelle.

WISSEN

5 Fotos bearbeiten 117

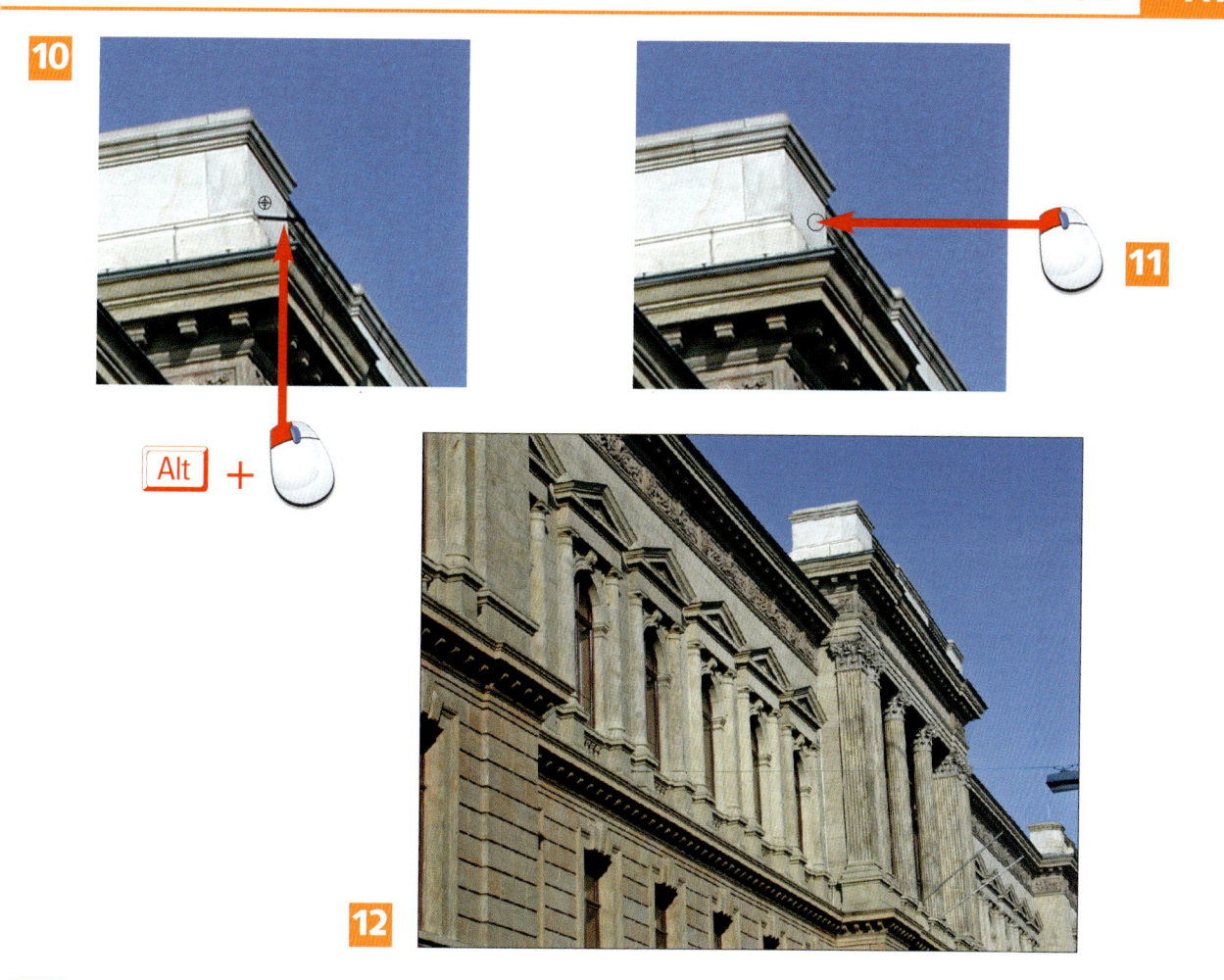

10 Klicken Sie hier erneut mit gedrückter Alt-Taste, um einen neuen Ursprungspunkt aufzunehmen.

11 Falls die Malspitze zu groß ist, stellen Sie eine kleinere Spitze ein. Übertupfen Sie dann die Hausfassade.

12 So ergibt sich dieses Ergebnis. Natürlich kann auf dieselbe Art und Weise auch die Lampe entfernt werden.

Es ist völlig normal, dass Sie während der Korrektur häufiger einen neuen Ursprungspunkt aufnehmen.

Sie müssen von Fall zu Fall entscheiden, ob der Reparatur-Pinsel oder der Kopierstempel besser zur Korrektur geeignet ist.

TIPP

HINWEIS

Fotokreationen erstellen

Die Fotokreationen starten

Start

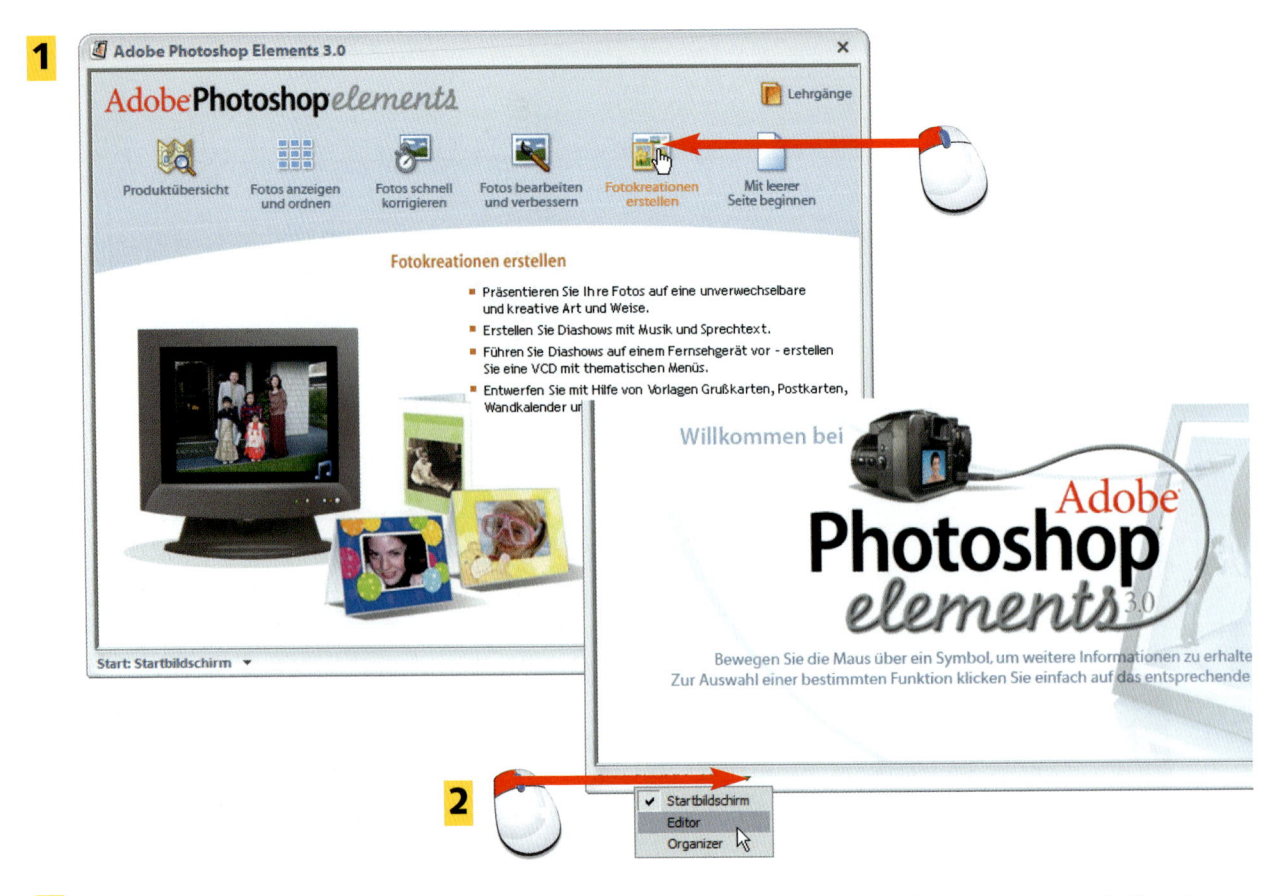

1 Starten Sie Photoshop Elements und rufen Sie die Option *Fotokreationen erstellen* im Startbildschirm auf.

2 Klicken Sie in der Fußleiste auf die Pfeil-Schaltfläche. Legen Sie dann in einem Menü fest, wie Photoshop Elements starten soll.

Wenn Sie „mehr" aus Ihren Fotos machen wollen, sind die Fotokreationen genau die richtige Wahl. Hier gibt es interessante Optionen zur Präsentation Ihrer Fotos. Egal, ob Sie eine Diaschau am Fernsehbildschirm oder im Web vorführen wollen – alle Varianten werden unterstützt. Sogar Grußkarten oder Wandkalender lassen sich gestalten.

WISSEN

6 Fotokreationen erstellen

3 Sollten Sie den Startbildschirm nicht sehen, rufen Sie im Organizer die Funktion *Fenster/ Startbildschirm* auf.

4 Rufen Sie das *Fotokreationen*-Dialogfeld als Alternative über die *Erstellen*-Schaltfläche im Organizer auf.

5 In diesem Dialogfeld stellt Photoshop Elements die verfügbaren Fotokreationen bereit.

> Wenn Sie Ihre Arbeit grundsätzlich im Editor beginnen, sollten Sie Photoshop Elements so einstellen, dass gleich der Editor startet.

TIPP

Die Diashow-Option

Start

1 Diashow erstellen

Erstellen Sie eine Diashow, um Ihre Fotos mit Hilfe von Musik, Text und
Sie können Ihre Diashow auf VCD brennen, um sie auf Ihrem Fernseher anzusehen

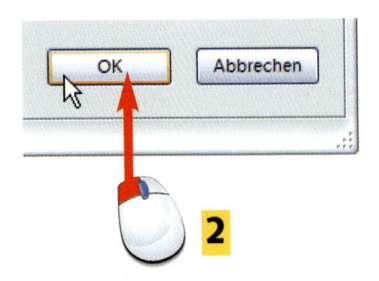

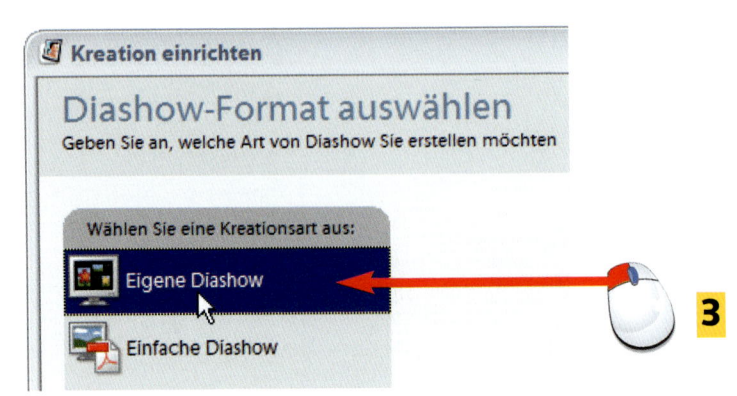

OK | Abbrechen

2

Kreation einrichten

Diashow-Format auswählen
Geben Sie an, welche Art von Diashow Sie erstellen möchten

Wählen Sie eine Kreationsart aus:
- Eigene Diashow
- Einfache Diashow

3

1 Halten Sie den Mauszeiger über die Symbole, wird angezeigt, wofür Sie diese Fotokreation verwenden können.

2 Klicken Sie auf die *OK*-Schaltfläche, um die Diashow-Option zu starten.

3 Verwenden Sie im linken Bereich die Option *Eigene Diashow*.

Die Diashow-Option ist eine interessante Variante, um Ihre Fotos vorzuführen. Die Fotos wechseln dabei nach der vorgegebenen Anzeigedauer automatisch.

WISSEN

6 Fotokreationen erstellen 123

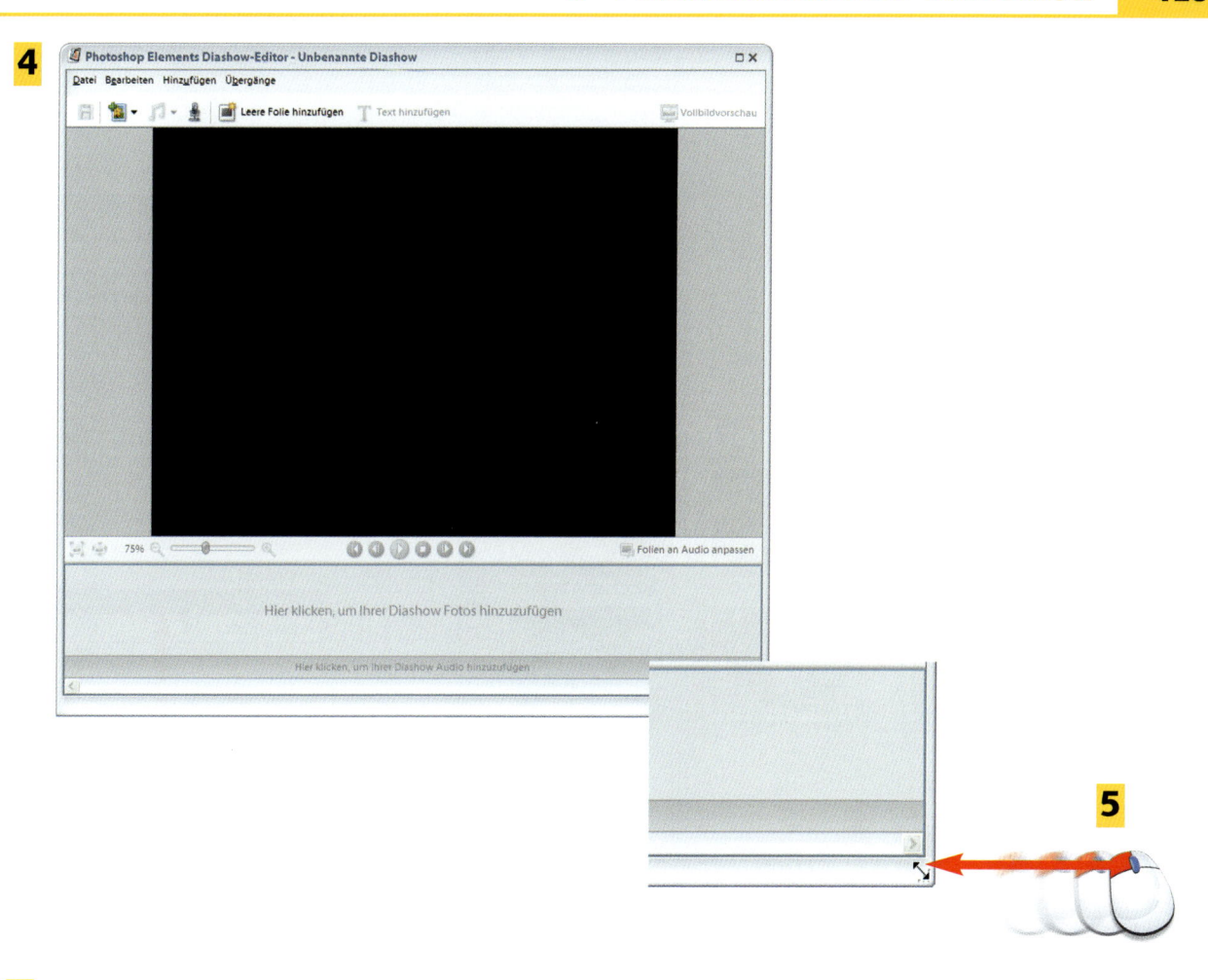

4 Stellen Sie in diesem Arbeitsbereich Ihre Diashow zusammen.

5 Ziehen Sie auch hier an der unteren rechten Ecke des Arbeitsbereichs, um das Arbeitsfenster zu skalieren.

Ende

> Mit der Maximieren-Schaltfläche oben rechts in der Titelleiste vergrößern Sie das Arbeitsfenster auf die volle Bildschirmgröße.
>
> **HINWEIS**

Eine Diashow zusammenstellen

Start

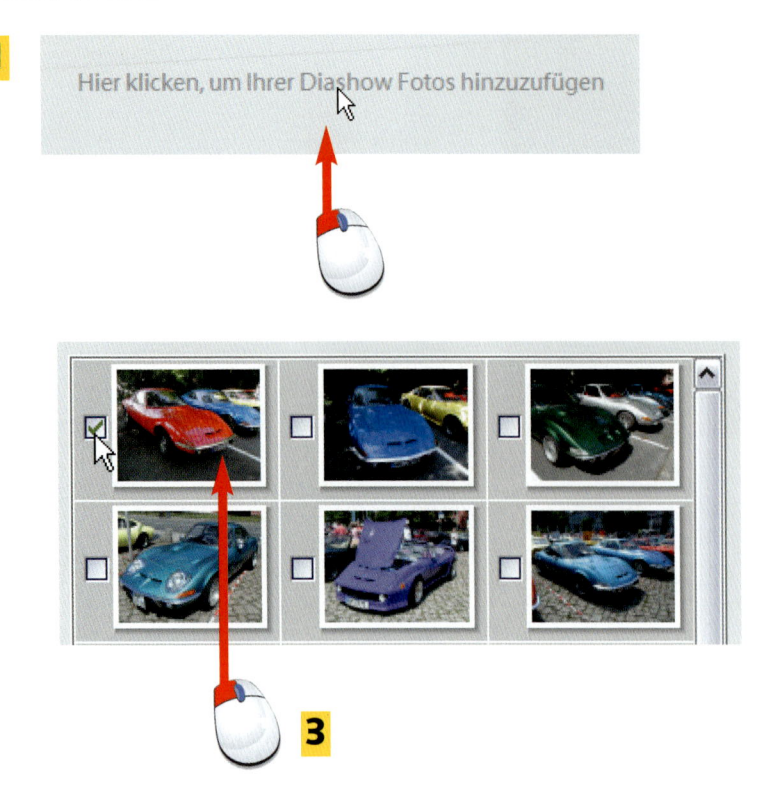

1. Klicken Sie in den unteren Bereich, um neue Fotos in die Diashow aufzunehmen.

2. Links gibt es verschiedene Optionen, um Fotos in die Show aufzunehmen. Wählen Sie beispielsweise eine *Sammlung* aus, die Sie zuvor im Organizer erstellt haben.

3. Markieren Sie die gewünschten Fotos, sodass ein Haken vor dem Eintrag zu sehen ist.

Wissen

Sammlungen zusammenzustellen – wie Sie es im Kapitel 2 kennen gelernt haben – lohnt sich. So können Sie anschließend sehr leicht Diashows aus diesen Sammlungen erstellen, ohne dass Sie erst die Fotos zusammensuchen müssen.

6 Fotokreationen erstellen 125

4 Klicken Sie auf die *OK*-Schaltfläche, um die Diashow zu erstellen.

5 Danach sehen Sie diese Ansicht der Diashow.

Die Diashow wird zunächst mit den Voreinstellungen zusammengestellt. Sie können die Einstellungen aber nachträglich jederzeit verändern.

HINWEIS

Die Einstellungen der Diashow verändern

Start

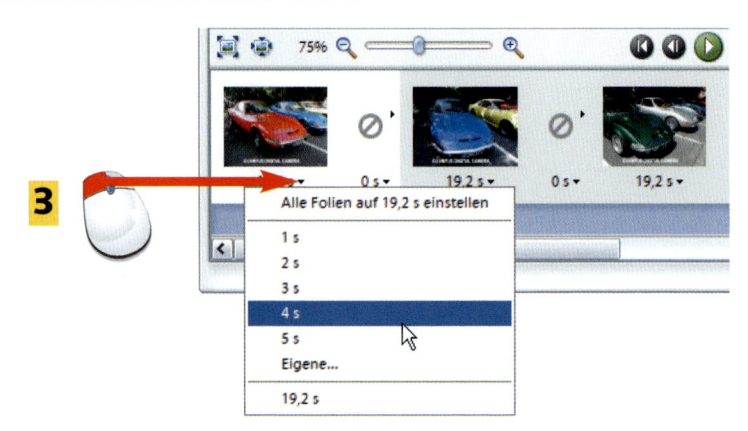

1. Klicken Sie in den Bereich unter den Miniaturbildern, um ein Musikstück zur Vertonung einzufügen.

2. Verwenden Sie diese Schaltfläche, wenn die Diashow genau so lange dauern soll, bis das Musikstück zu Ende ist.

3. Klicken Sie auf den Pfeil, falls Sie die Anzeigedauer einzelner Fotos „manuell" einstellen wollen.

Beim Audio-Import unterstützt Photoshop Elements die gängigen Audioformate MP3, WAV und WMA.

WISSEN

6 Fotokreationen erstellen   127

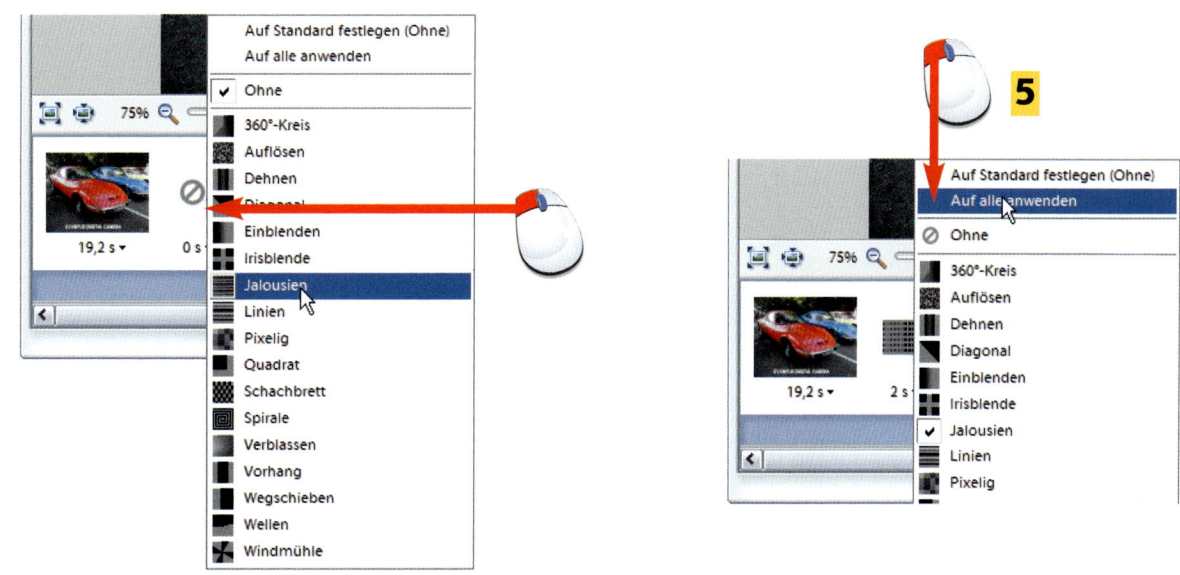

4 Klicken Sie auf den Pfeil zwischen den Fotos. Suchen Sie sich in dem gesonderten Menü einen Übergang aus.

5 Wollen Sie für alle Fotos der Diaschau den gleichen Übergang verwenden, aktivieren Sie die Funktion *Auf alle anwenden*.

6 An dem Miniaturbild erkennen Sie, welcher Übergang angewendet wurde.

Wenn Sie viele Dias verwenden, können Sie auch mehrere Musikstücke zur Vertonung nutzen.

Übergänge dienen dazu, die Fotos nicht einfach nur „aneinander zu hängen". Mit den Übergängen überblenden die Fotos auf unterschiedliche Art und Weise ineinander.

Ist die Diashow erst einmal zusammengestellt, kann man das Aussehen verfeinern. Fügen Sie beispielsweise Musikstücke hinzu und wählen Sie Übergänge aus.

TIPP **FACHWORT** **HINWEIS**

Die Sammlung vorbereiten

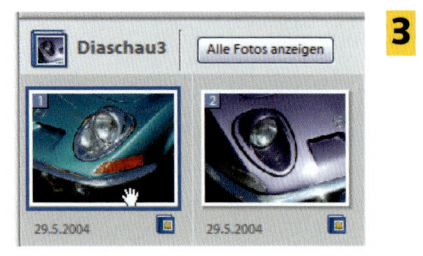

1 Klicken Sie doppelt auf die Sammlung, die Sie anpassen wollen, um nur noch die Miniaturbilder dieser Sammlung anzuzeigen.

2 Verschieben Sie die Miniaturbilder per Drag & Drop.

3 Sortieren Sie so die Fotos der Sammlung.

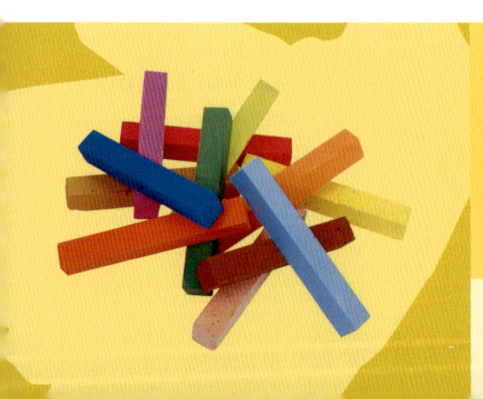

Um die Arbeit beim Erstellen von Fotokreationen zu minimieren, sind einige Vorarbeiten im Organizer sinnvoll. So sollten Sie die Bilder sortieren und mit Bildtiteln versehen.

WISSEN

6 Fotokreationen erstellen 129

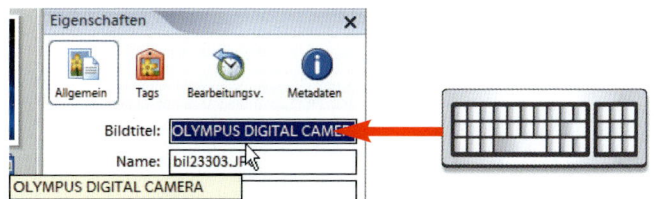

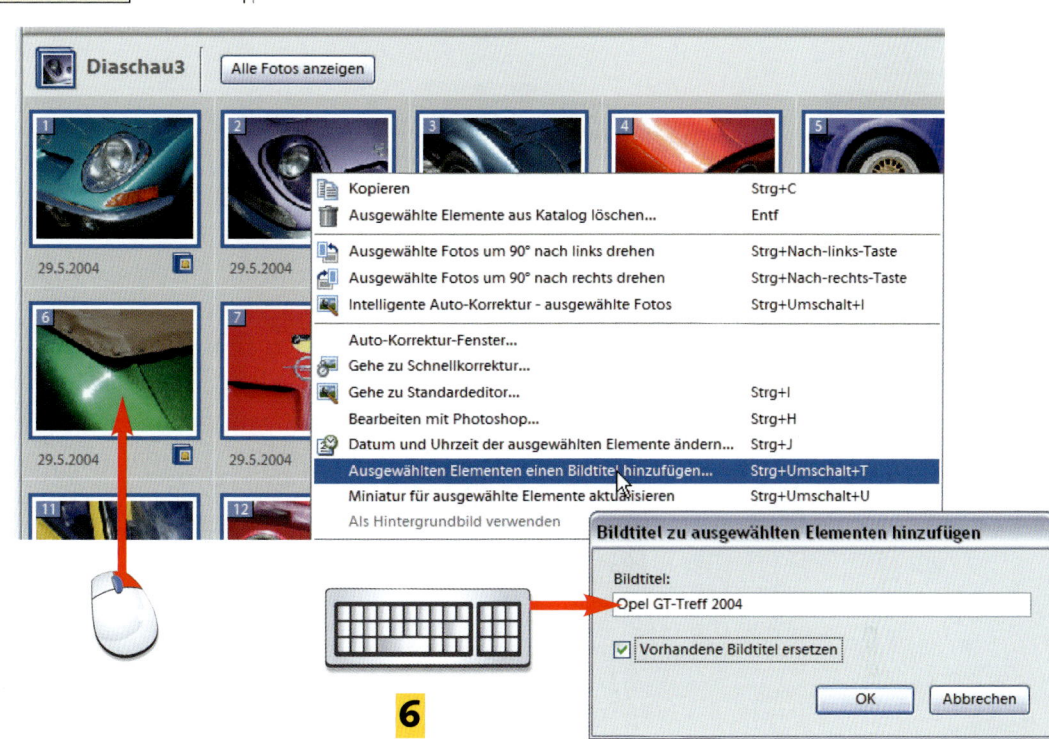

4 Verändern Sie den Titel des Fotos im *Eigenschaften*-Palettenfenster – standardmäßig wird hier der Kameraname eingesetzt.

5 Wollen Sie mehreren Bildern einen neuen Namen geben, rufen Sie aus dem Kontextmenü die Funktion *Ausgewählten Elementen einen Bildtitel hinzufügen* auf.

6 Beachten Sie nach dem Eintippen des neuen Titels, dass die Option *Vorhandene Bildtitel ersetzen* aktiviert ist.

Ende

TIPP

Wollen Sie alle Bilder der Sammlung in einem Rutsch markieren, verwenden Sie die Tastenkombination Strg + A.

FACHWORT

Drag & Drop nennt man das „Ziehen & Ablegen" von Objekten. Sie benötigen keine Menüfunktionen – sortieren Sie einfach mit der Maus.

HINWEIS

Erstellen Sie später ein Fotoalbum, wird das erste Bild für den Titel verwendet. Das sollten Sie beim Sortieren bedenken.

130 Ein Fotoalbum zusammenstellen

Start

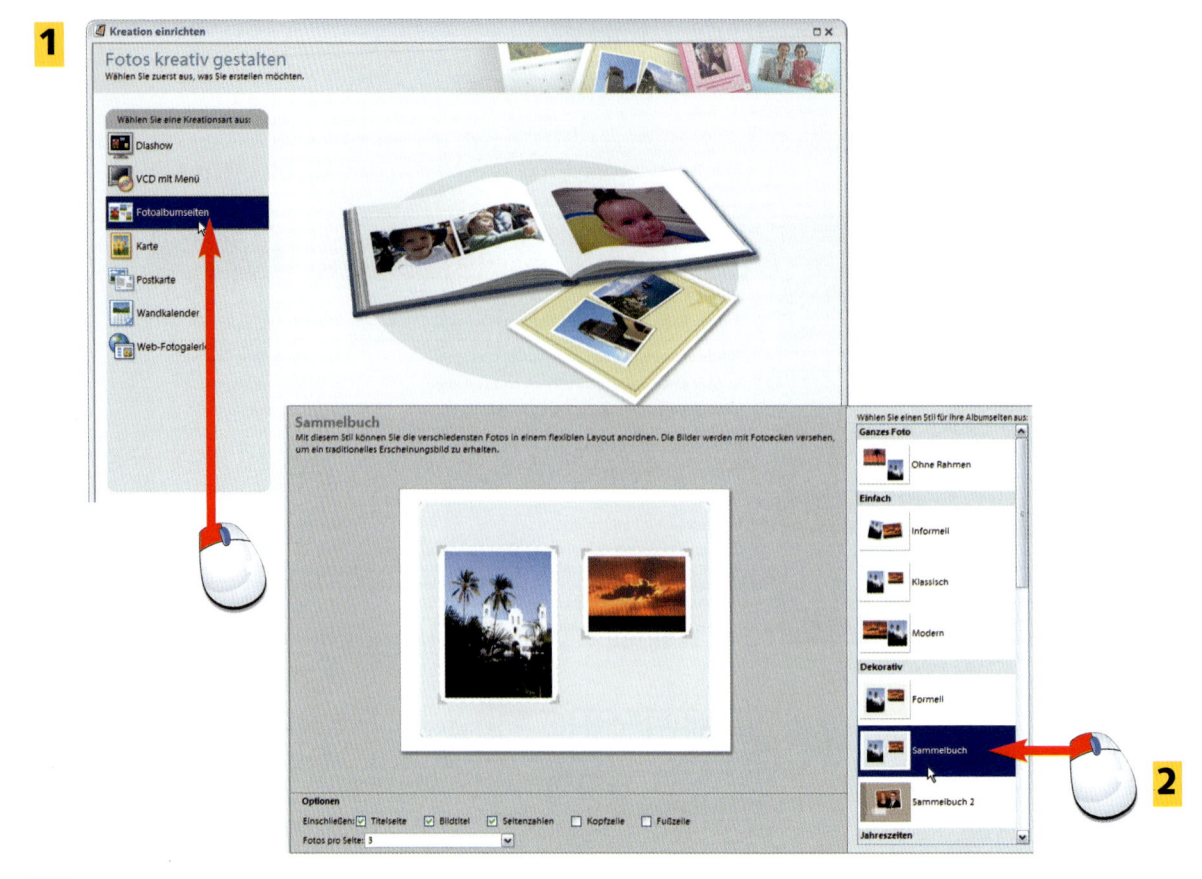

1. Wählen Sie im Dialogfeld *Kreation einrichten* die Option *Fotoalbumseiten* aus.
2. Rechts finden Sie verschiedene Vorlagen. Klicken Sie hier zum Beispiel die Option *Sammelbuch* an.

Für Fotoalben bietet Photoshop Elements diverse interessante Vorlagen an. Damit simulieren Sie zum Beispiel ein „traditionelles" Fotoalbum.

WISSEN

6 Fotokreationen erstellen   131

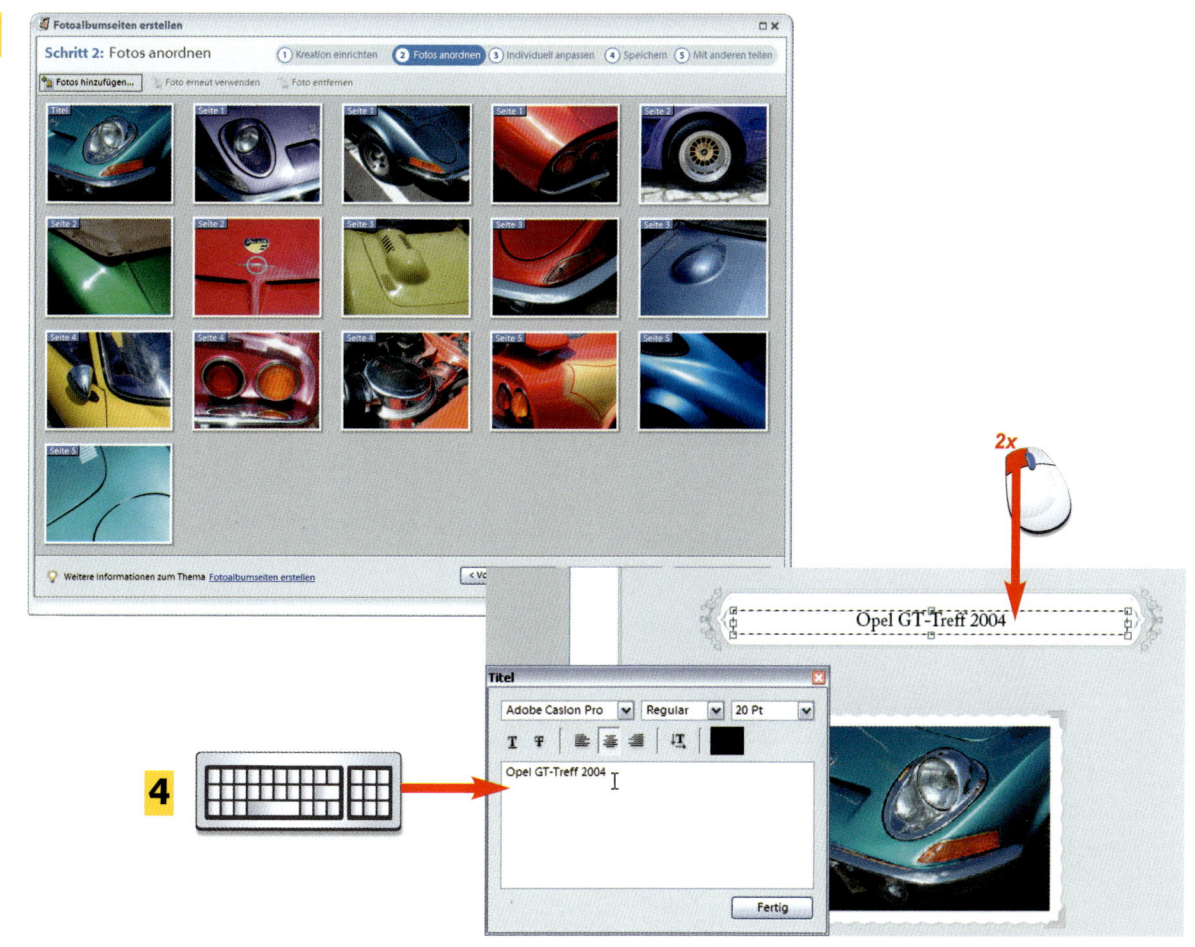

3 An den Schildchen oben links in den Miniaturbildern lesen Sie ab, für welche Albumseite das betreffende Foto verwendet wird.

4 Klicken Sie im nächsten Assistentenschritt doppelt auf den Titeltext, um ihn zu editieren.

TIPP

In der Kopfzeile des *Titel*-Dialogfelds finden Sie Funktionen zum Formatieren des Titeltextes. So passen Sie beispielsweise die Schriftfarbe und -größe an.

HINWEIS

Falls Sie die Fotos nicht im Vorfeld sortiert haben, holen Sie dies beim Zusammenstellen des Albums nach.

Ein Fotoalbum zusammenstellen

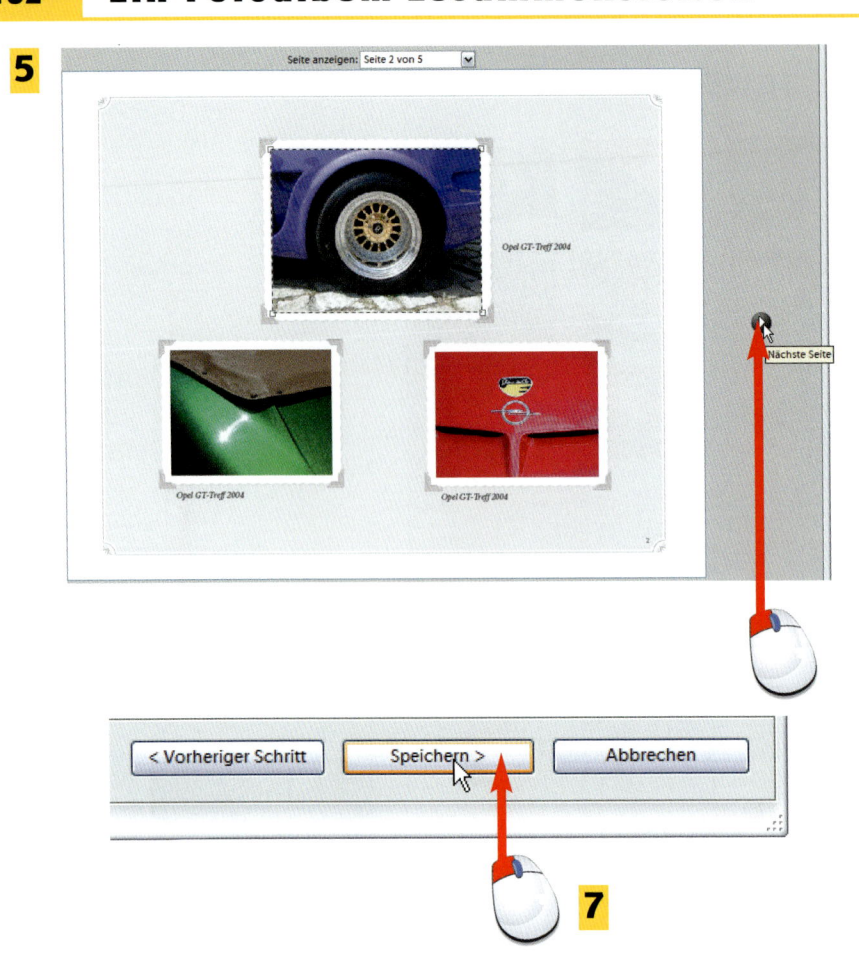

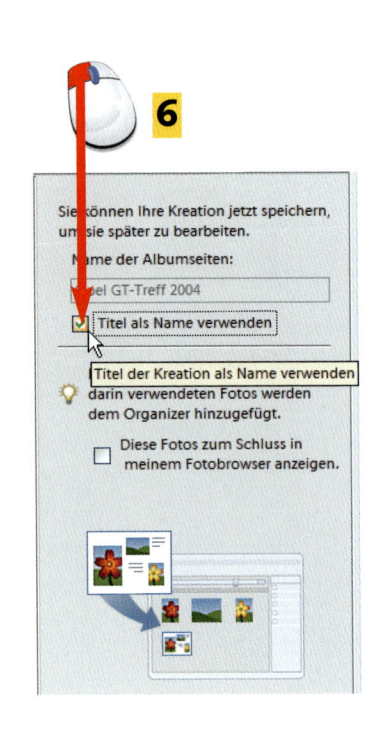

5 Wechseln Sie zwischen den verschiedenen Albumseiten mit den Pfeil-Schaltflächen rechts und links vom Dokument.

6 Speichern Sie im nächsten Assistentenschritt das Dokument. Verwenden Sie hier beispielsweise den Albumtitel als Dateinamen.

7 Schließen Sie die Arbeit mit der *Speichern*-Schaltfläche ab.

Die Ausgabemöglichkeiten des Fotoalbums sind vielseitig: Neben dem Ausdruck können Sie auch ein PDF-Dokument erstellen oder das Album per E-Mail versenden.

WISSEN

6 Fotokreationen erstellen   133

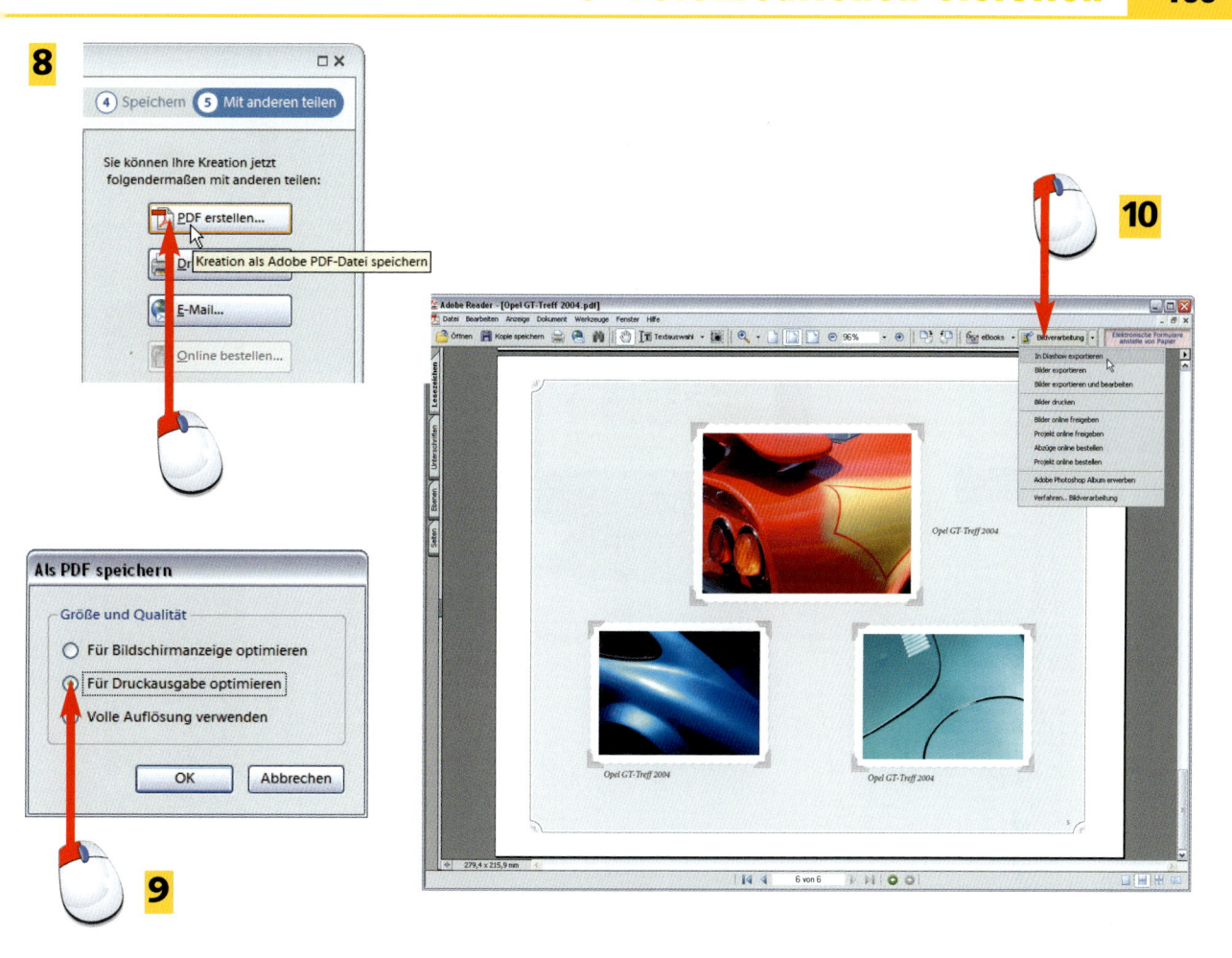

8 Wählen Sie im letzten Arbeitsschritt die Option *PDF erstellen*.

9 Legen Sie die gewünschte *Größe und Qualität* fest.

10 Nach dem Export öffnet sich das Dokument im Adobe Reader. Beachten Sie die interessanten Funktionen im *Bildverarbeitung*-Menü.

Ende

FACHWORT

PDF-Dokumente sind zum Standard geworden. Sie können unabhängig vom verwendeten Betriebssystem angesehen oder ausgedruckt werden.

TIPP

Wenn Sie einen vorherigen Arbeitsschritt ändern wollen, wechseln Sie mit der Schaltfläche *Vorheriger Schritt* zur betreffenden Assistentenseite.

134 Eine Web-Fotogalerie erstellen

Start

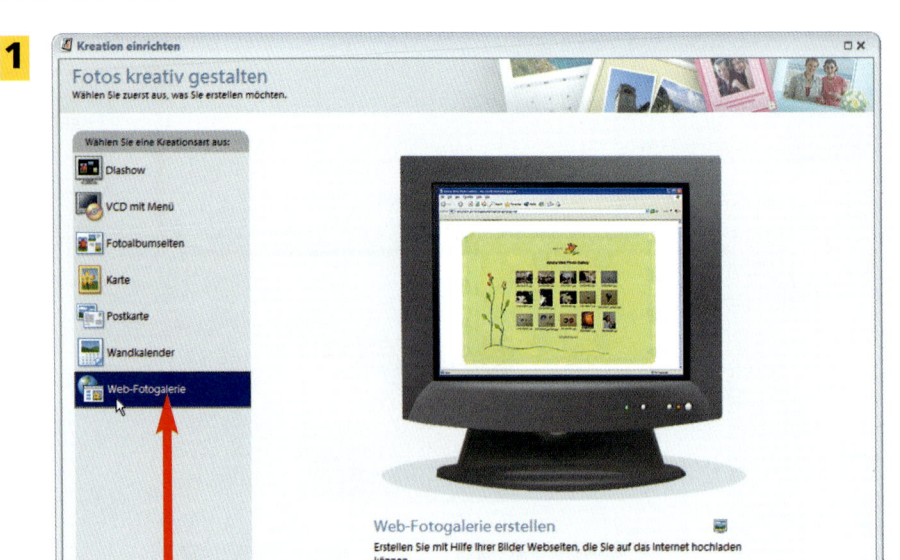

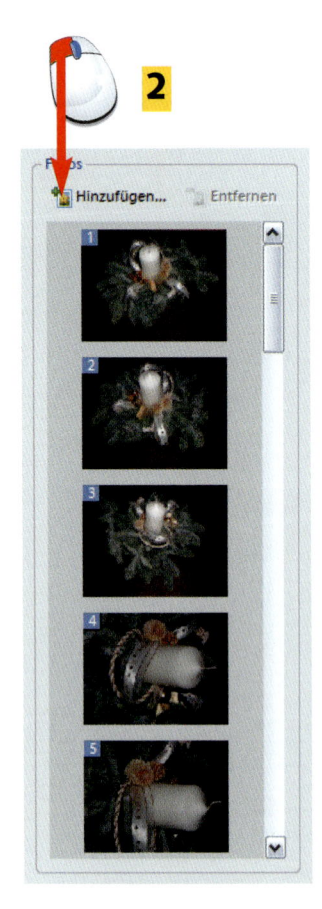

1 Rufen Sie im Dialogfeld *Kreation einrichten* die Option *Web-Fotogalerie* auf.

2 Die Bilder, die vor dem Aufruf der Option im Organizer markiert waren, werden in die Galerie links aufgenommen. Rufen Sie andernfalls die *Hinzufügen*-Schaltfläche auf, um Bilder aufzunehmen.

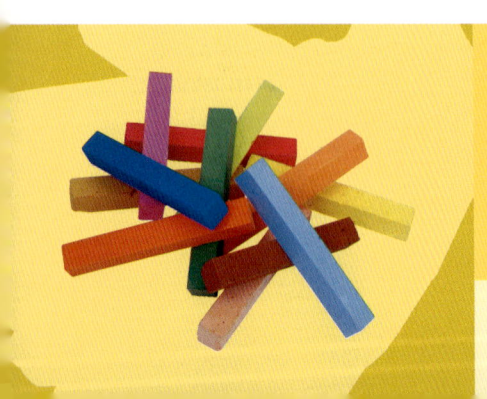

Wenn Sie eine Webseite besitzen, ist die Option *Web-Fotogalerie* bestimmt interessant für Sie. Damit erstellen Sie eine „Online-Diaschau".

WISSEN

6 Fotokreationen erstellen 135

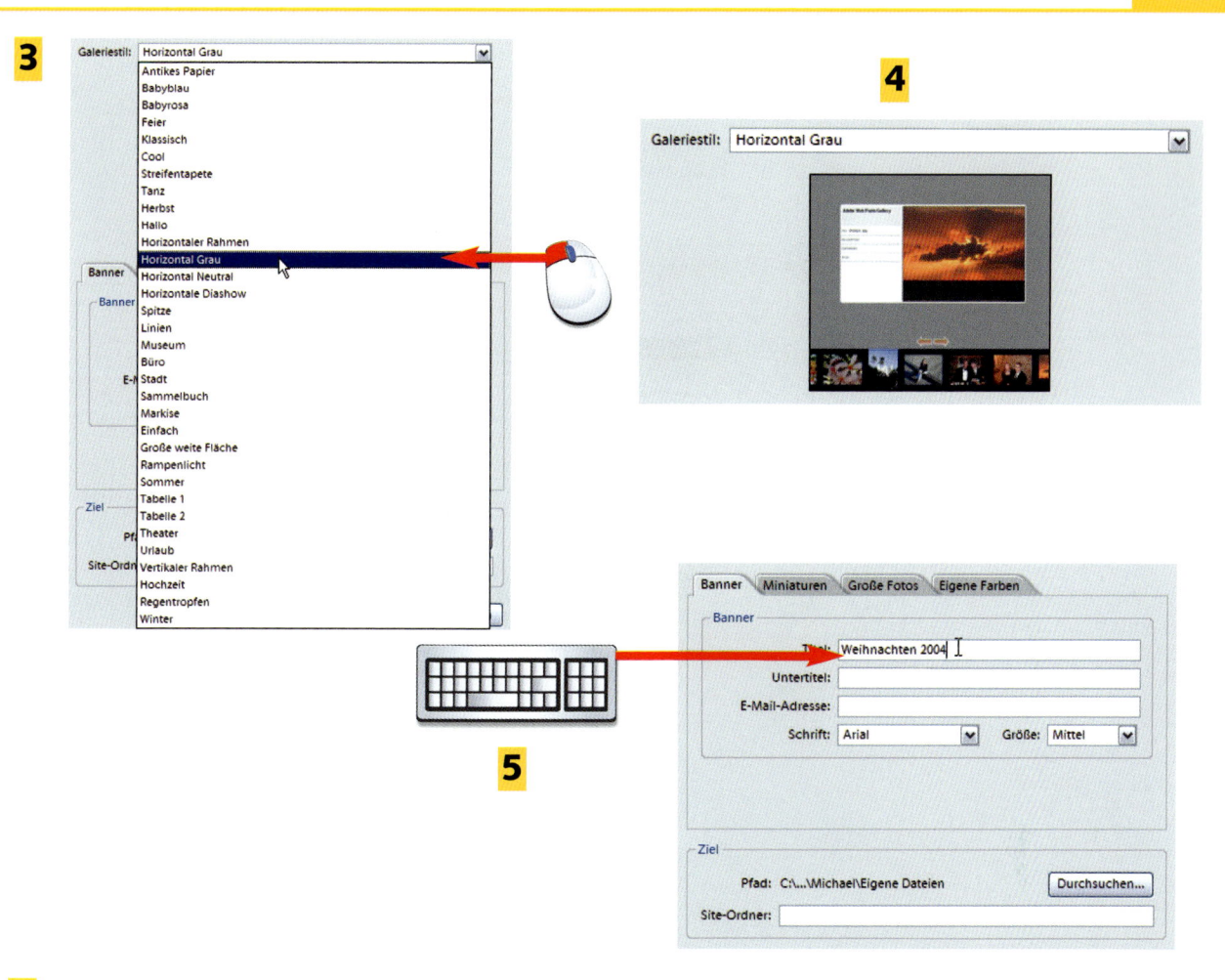

3 Im Listenfeld *Galeriestil* finden Sie viele verschiedene Vorlagen zur Auswahl. Wählen Sie eine Volge aus, …

4 … dann sehen Sie unter dem Listenfeld eine Vorschau.

5 Geben Sie auf der *Banner*-Registerkarte einen Titel für die Web-Galerie ein.

TIPP

Es ist leichter, vor dem Aufruf der Web-Fotogalerie die Bilder zu markieren, die verwendet werden sollen, als sie später hinzufügen.

HINWEIS

Die Eingabefelder für die Banner-Texte können Sie mit Inhalten füllen – sie können aber auch leer bleiben.

Eine Web-Fotogalerie erstellen

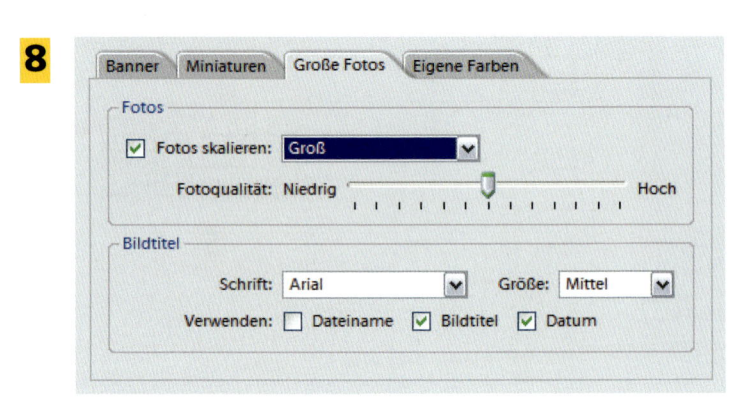

6 Verwenden Sie die *Durchsuchen*-Schaltfläche, um den Ordner anzugeben, in dem die Dateien abgelegt werden sollen.

7 Diese Einstellungen könnten Sie für die Miniaturbilder verwenden ...

8 ... und diese für die großen Fotos.

Das Aussehen der Web-Fotogalerie kann auf vielfältige Art und Weise angepasst werden. Neben dem Layout ist auch die Größe der verwendeten Fotos variabel.

WISSEN

6 Fotokreationen erstellen 137

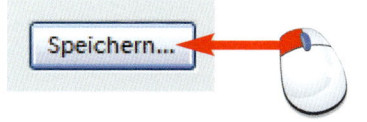

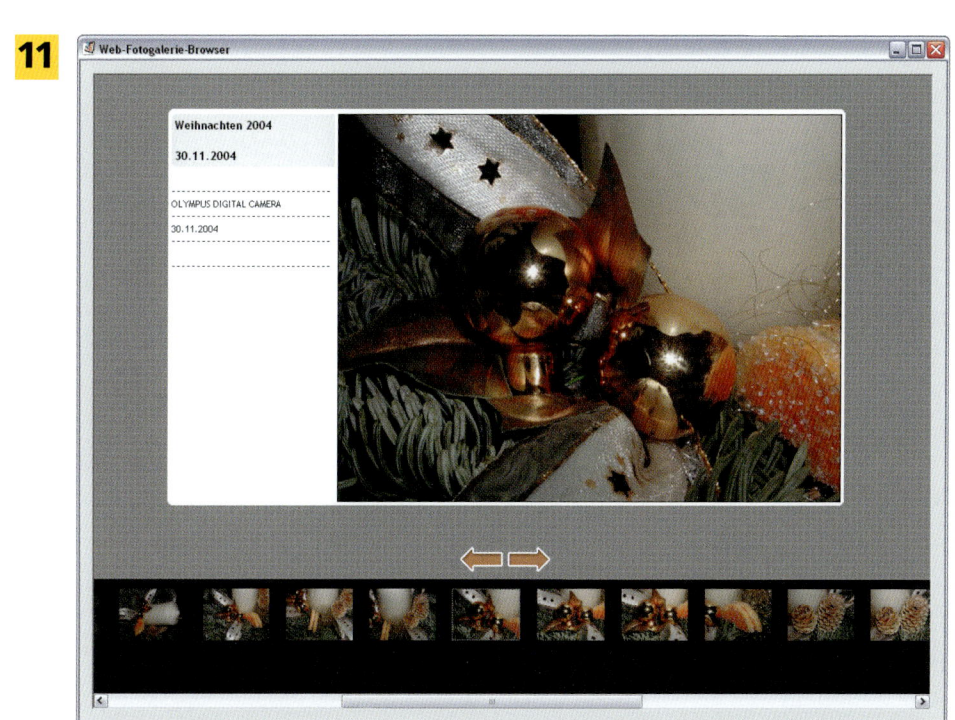

9 Klicken Sie auf die *Speichern*-Schaltfläche, um den Exportvorgang zu starten.

10 Je nachdem, wie viele Bilder Sie verwendet haben, dauert es einen Moment, bis die Bilder fertig exportiert sind.

11 Anschließend wird das Ergebnis in einem gesonderten Fenster angezeigt.

Ende

TIPP

Sie können die Datei *Index.html* auch mit Ihrem bevorzugten Webbrowser öffnen. Sie finden die Datei in dem angegebenen Ordner.

FACHWORT

Webbrowser werden unter anderem verwendet, um im Internet zu surfen. Der Internet Explorer oder der Netscape Navigator sind solche Programme.

HINWEIS

Klicken Sie eines der kleinen Fotos an, wird das dazugehörende große Bild oben angezeigt.

Kollagen in neuen Dokumenten

Eine leere Seite öffnen

Start

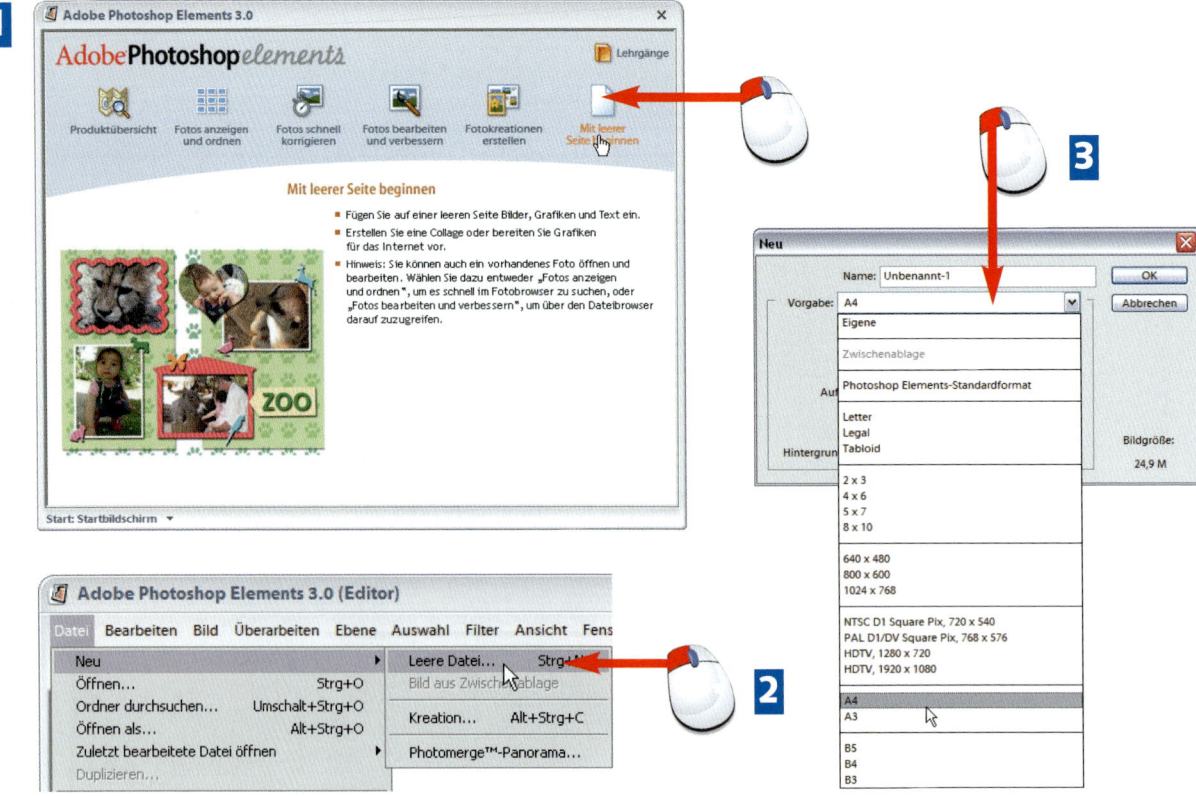

1 Rufen Sie im Startbildschirm die Funktion *Mit leerer Seite beginnen* auf.

2 Wenn Sie den Standardeditor bereits geöffnet haben, verwenden Sie die Funktion *Datei/Neu*.

3 Wählen Sie aus der *Vorgabe*-Liste ein Standardformat aus.

Wenn Sie zum Beispiel Kollagen zusammenstellen wollen, benötigen Sie ein leeres Dokument.

WISSEN

7 Kollagen in neuen Dokumenten 141

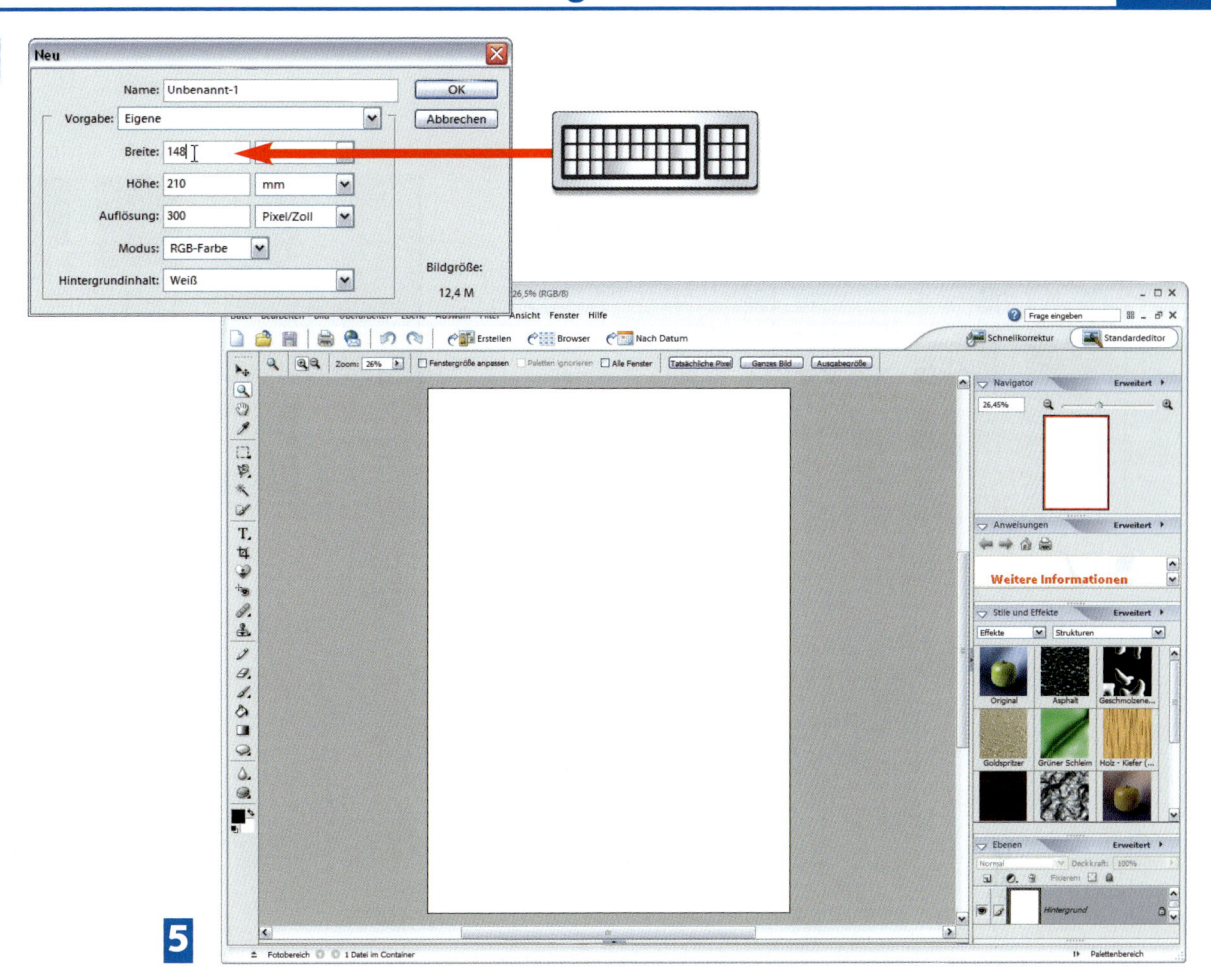

4 Verwenden Sie die Eingabefelder, um eigene Maße einzutippen.

5 Nach dem Bestätigen sehen Sie das neue leere Dokument im *Standardeditor*.

FACHWORT

Die **Auflösung** bestimmt, aus wie vielen Pixeln das Bild besteht. Je mehr Pixel es sind, umso detailreicher ist das Ergebnis.

TIPP

Beachten Sie immer den Wert für die Auflösung. 300 Pixel/Zoll ist ein geeigneter Standardwert, wenn Sie das Ergebnis ausdrucken wollen.

142 Einen Hintergrund gestalten

Start

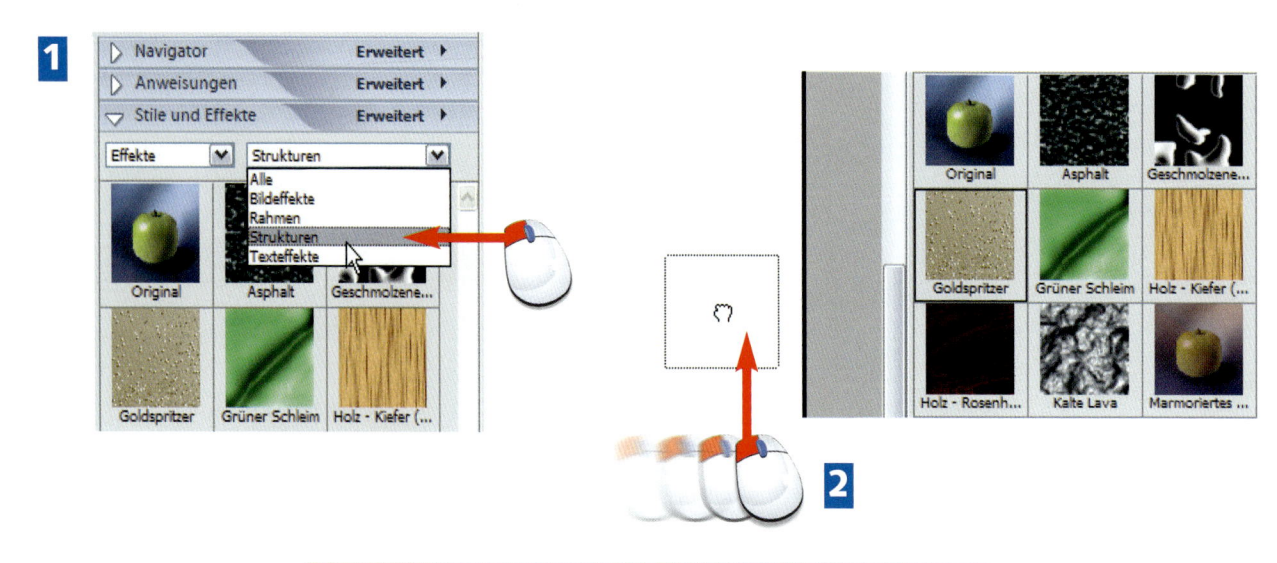

1 Rufen Sie im Palettenfenster *Stile und Effekte* in der linken Liste die Option *Effekte* und in der rechten Liste die Option *Strukturen* auf.

2 Ziehen Sie die gewünschte Struktur per Drag & Drop in das leere Dokument.

3 Photoshop Elements erledigt dann automatisch verschiedene Arbeitsschritte. Der Fortschrittsbalken zeigt die Schritte an.

WISSEN

Photoshop Elements bietet verschiedene Vorlagen an, um unter anderem Hintergründe zu gestalten. Mit Effektfiltern könnten Sie selbst weitere Vorlagen erstellen.

7 Kollagen in neuen Dokumenten 143

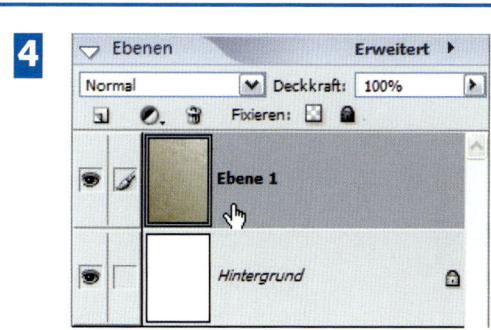

4 Für die Struktur hat Photoshop Elements automatisch eine neue Ebene erstellt. Dies sehen Sie im *Ebenen*-Palettenfenster.

5 Mit der Struktur *Goldspritzer* entsteht ein spannender Hintergrund, ...

6 ... der erst in der 100%-Darstellung genau zu erkennen ist.

TIPP

Am schnellsten stellen Sie die Ansichtsgröße 100 % ein, indem Sie doppelt auf das Lupen-Werkzeug klicken.

HINWEIS

Jedes Dokument kann aus diversen Ebenen bestehen. Ebenen werden einfach „übereinander gestapelt". So verdecken oben liegende Ebenen Teile der darunter liegenden Ebenen.

144 Eine Kollage zusammenstellen

Start

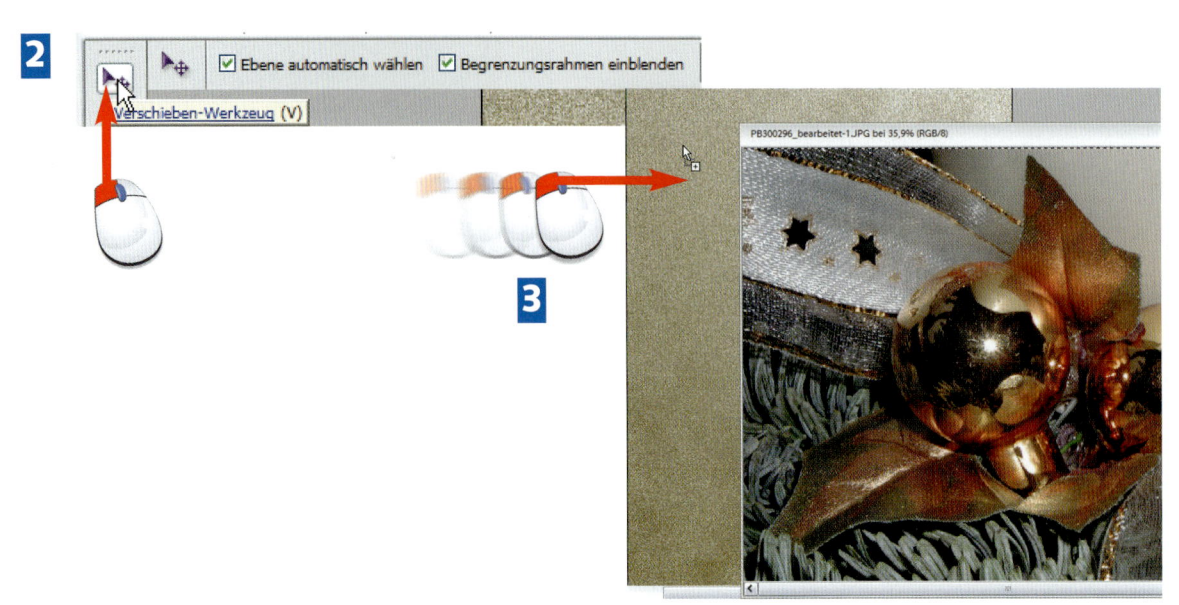

1 Ziehen Sie die Fotos, die Sie in die Kollage einfügen wollen, aus dem Organizer in den *Fotobereich*.

2 Rufen Sie das Verschieben-Werkzeug auf und stellen Sie in der Optionsleiste die abgebildeten Einstellungen ein.

3 Wenn der Mehrfachfenster-Modus aktiviert ist, ziehen Sie die Fotos einfach per Drag & Drop in das Sammeldokument.

WISSEN

Mit ein wenig Hintergrundwissen ist es ein Leichtes, eigene Kollagen zusammenzustellen. Damit sind Sie flexibler als bei den Fotokreationen. Dort können Sie beispielsweise die Position der Bilder nicht frei anpassen.

7 Kollagen in neuen Dokumenten 145

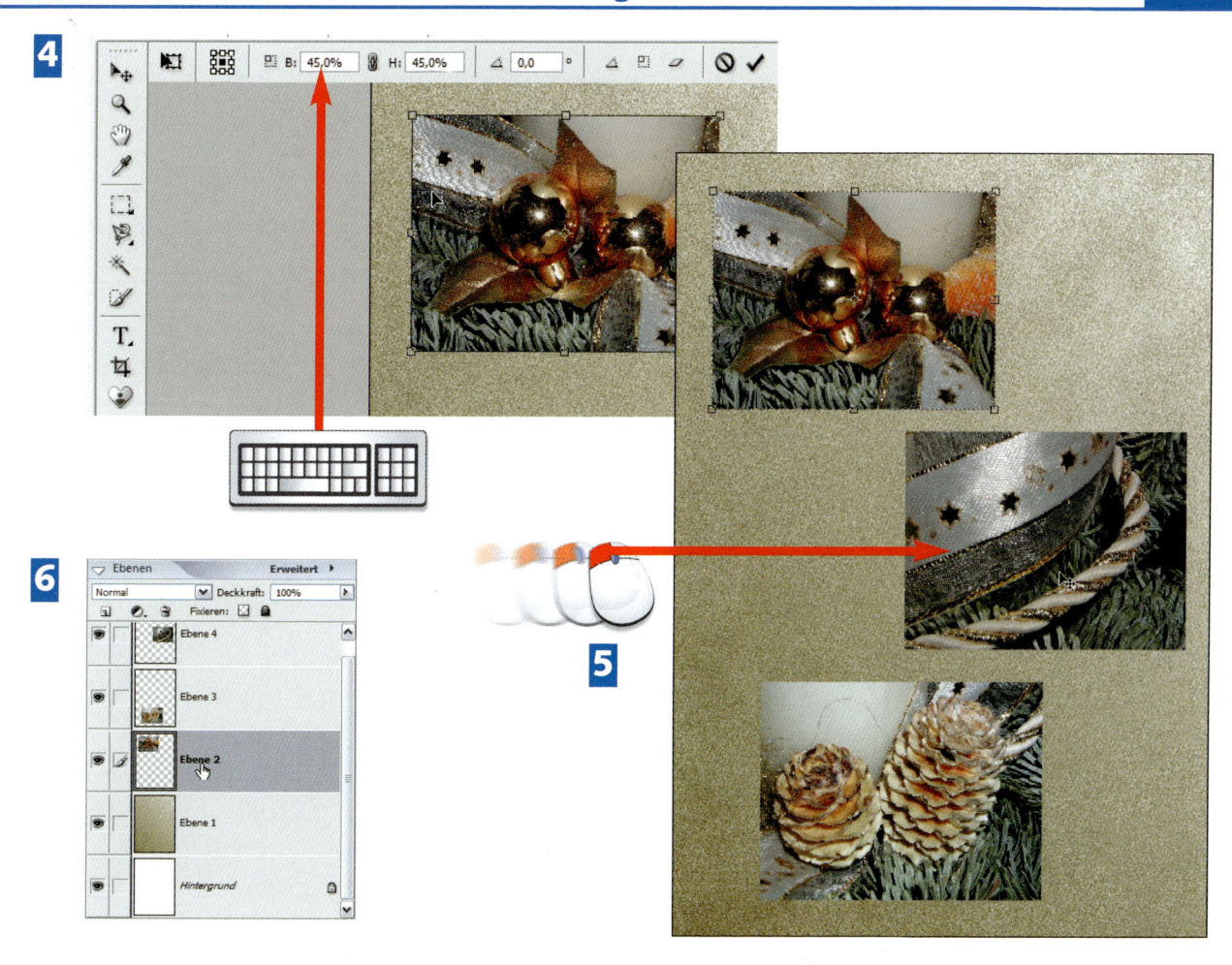

4 Verwenden Sie die Tastenkombination [Strg]+[T], um die Ebene zu transformieren. Tippen Sie die neue Größe in die Eingabefelder in der Optionsleiste ein.

5 Verfahren Sie mit den beiden anderen Fotos ebenso. Schieben Sie die Ebenen auf die gewünschten Positionen.

6 Im *Ebenen*-Palettenfenster sehen Sie dann die neu eingefügten Ebenen.

Ende

TIPP

Die verschiedenen Fenster-Modi erreichen Sie über die Schaltflächen oben rechts im Arbeitsbereich.

HINWEIS

Die Ebenen lassen sich einfach per Drag & Drop auf neue Positionen verschieben.

Ebenenstile zuweisen

Start

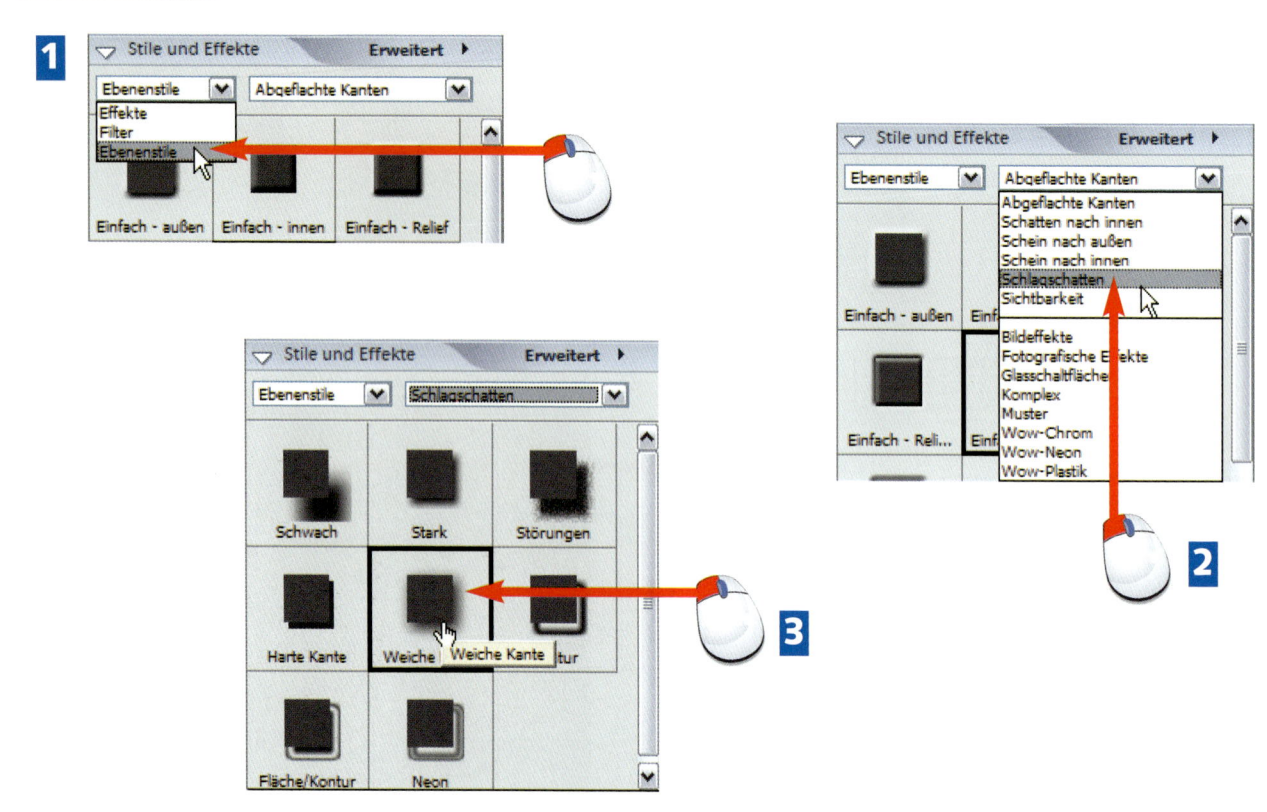

1 Rufen Sie aus dem linken Listenfeld die Option *Ebenenstile* auf.

2 Im rechten Listenfeld finden Sie diverse Themenbereiche, für die Ebenenstile verfügbar sind. Wählen Sie hier die Option *Schlagschatten*.

3 Wählen Sie den Schatten mit der Bezeichnung *Weiche Kante* aus. Ziehen Sie diesen Effekt einfach auf die betreffende Ebene.

WISSEN

Wenn Sie mit Ebenen arbeiten, haben Sie den Vorteil, dass Ebenenstile eingesetzt werden können. Die vielen Vorlagen, die Photoshop Elements dazu anbietet, verführen zum „Herumexperimentieren".

7 Kollagen in neuen Dokumenten 147

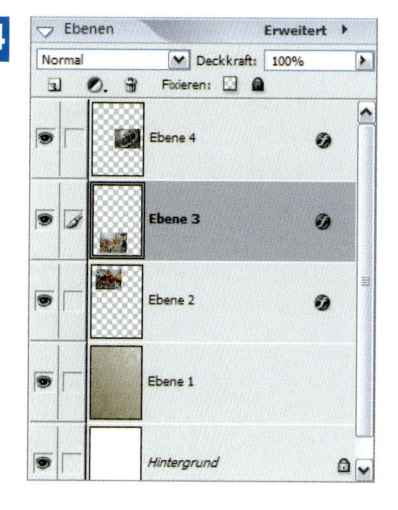

4 Im *Ebenen*-Palettenfenster erkennen Sie an dem Symbol rechts, dass Ebenenstile verwendet wurden.

5 Nachdem der Ebenenstil auf alle drei Ebenen angewendet wurde, ergibt sich das gezeigte Ergebnis.

TIPP

Mit einem Doppelklick auf das Effektsymbol im *Ebenen*-Palettenfenster wird ein Dialogfeld geöffnet, in dem Sie die Effekteinstellungen verändern können.

HINWEIS

Die vorgegebenen Effekte sind nicht starr – sie lassen sich nachträglich verändern.

8

Bildteile auswählen

150 Einen rechteckigen Bereich auswählen

Start

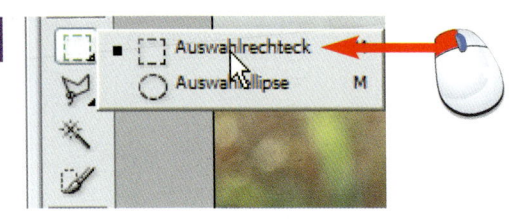

1. Rufen Sie das *Auswahlrechteck* aus dem Flyout-Menü auf.

2. Stellen Sie beispielsweise in der Optionsleiste ein, ob Sie einen neuen Auswahlbereich erstellen oder eine bestehende Auswahl verändern wollen.

3. Ziehen Sie mit gedrückter linker Maustaste einen Auswahlrahmen auf. Eine gestrichelte Linie zeigt die Auswahl an.

Bisher wurde immer das gesamte Bild bearbeitet. Dies muss aber nicht so sein. Photoshop Elements bietet verschiedene Werkzeuge an, um Teile eines Bildes auszuwählen, die dann getrennt vom restlichen Teil des Bildes bearbeitet werden.

WISSEN

8 Bildteile auswählen   151

4 Rufen Sie die Funktion *Auswahl/Auswahl umkehren* auf, ...

5 ... damit der zuvor nicht ausgewählte Bereich markiert wird.

Die Auswahl muss nicht unbedingt „scharfkantig" sein. Über das Eingabefeld *Weiche Kante* in der Optionsleiste lässt sich angeben, wie weich die Auswahlkante sein soll.

TIPP

Einen Effektfilter anwenden

Start

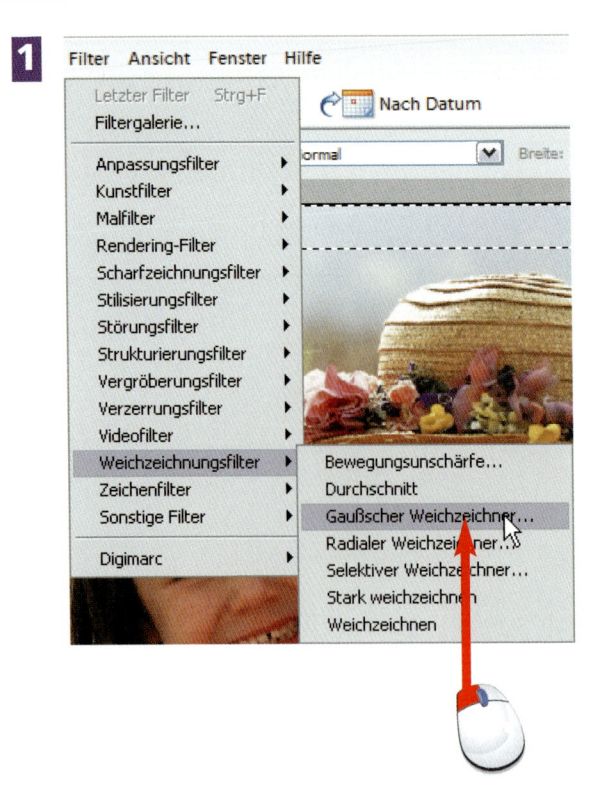

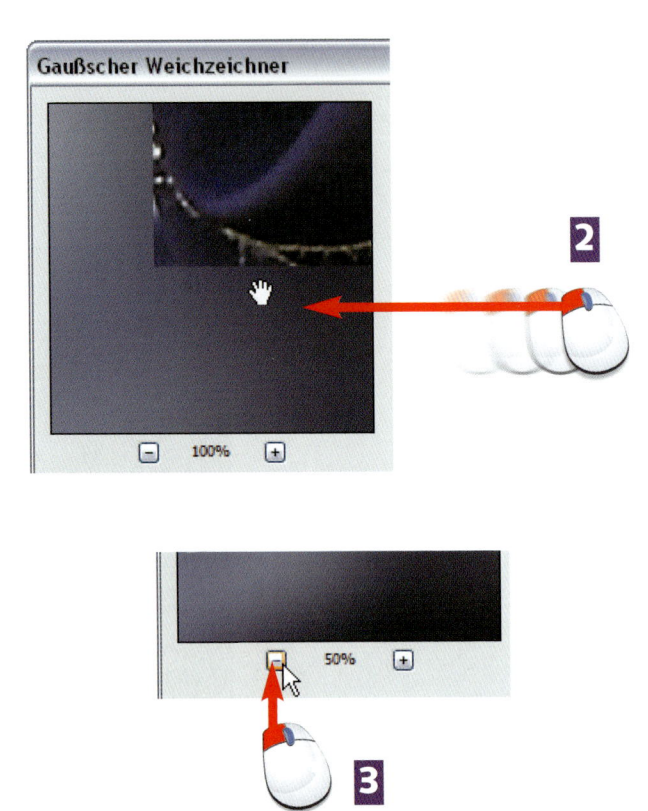

1. Rufen Sie die Funktion *Filter/Weichzeichnungsfilter/Gaußscher Weichzeichner* auf.

2. Klicken Sie in das Vorschaubild, um mit gedrückter linker Maustaste einen neuen Bildausschnitt auszuwählen.

3. Mit den Schaltflächen unter dem Vorschaubild verändern Sie die Darstellungsgröße.

Sie können die ausgewählten Bereiche auf unterschiedliche Art und Weise benutzen. So könnten Sie auch die bereits bekannten Bildoptimierungsfunktionen partiell anwenden – oder Sie verwenden einen Effekt, um das Bild partiell zu verändern.

WISSEN

8 Bildteile auswählen   153

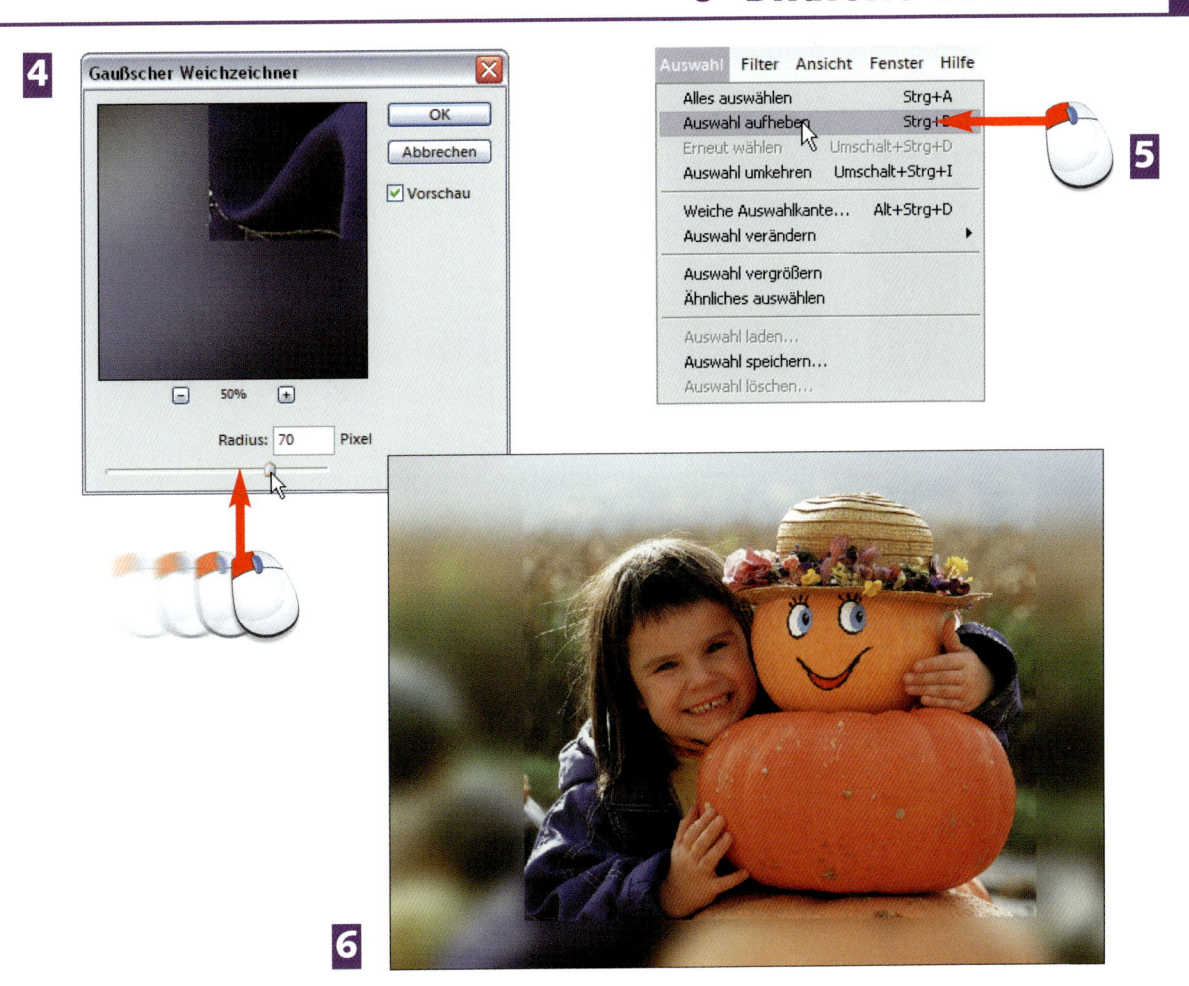

4 Ziehen Sie den Schieberegler, bis die gewünschte Unschärfe erreicht ist. Probieren Sie einmal den Wert *70 Pixel* aus.

5 Verwenden Sie die Funktion *Auswahl/Auswahl aufheben*, damit die aktuelle Auswahl entfernt wird.

6 So entsteht dieses Ergebnis.

TIPP

Wenn Sie die *Vorschau*-Option im Dialogfeld aktivieren, wird der Effekt im Originalbild angezeigt.

HINWEIS

Die vorgestellte Verfahrensweise ist immer dann sinnvoll, wenn Sie bestimmte Bildteile hervorheben wollen.

154 Eine freie Auswahlform

Start

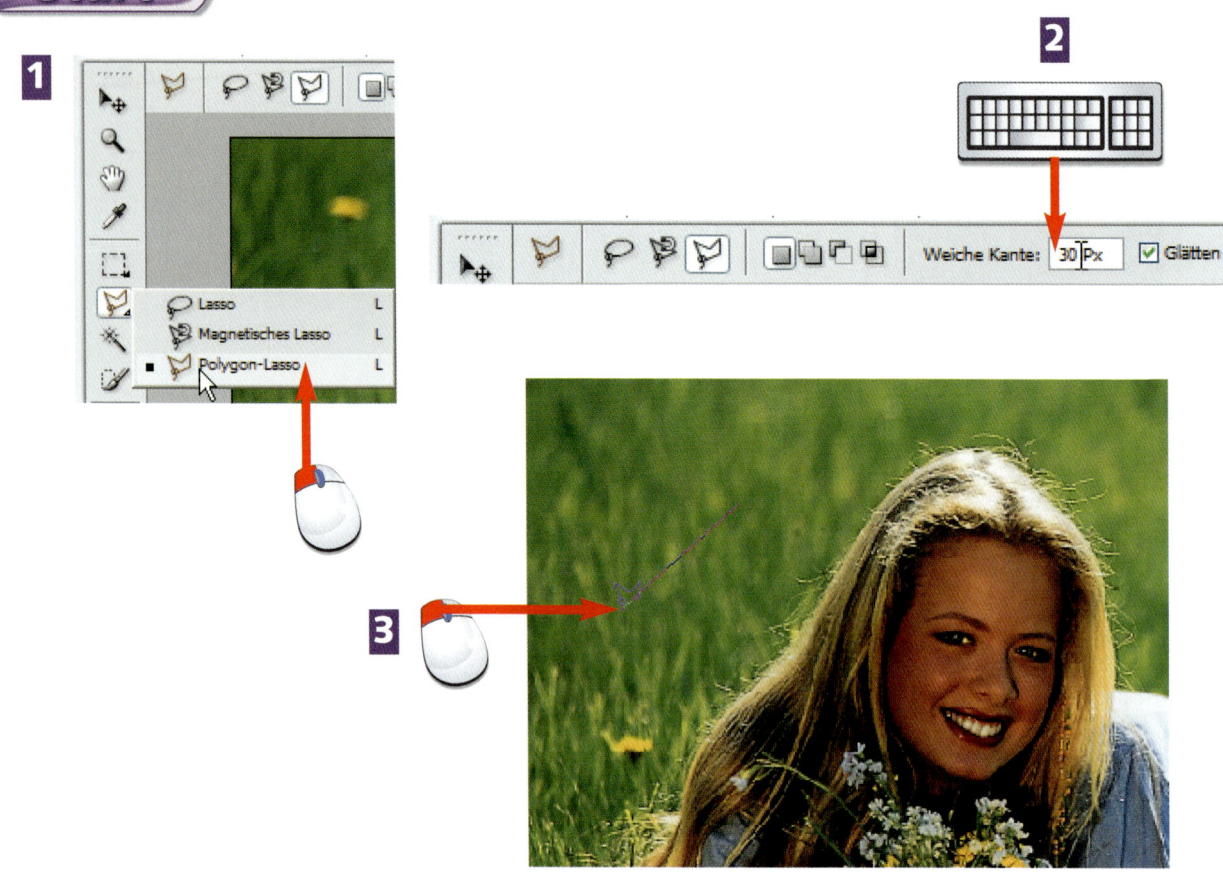

1. Rufen Sie das Werkzeug *Polygon-Lasso* aus dem Flyout-Menü auf.
2. Stellen Sie eine *Weiche Kante* von 30 Pixeln ein.
3. Gestalten Sie nun mit einzelnen Mausklicks im Bild die Form.

WISSEN

Zum Erstellen von Auswahlbereichen gibt es viele Werkzeuge. So können Sie geometrische Formen wie beispielsweise Ellipsen erstellen – aber auch freie Formen sind möglich.

8 Bildteile auswählen 155

4 „Umfahren" Sie mit Mausklicks Schritt für Schritt die Person.

5 Beim Startpunkt der Form wird ein kleiner Kreis neben dem Mauszeigersymbol angezeigt. Klicken Sie hier, um die Form zu schließen.

6 So haben wir diese Form erhalten. Der Auswahlbereich wurde hier wieder umgekehrt.

Ende

TIPP

Falls Sie eine falsche Position angeklickt haben, macht das nichts: Mit der ⌫-Taste werden die Punkte wieder gelöscht.

HINWEIS

Sie können auf diese Art nur gerade Verbindungen herstellen. Soll eine Rundung entstehen, müssen Sie sehr kurze Linienstücke verwenden.

156 Eine neue Ebene aus einem Auswahlbereich

Start

1 Wenn Sie die ⌊Entf⌋-Taste drücken, löschen Sie den Inhalt des Auswahlbereichs. Dafür ist dort nun die eingestellte Hintergrundfarbe zu sehen.

2 Ein Blick in das *Ebenen*-Palettenfenster belegt, dass das Dokument nur aus dem Hintergrund besteht.

Das Arbeiten mit eigenständigen Ebenen ist flexibler, als wenn Sie nur einfach den Inhalt des ausgewählten Bereichs löschen.

WISSEN

8 Bildteile auswählen — 157

3 Wenn die Auswahl nicht umgekehrt wurde, rufen Sie die Funktion *Ebene/Neu/Ebene durch Kopie* auf.

4 Damit entsteht eine neue Ebene, wie ein Blick in das *Ebenen*-Palettenfenster belegt.

5 Füllen Sie nach dem Markieren den Hintergrund mit einer beliebigen Farbe.

TIPP

Mit der Funktion *Ebene/Auf Hintergrundebene* reduzieren werden alle Ebenen des Dokuments zu einer Hintergrundebene „verschmolzen".

HINWEIS

Zum Füllen einer Ebene benötigen Sie die Funktion *Bearbeiten/Ebene füllen*. Stellen Sie hier die gewünschte Farbfüllung ein.

Mit dem Zauberstab arbeiten

Start

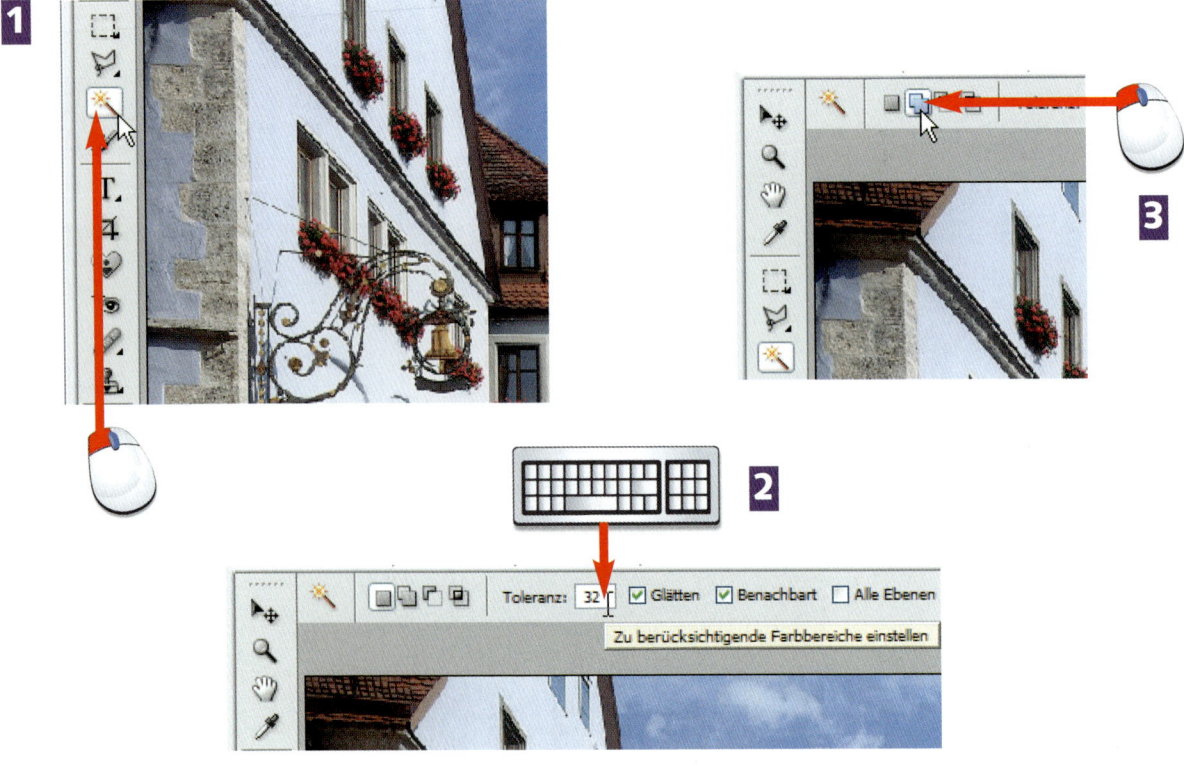

1. Rufen Sie den Zauberstab aus der Werkzeugleiste auf.
2. Tippen Sie den Toleranzwert ein – *32* ist ein Wert, der in vielen Fällen passt.
3. Stellen Sie die Option *Der Auswahl hinzufügen* ein.

WISSEN

Der Zauberstab ist ein sehr flexibles Werkzeug, das immer dann eingesetzt werden kann, wenn Sie farblich ähnliche Bereiche auswählen wollen.

8 Bildteile auswählen 159

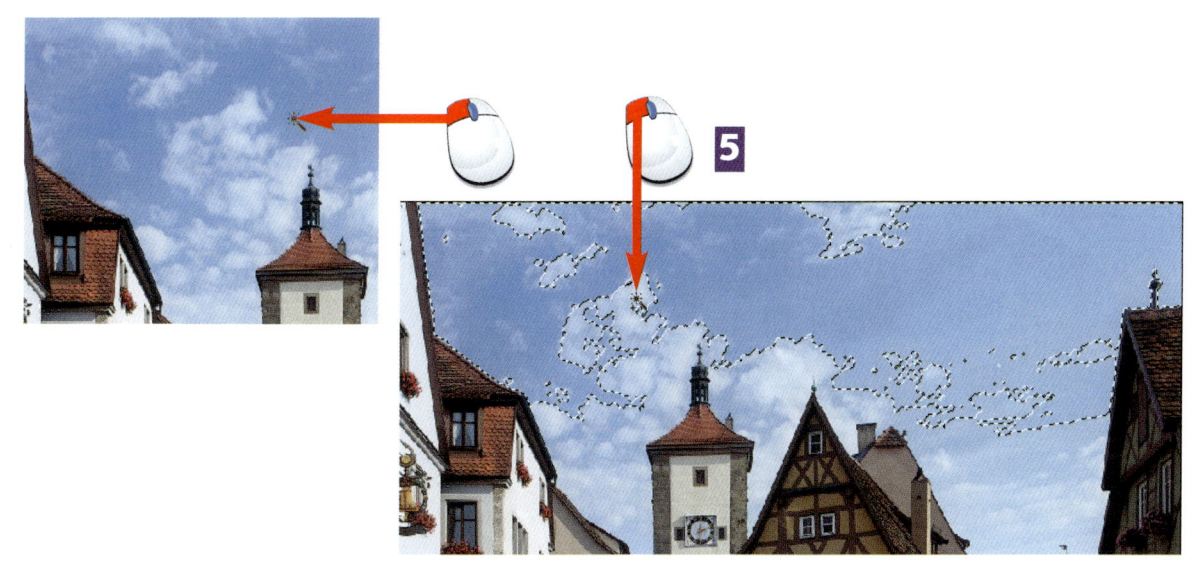

4️⃣ Klicken Sie in den Bereich des Himmels, um die Auswahl zu erstellen.

5️⃣ Anschließend müssen Sie weitere Male klicken, ...

6️⃣ ... um auch die Wolken mit in die Auswahl aufzunehmen.

FACHWORT

Mit dem **Toleranzwert** legen Sie fest, wie ähnlich ein Farbton dem angeklickten sein muss, damit er in die Auswahl aufgenommen wird.

TIPP

Ist die Option *Der Auswahl hinzufügen* aktiviert, wird die Auswahl mit jedem weiteren Mausklick erweitert. Die bereits ausgewählten Bereiche bleiben erhalten.

160 Mit dem Zauberstab arbeiten

Start

1 Nachdem Sie mit weiteren Mausklicks auch die Wolken erfasst haben, entsteht das abgebildete Stadium.

2 In der 100%-Darstellung sind einige weitere Fehler sichtbar.

3 Achten Sie darauf, dass Sie auch die Bereiche erfassen, die vom restlichen Himmelsbereich abgetrennt sind.

Das Arbeiten mit dem Zauberstab erfordert ein wenig Geduld. Dafür lassen sich aber auch sehr unförmige Bereiche erfassen, die mit dem Polygon-Lasso-Werkzeug nicht ausgewählt werden könnten.

WISSEN

8 Bildteile auswählen 161

4 Kehren Sie zum Abschluss die Auswahl wieder um, sodass dieses Ergebnis entsteht.

5 Kopieren Sie die Auswahl nun gegebenenfalls wieder auf eine getrennte Ebene. Wird der Hintergrund ausgeblendet, entsteht das abgebildete Ergebnis.

Ende

TIPP

Falls zu wenige oder zu viele Bereiche ausgewählt wurden, nehmen Sie den letzten Arbeitsschritt mit der Funktion *Bearbeiten/Rückgängig* zurück und probieren Sie einen anderen Toleranzwert aus.

HINWEIS

Um zu symbolisieren, welche Flächen im Bild transparent sind, verwendet Photoshop Elements ein Karomuster.

9

Tolle Effekte

Mit Effektfiltern arbeiten

Start

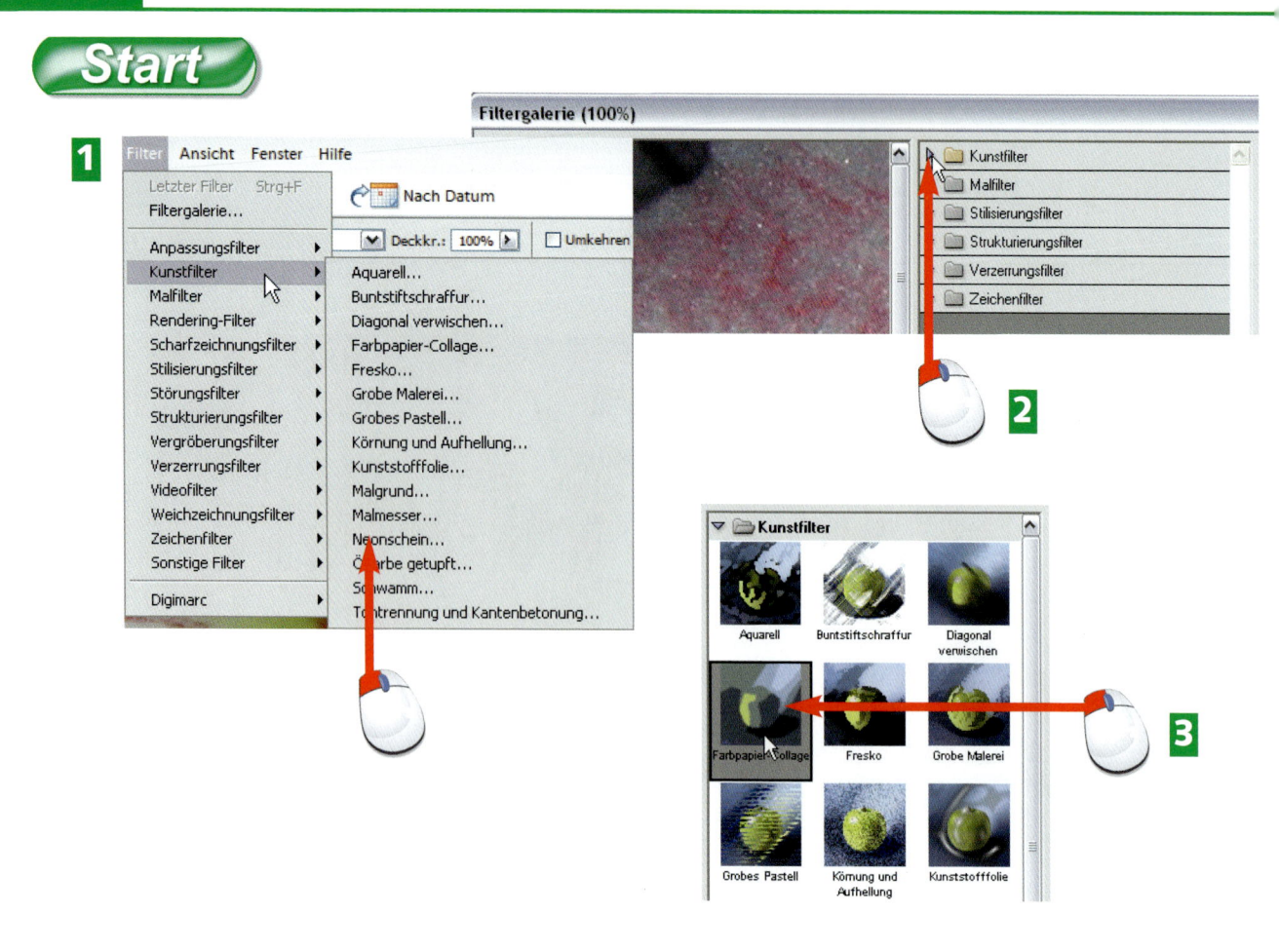

1 Im *Filter*-Menü sind alle Effekte untergebracht. Wählen Sie einen Filter in den thematisch sortierten Untermenüs aus.

2 Nach dem Aufruf des Filters öffnet sich die *Filtergalerie*. Öffnen Sie hier die unterschiedlichen Kategorien mit einem Klick auf das Pfeilsymbol.

3 Um einen Effekt anzuwenden, klicken Sie einfach das betreffende Miniaturbild an. Der Effektfilter wird dann mit Standardwerten angewendet.

WISSEN

Photoshop Elements bietet eine riesige Menge verschiedener Effektfilter an – wie beispielsweise Mal-, Kunst- oder Verformungsfilter. Damit können Sie Fotos veredeln oder verfremden. Das Experimentieren mit verschiedenen Effekten lohnt sich.

9 Tolle Effekte 165

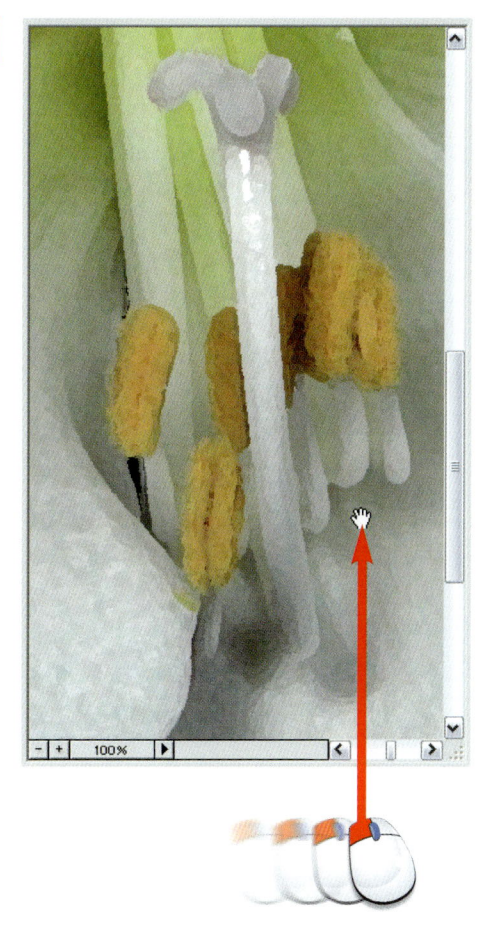

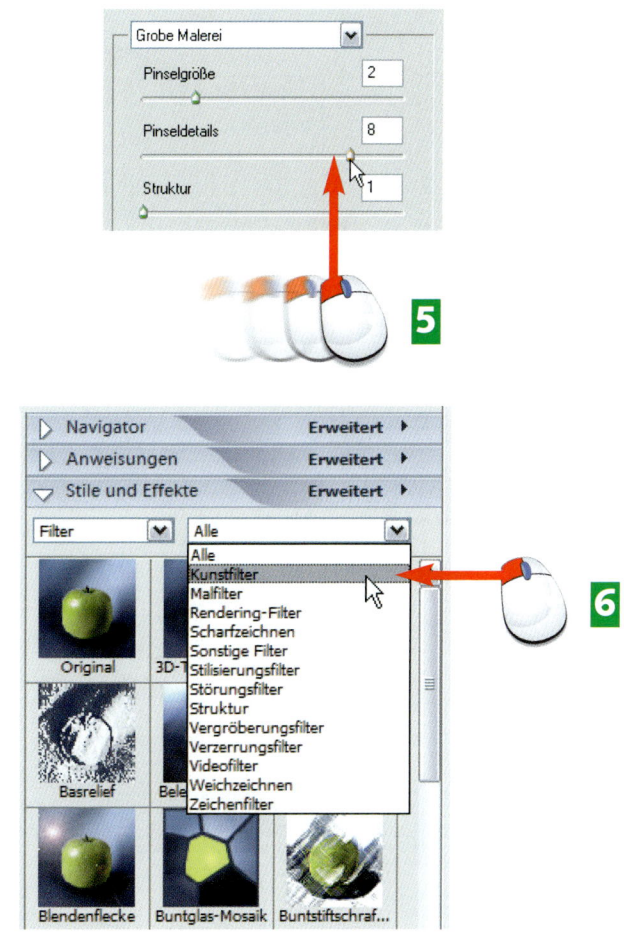

4 Ziehen Sie mit gedrückter linker Maustaste im Vorschaubereich, um den gewünschten Bildausschnitt anzuzeigen.

5 Ändern Sie im rechten Bereich die Einstellungsoptionen, die je nach verwendetem Filter bereitgestellt werden.

6 Rufen Sie alternativ dazu die Filter auch im Palettenfenster *Stile und Effekte* auf.

TIPP

Mit einem Doppelklick auf einen Effekt im Palettenfenster *Stile und Effekte* öffnen sich die Optionen des betreffenden Effekts.

HINWEIS

In der *Filtergalerie* finden Sie zwar sehr viele Effekte – aber nicht alle. Die anderen Effekte erreichen Sie nur über das Menü.

Mit Effektfiltern arbeiten

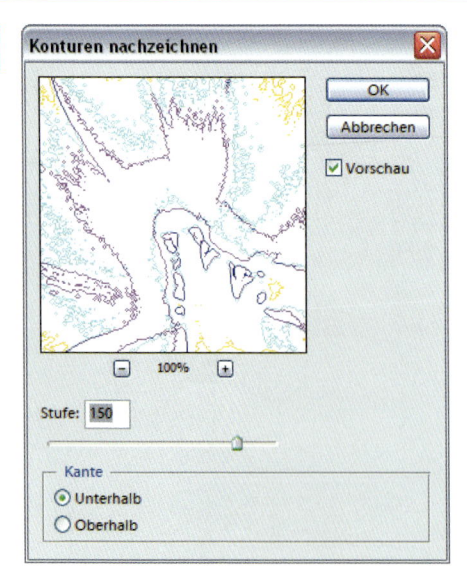

7 Die Filter, die nicht über die Filtergalerie zu erreichen sind, bieten die Optionen in gesonderten Dialogfeldern an, …

8 … die mal mehr, mal weniger komplexe Optionen bereitstellen.

9 Einige Filter – wie etwa der Effekt *Konturen finden* – bieten gar keine Optionen an.

> Nicht jeder Effekt wirkt bei jedem Motiv. Einige der Effekte wirken eher bei plakativen Motiven – andere eher bei detailreichen Abbildungen. Mit der Zeit gewinnen Sie aber bestimmt ein Gefühl dafür, welcher Filter für welches Motiv geeignet ist. Hier macht die Übung den Meister.

WISSEN

9 Tolle Effekte   167

10 Die Filter wirken bei verschiedenen Bildgrößen völlig unterschiedlich. Beide Ergebnisse entstanden mit dem Filter *Konturen finden* – ...

11 ... diese Vorlage ist allerdings nur halb so groß wie die vorherige. Um den Unterschied deutlich zur Geltung zu bringen, wurde das Bild hier genauso groß dargestellt.

Ende

> Es ist durchaus interessant, unterschiedliche Einstellungen eines Filters auszuprobieren.

TIPP

168 Interessante Anpassungsfilter

Start

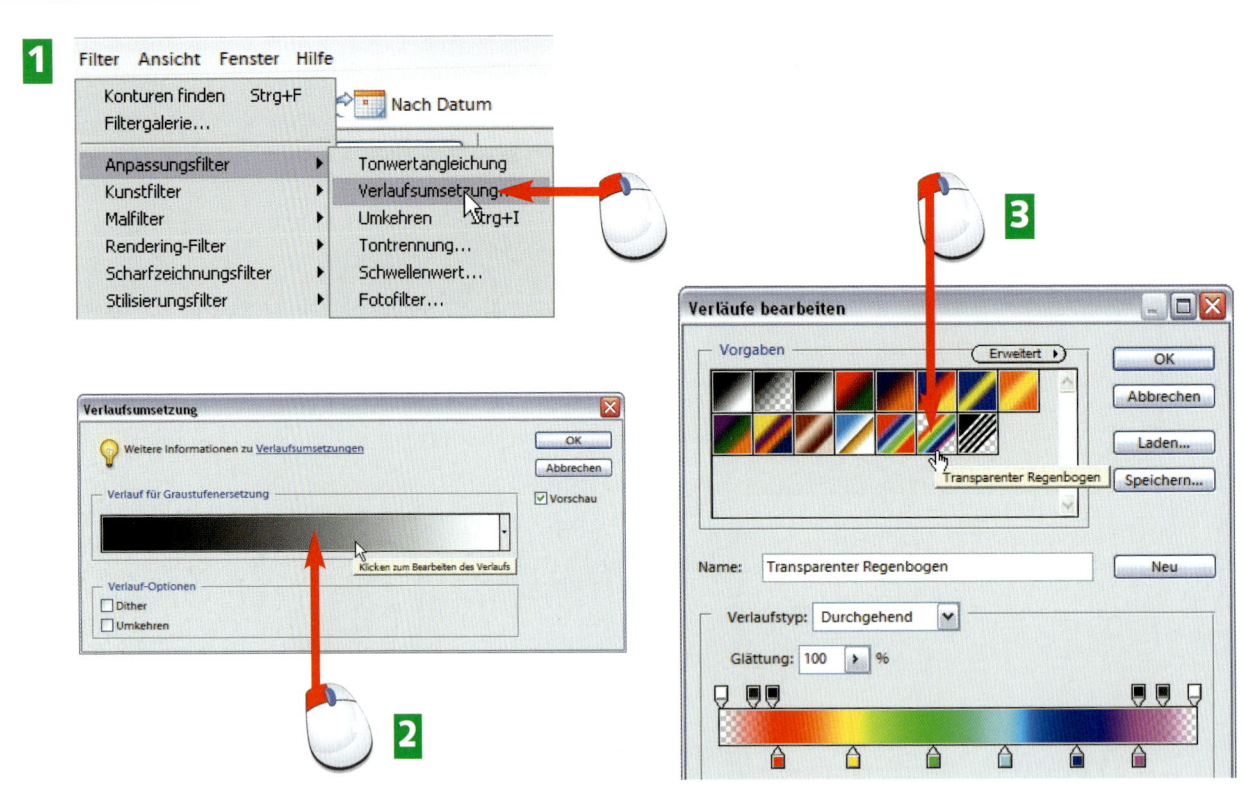

1. Rufen Sie die Funktion *Filter/Anpassungsfilter/Verlaufsumsetzung* auf.
2. Klicken Sie auf das Verlaufs-Vorschaubild, ...
3. ... um in einem gesonderten Dialogfeld einen Verlauf auszuwählen.

WISSEN

In der Kategorie *Anpassungsfilter* gibt es sechs verschiedene Effektfilter. Sie ändern die Farben des Bildes und können für interessante Effektbilder genutzt werden.

9 Tolle Effekte   169

4 Mit dem Regenbogenverlauf entsteht dieses farbenprächtige Popart-Ergebnis.

5 Die Funktion *Filter/Anpassungsfilter/Tontrennung* reduziert die Anzahl der Farben drastisch.

Ende

Wollen Sie die Farbtöne des Verlaufs ändern, klicken Sie die Farbmarkierungspunkte an, dann öffnet sich ein gesondertes Farbwähler-Dialogfeld.

Bei einem **Verlauf** werden verschiedene Farbtöne ineinander überblendet.

Bei der Verlaufsanpassung werden alle Farbtöne des Bilds gegen die Farben des Verlaufs ausgetauscht. So entstehen farbverfälschte Bilder.

TIPP **FACHWORT** **HINWEIS**

Bilder „malen" mit Kunstfiltern

Start

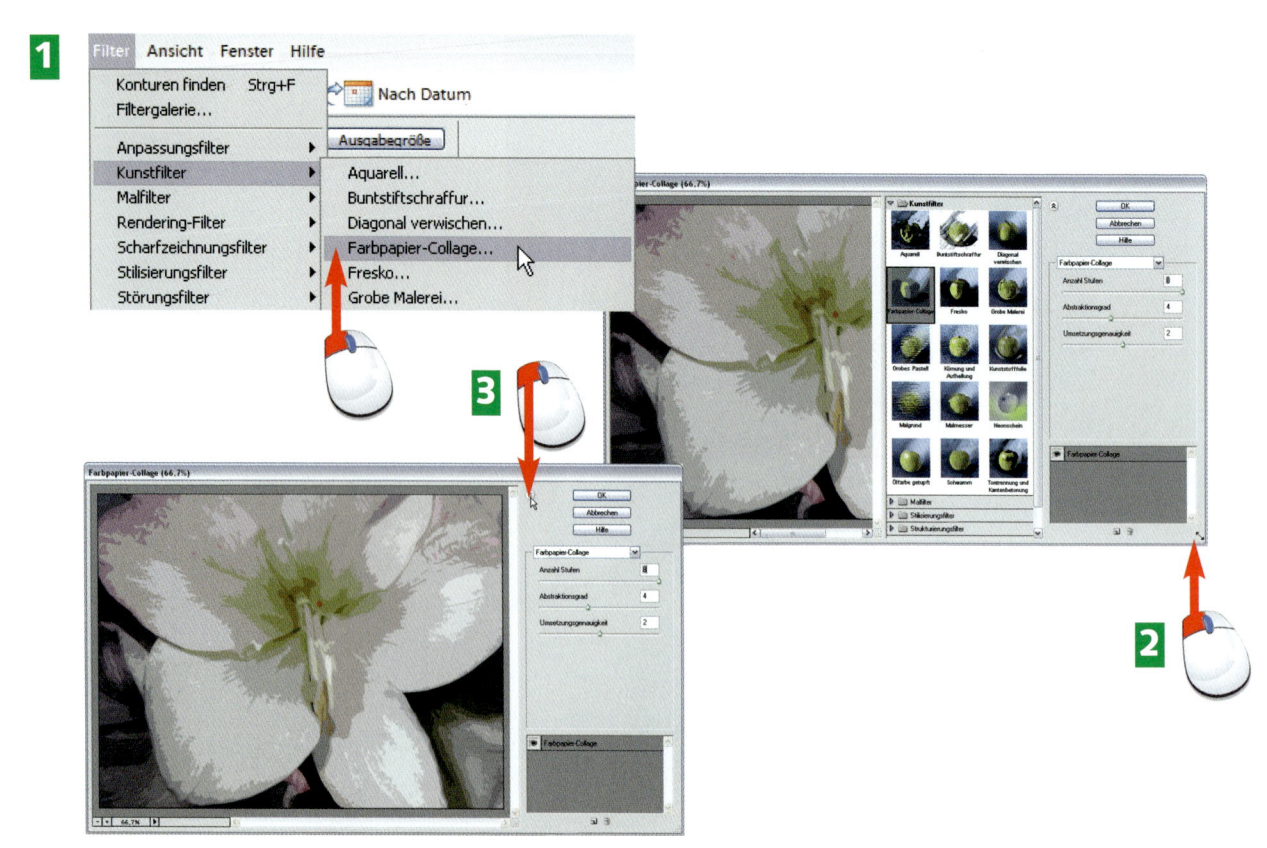

1 Rufen Sie die Funktion *Filter/Kunstfilter/Farbpapier-Collage* auf.

2 Skalieren Sie die Fotogalerie, indem Sie an der unteren rechten Ecke ziehen, um beispielsweise den Bereich für das Vorschaubild zu vergrößern.

3 Blenden Sie mit der Doppelpfeil-Schaltfläche die Rubriken ein oder aus. Ist der Bereich ausgeblendet, sehen Sie vom Vorschaubild nichts mehr.

WISSEN

Wenn Sie Fotos in „Gemälde" verwandeln, lohnt sich ein Blick in das *Kunstfilter*-Menü. Dort sind 15 verschiedene Filter zu finden, die interessante Ergebnisse erzeugen.

9 Tolle Effekte 171

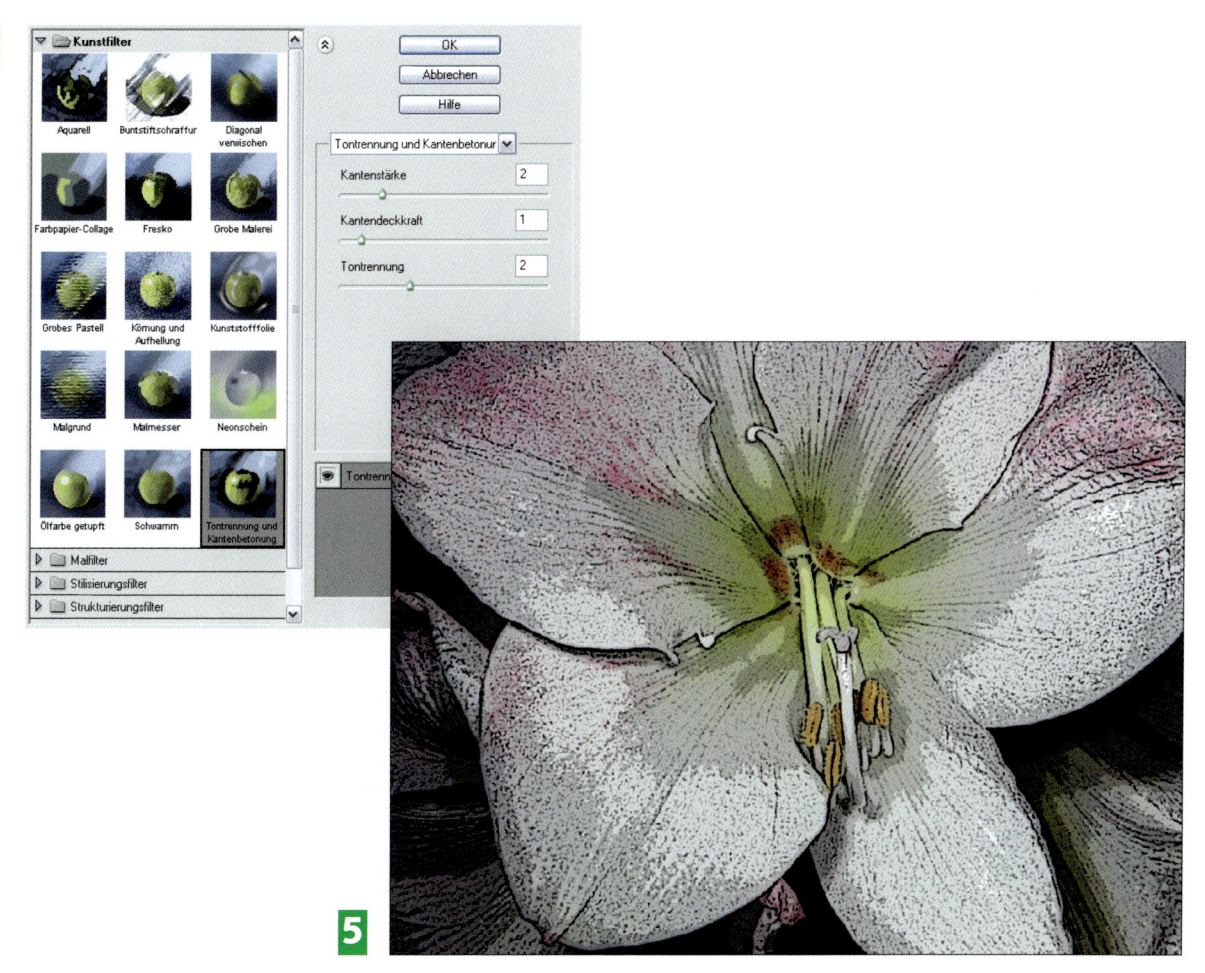

4 Probieren Sie doch einmal den Effekt *Tontrennung und Kantenbetonung* mit den abgebildeten Einstellungen aus.

5 Damit entsteht ein spannendes Ergebnis, das wirklich fast wie „gemalt" aussieht.

Ende

> Nicht bei allen Kunstfiltern entstehen interessante Ergebnisse. Einige Filter wirken nur mit viel Fantasie so, als wären sie gemalt, wie etwa der *Aquarell*-Filter.

HINWEIS

Spannende Malfilter im Einsatz

Start

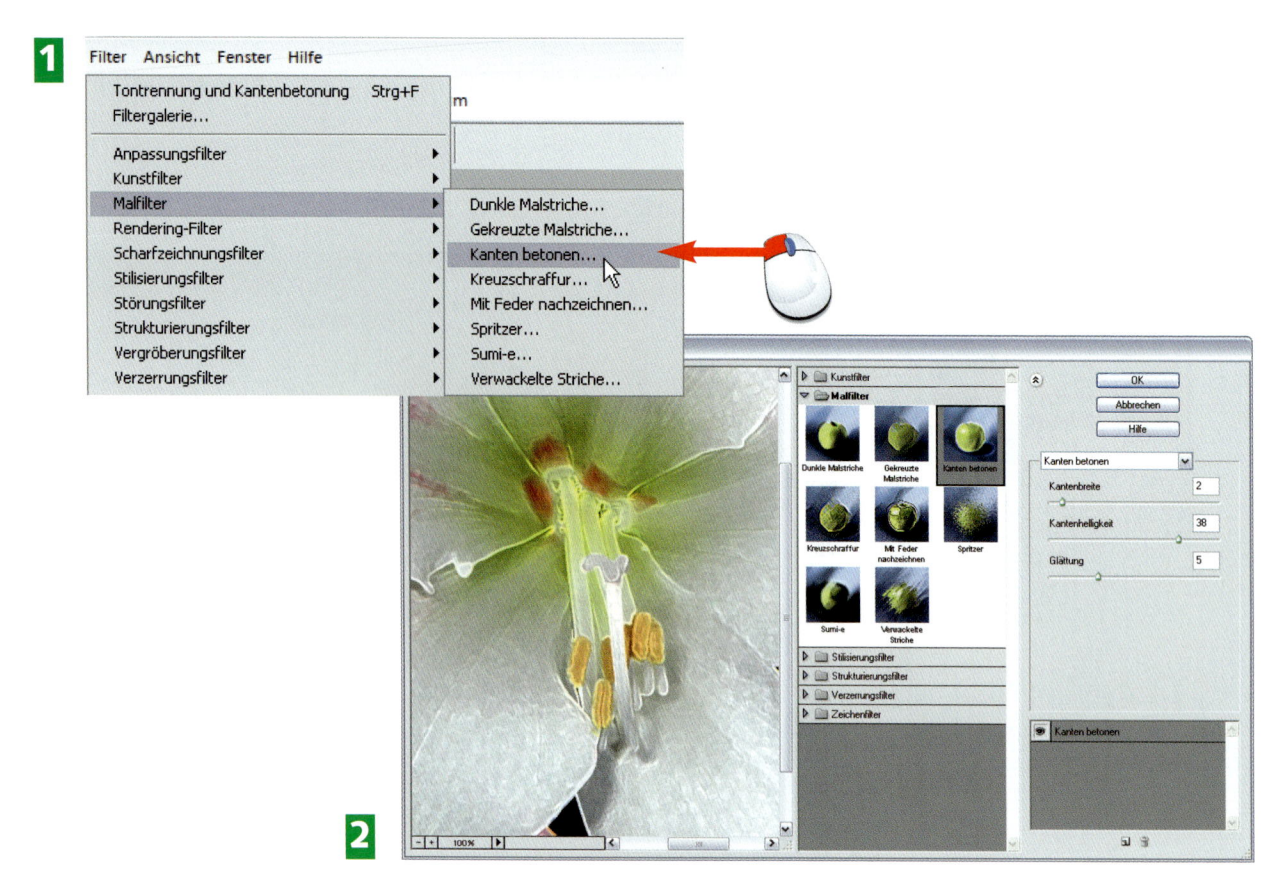

1 Rufen Sie die Funktion *Filter/Malfilter/Kanten betonen* auf.

2 Die Einstellungen, die wir verwenden, sehen Sie in der *Filtergalerie*.

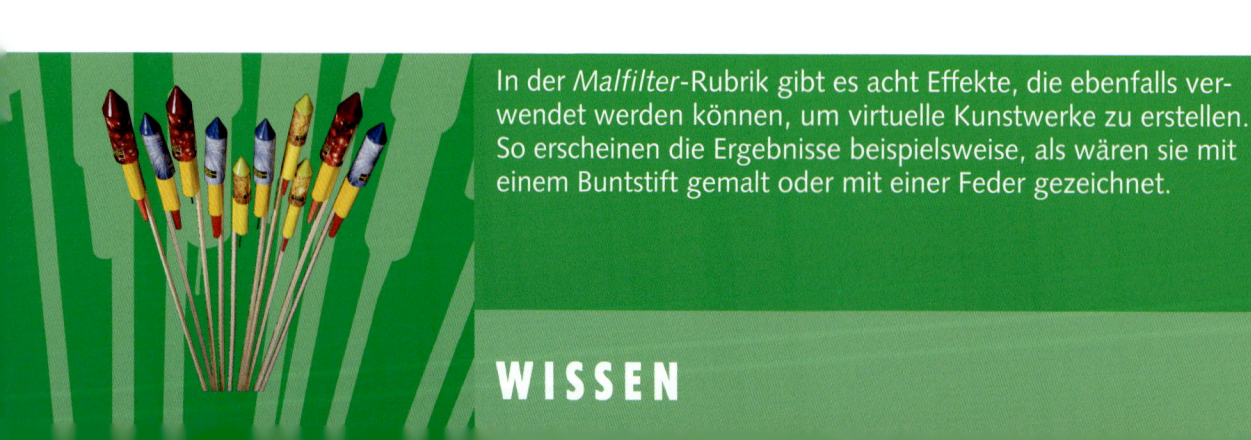

WISSEN

In der *Malfilter*-Rubrik gibt es acht Effekte, die ebenfalls verwendet werden können, um virtuelle Kunstwerke zu erstellen. So erscheinen die Ergebnisse beispielsweise, als wären sie mit einem Buntstift gemalt oder mit einer Feder gezeichnet.

9 Tolle Effekte   173

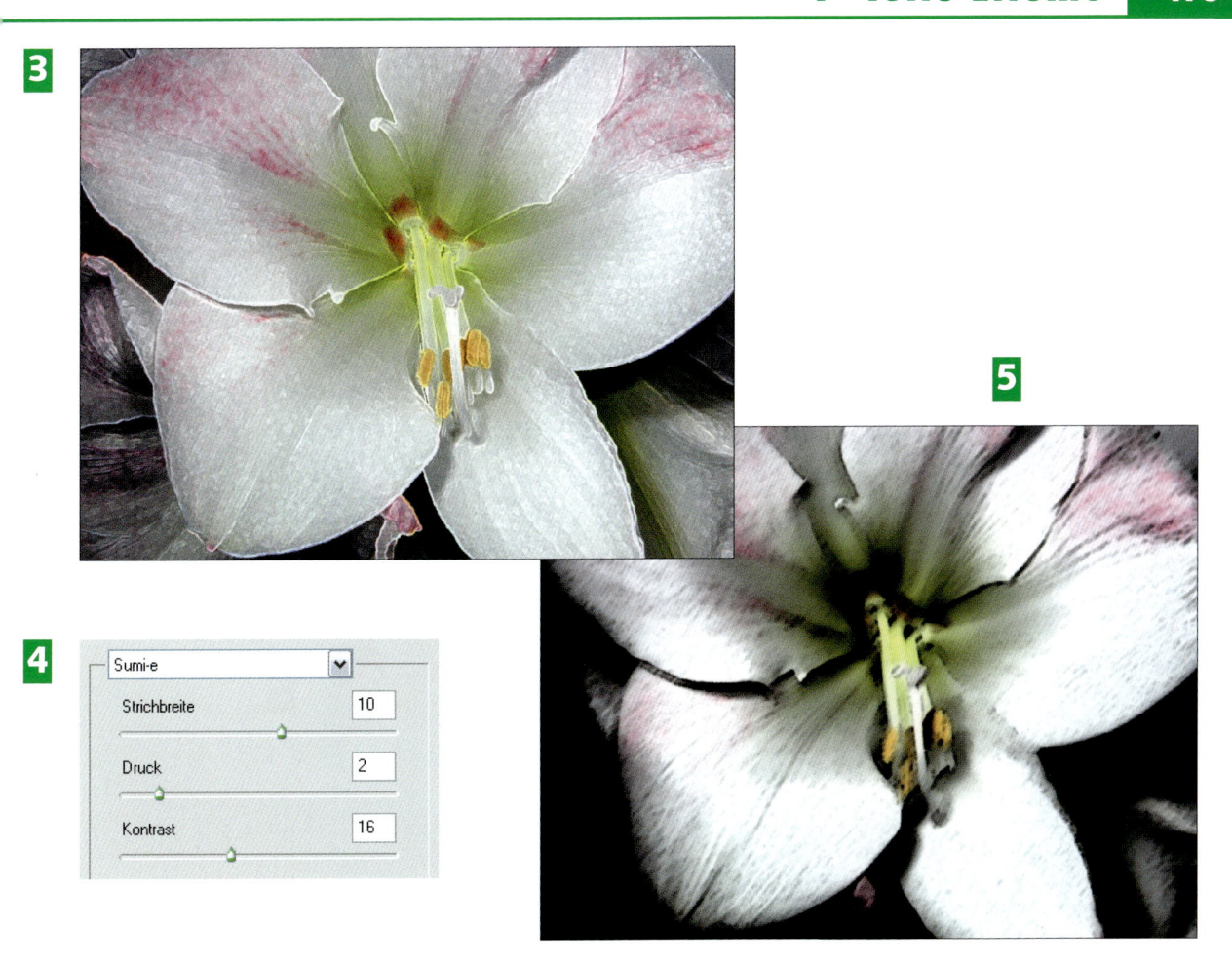

3 Mit den betonten Kanten entsteht ein spannendes Ergebnis.

4 Diese Einstellungen des *Sumi-e*-Effekts ...

5 ... wirken interessant. Hier entsteht ebenfalls eine gemalte Wirkung durch das Verändern der Konturen.

Ende

HINWEIS

Experimentieren Sie übrigens einmal mit den Maximalwerten. Manchmal entstehen dadurch verblüffende Ergebnisse.

174 Zufällige Muster generieren

Start

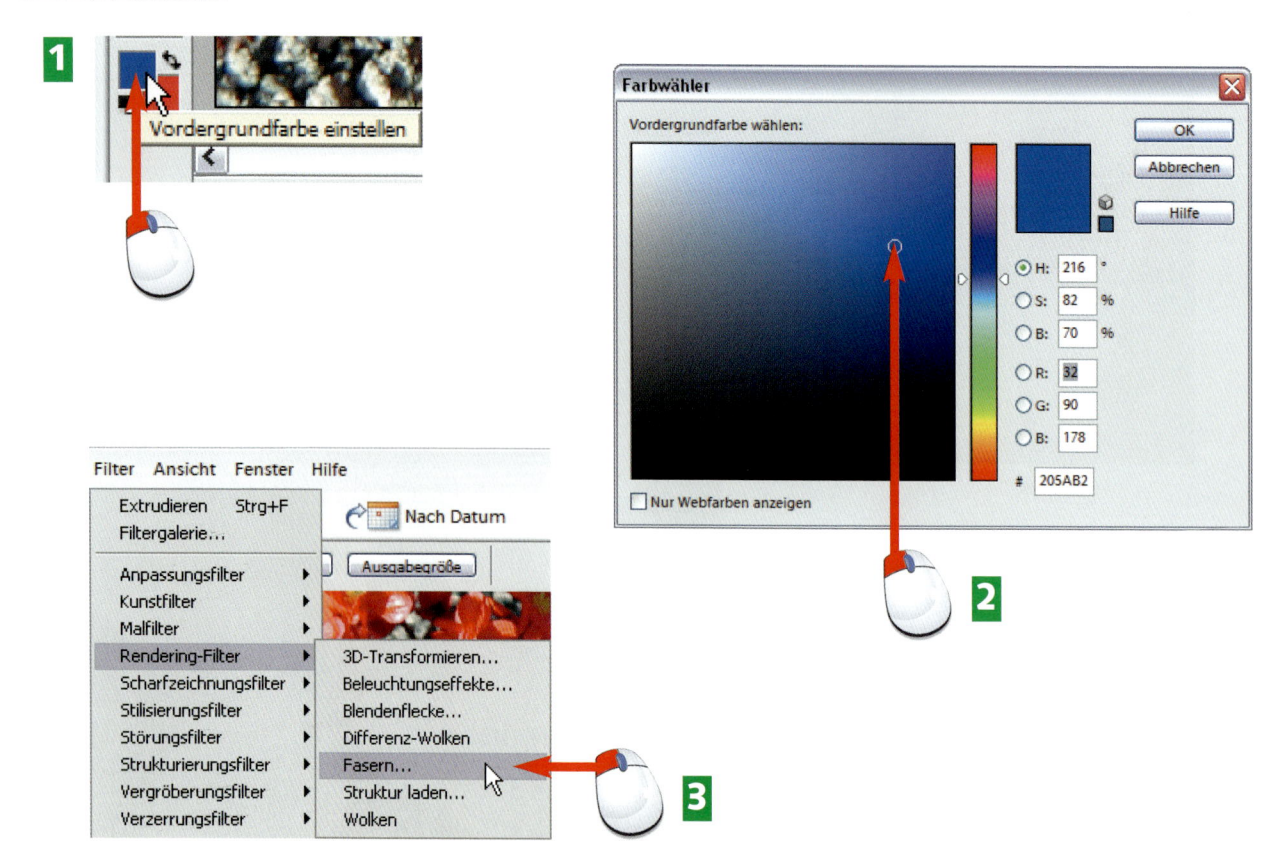

1 Klicken Sie auf das Farbfeld für die Vordergrundfarbe, ...

2 ... um in einem gesonderten Dialogfeld den gewünschten Farbton auszuwählen. Wiederholen Sie dies mit der Hintergrundfarbe.

3 Rufen Sie die Funktion *Filter/Rendering-Filter/Fasern* auf.

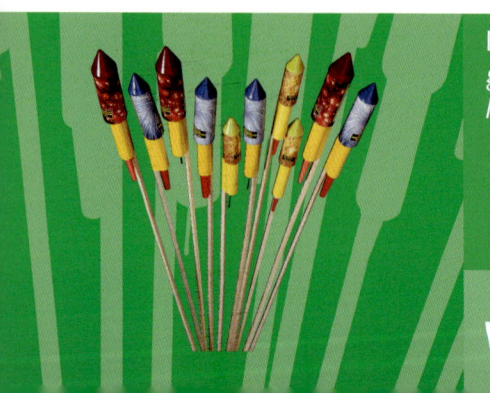

Einige Filter basieren auf den aktuellen Vorder- und Hintergrundfarben. Dies gilt beispielsweise auch für die Filter in der *Kunstfilter*-Rubrik.

WISSEN

9 Tolle Effekte 175

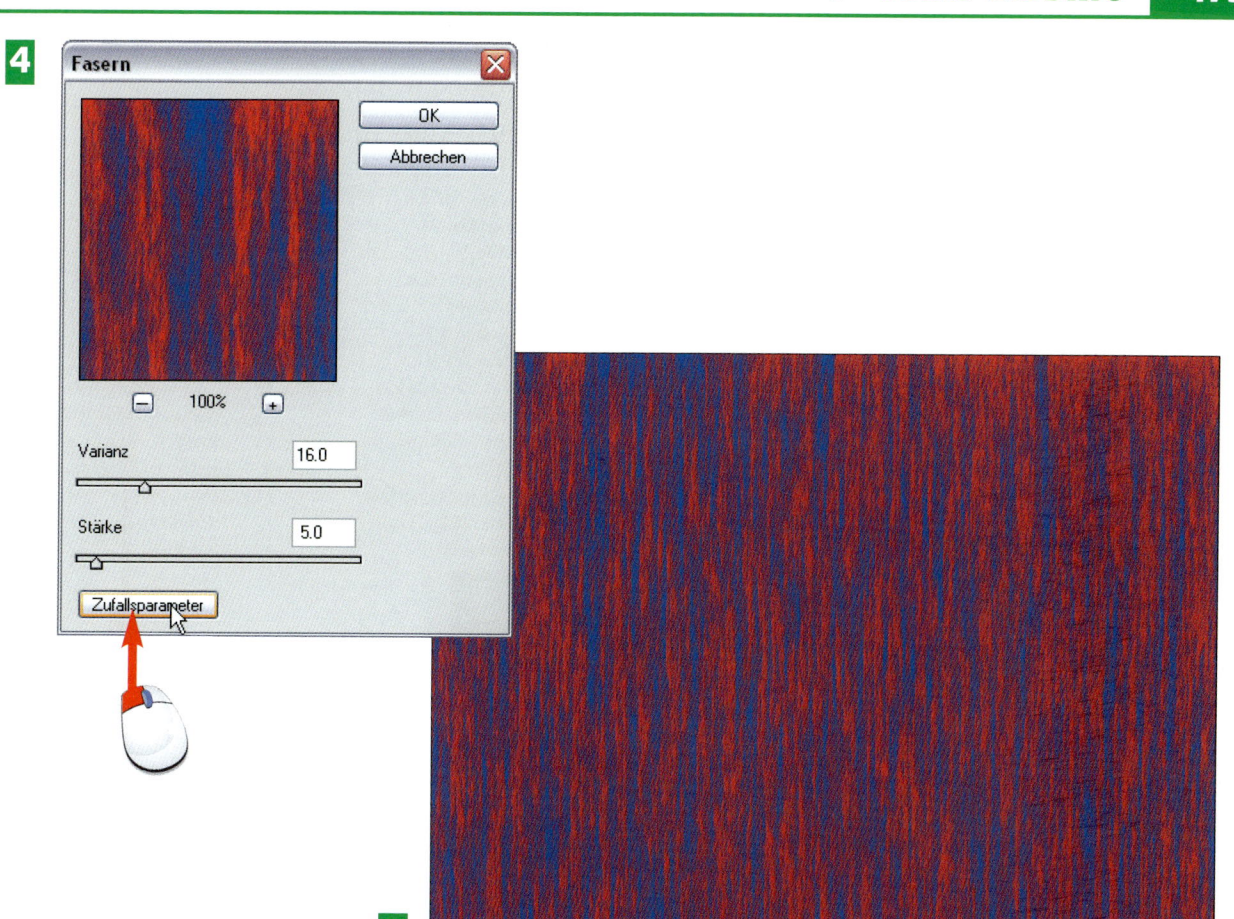

4 Probieren Sie in diesem Dialogfeld einmal die Schaltfläche *Zufallsparameter* aus, um zufällig generierte Einstellungen zu verwenden.

5 So könnte zum Beispiel dieses Ergebnis entstehen.

Einige der *Rendering*-Filter lassen sich prima nutzen, um interessante Hintergrundstrukturen zu entwerfen.

TIPP

Konturen zum Leuchten bringen

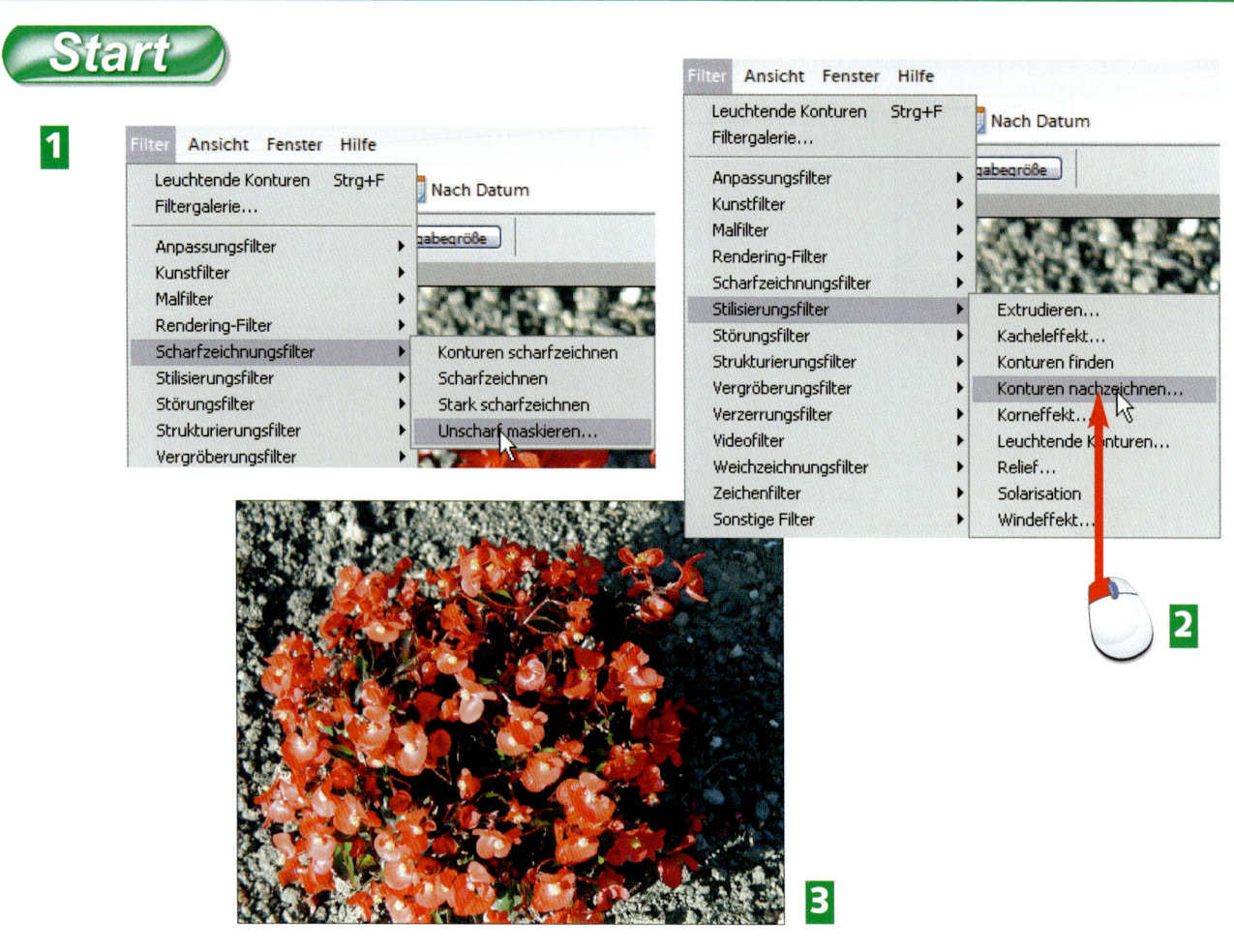

Start

1 In der Filter-Rubrik *Scharfzeichnungsfilter* finden Sie vier verschiedene Filter, um die Fotos zu schärfen.

2 Die Rubrik *Stilisierungsfilter* enthält neun Effekte, mit denen Sie die Bilder recht drastisch verändern. Wählen Sie den gewünschten Filter aus.

3 Bei diesem Ausgangsbild ...

WISSEN

Um mit den Konturen-Filtern arbeiten zu können, benötigen Sie Vorlagen, die Details enthalten – flächige Motive sind hier weniger geeignet. Mit der Kombination mehrerer Filter erzielen Sie ansprechende Ergebnisse.

9 Tolle Effekte   177

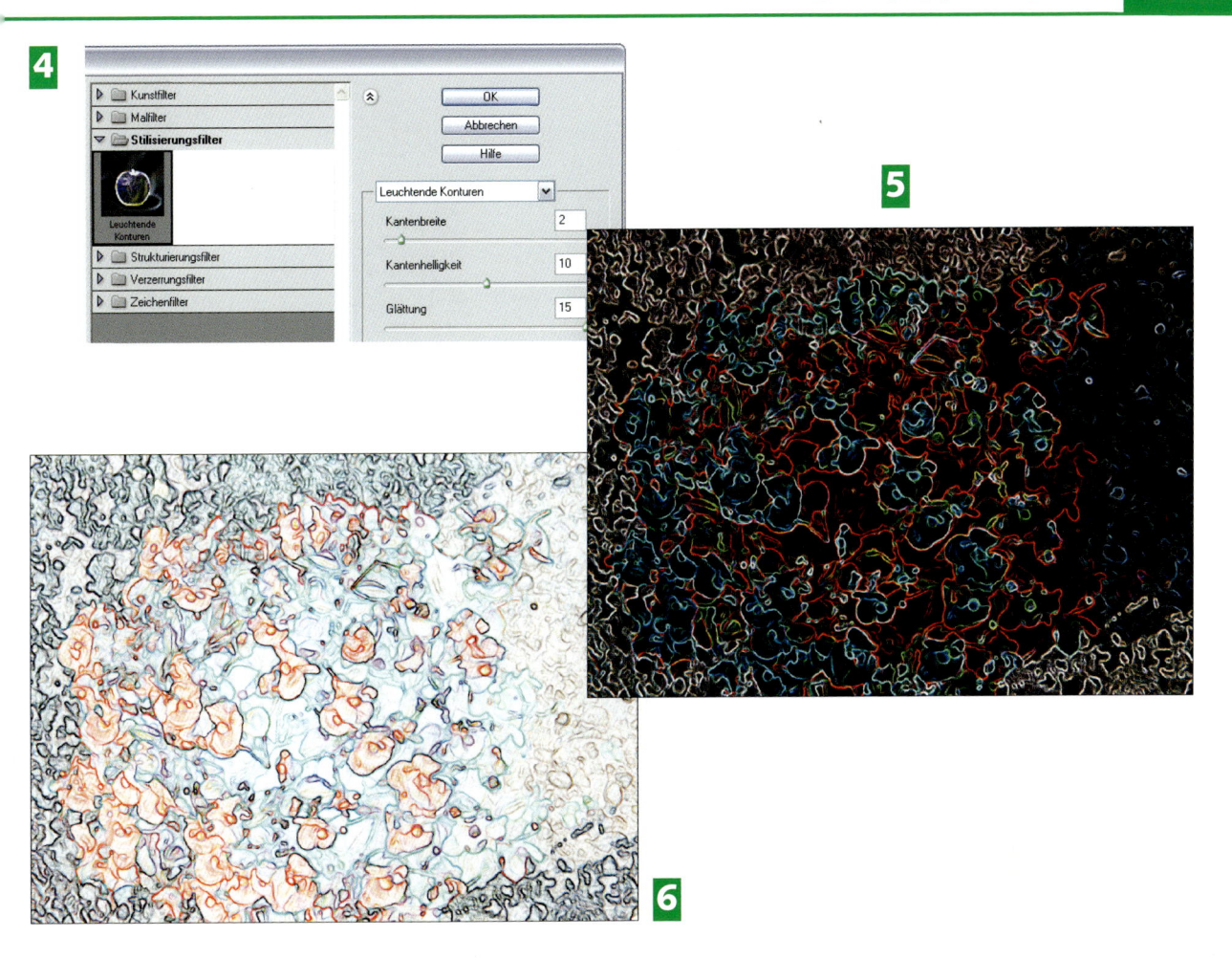

4 ... wurde der Effekt *Filter/Stilisierungsfilter/Leuchtende Konturen* verwendet.

5 Damit entsteht dieses Ergebnis.

6 Wenden Sie nun die Funktion *Filter/Anpassungsfilter/Umkehren* an, um ein negatives Ergebnis zu erhalten.

Ende

TIPP

Bei den Schärfe-Filtern erzielen Sie meist mit dem Filter *Unscharf maskieren* die besten Ergebnisse.

HINWEIS

Die Funktion *Filter/Anpassungsfilter/Umkehren* erreichen Sie übrigens auch über die Tastenkombination Strg + I. Dies klappt schneller als der Aufruf der Menüfunktion.

178 Lauter kleine Stückchen

Start

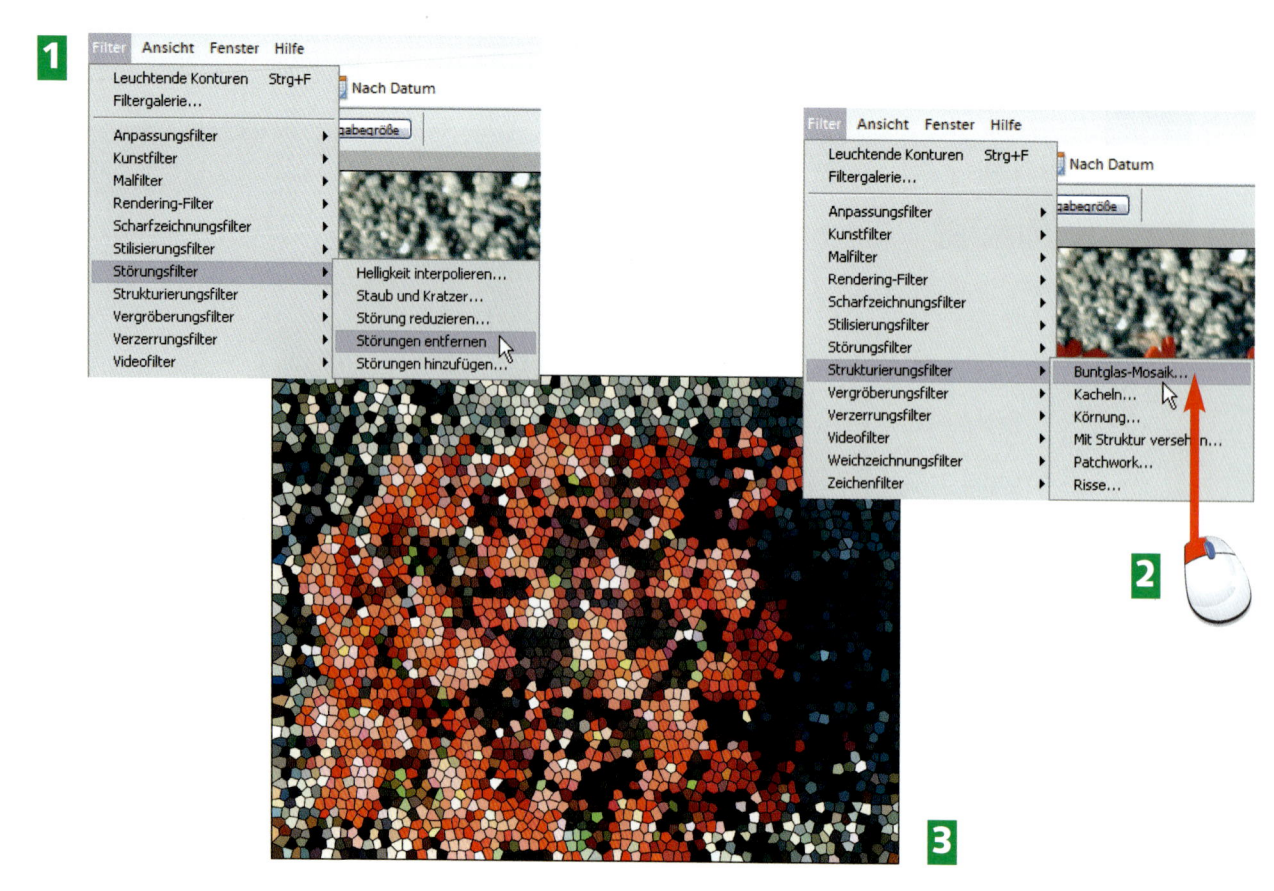

1 In der Rubrik *Störungsfilter* gibt es fünf Optionen, um Störungen hinzuzufügen oder zu entfernen.

2 Rufen Sie die Funktion *Strukturierungsfilter/Buntglas-Mosaik* auf.

3 Damit erzielen Sie dieses Ergebnis. Geben Sie dabei eine *Zellgröße* von *15* ein.

WISSEN

Viele Strukturierungsfilter zerteilen das Bild auf unterschiedliche Art und Weise in lauter kleine Teilchen. Damit erzielen Sie recht interessante Wirkungen. Sie müssen aber ausprobieren, welche Größe für die „Stückchen" passend ist. Bei zu großen Stücken könnte das Motiv völlig verfremdet werden.

9 Tolle Effekte   179

4 Da auch diese Filter die Vordergrundfarbe nutzen, sollten Sie die Standardfarbe einstellen. Klicken Sie dazu auf das Schwarzweiß-Symbol.

5 Rufen Sie die Funktion *Strukturierungsfilter/Patchwork* auf und nehmen Sie die abgebildeten Einstellungen vor, ...

6 ... um dieses Ergebnis zu erhalten.

Ende

Störungen kennen Sie vielleicht noch von der analogen Fotografie. Wurde ein hoch empfindlicher Film verwendet, war das Filmkorn zu sehen.

Welche Größe für die „Stückchen" passend ist, hängt von der Bildgröße ab. Je größer das Foto ist, umso größer muss auch der Wert für die Stücke sein.

FACHWORT **HINWEIS**

Punkt für Punkt platziert

Start

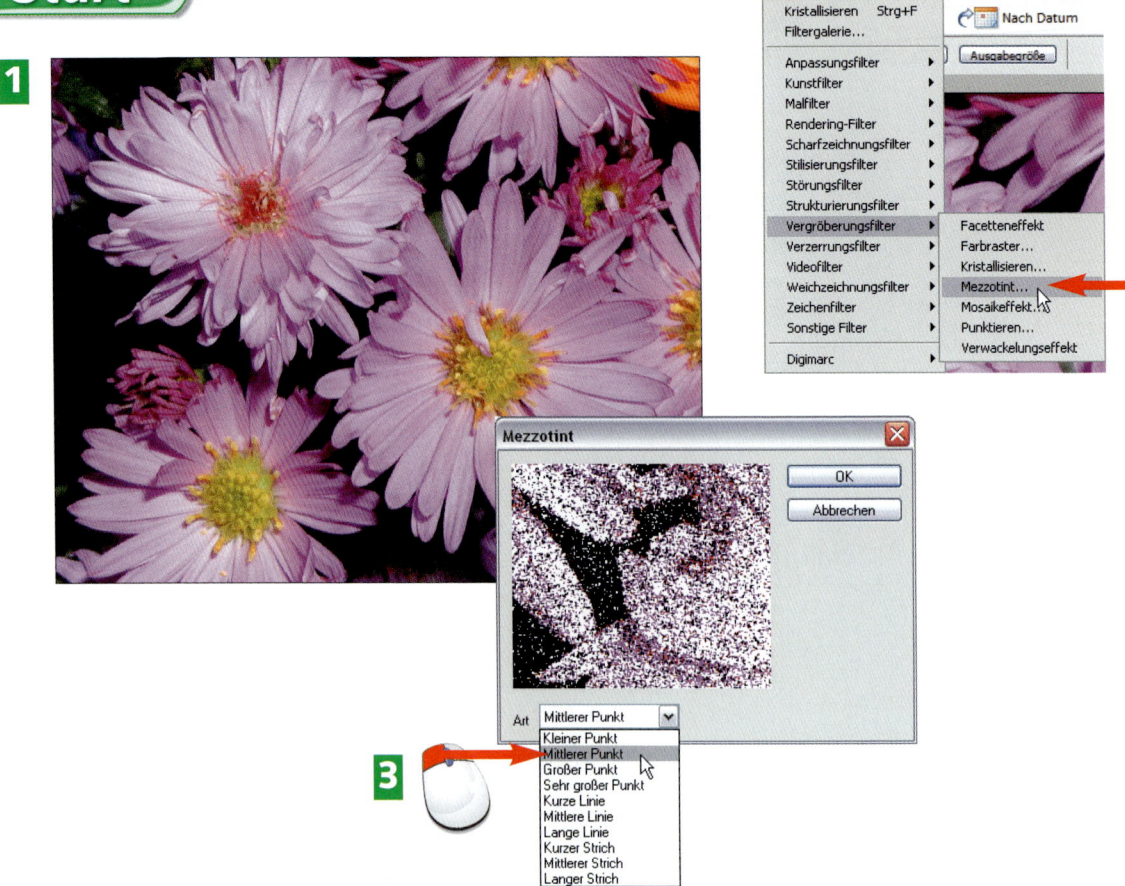

1 Wählen Sie für diese Vorlage …

2 … den Effekt *Filter/Vergröberungsfilter/Mezzotint* aus.

3 Stellen Sie eine der Varianten aus dem Listenfeld ein.

WISSEN

Auch die Vergröberungseffekte zerteilen die Vorlagen in kleinere Stücke – allerdings auf eine ganz andere Art. Hier scheint an vielen Stellen die Hintergrundfarbe durch.

9 Tolle Effekte   181

4 Das Ergebnis ist sehr wirkungsvoll. Es sieht so aus, als wäre es mit einer spitzen Feder gezeichnet.

5 Auch mit dem *Punktieren*-Effekt ...

6 ... entsteht ein witziges Ergebnis.

Ende

Hier handelt es sich um reine „Effekte" zur Bildverfremdung. Die Ergebnisse können zum Beispiel als grafisches „Schmankerl" bei einer Einladungskarte verwendet werden.

HINWEIS

182 Bilder verzerren

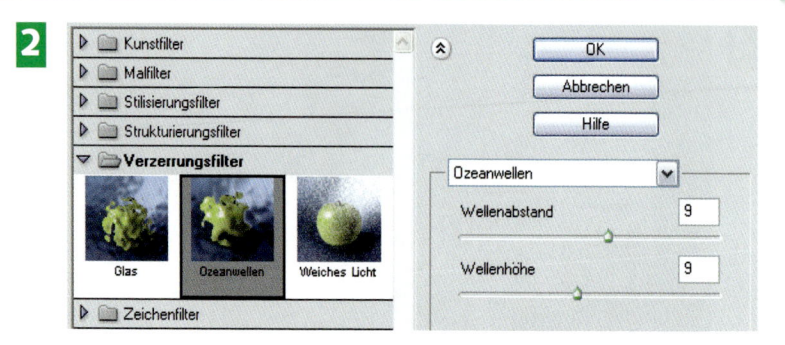

1 Rufen Sie die Funktion *Filter/Verzerrungsfilter/Ozeanwellen* auf.

2 Stellen Sie diese Werte ein, ...

3 ... damit kommt dieses Ergebnis zustande.

WISSEN

Im Menü *Filter/Verzerrungsfilter* finden Sie 13 Filter, um Fotos zu verbiegen, zu verzerren oder anderweitig zu verformen. Hier lohnen sich verschiedene Experimente.

9 Tolle Effekte 183

4 Mit der Funktion *Filter/Verzerrungsfilter/Verflüssigen* verformen Sie das Bild in einem gesonderten Arbeitsbereich mithilfe spezieller Werkzeuge.

5 Die Funktion *Filter/Verzerrungsfilter/Wölben* „verbiegt" das Bild beispielsweise, als wäre es über eine Kugel „gespannt".

Ende

Den *Verflüssigen*-Effekt können Sie auch gut einsetzen, um Gesichter zu verzerren.

HINWEIS

184 Kartoffeldruck mit Elements

Start

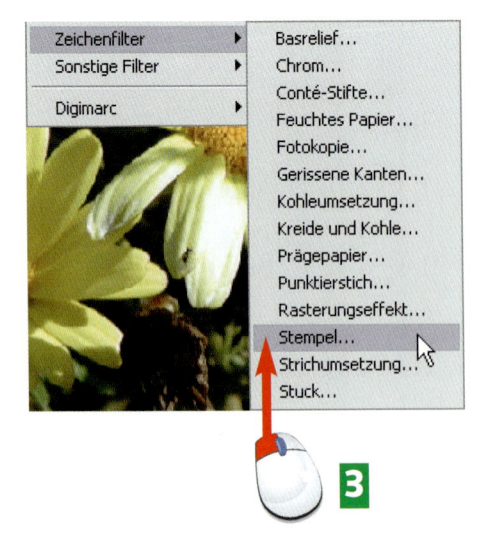

1 Die Filter in der Rubrik *Weichzeichnungsfilter* sind interessant, wenn Sie Bilder unscharf erscheinen lassen wollen – zum Beispiel für attraktive Hintergründe.

2 Dieses Ausgangsbild wollen wir verändern.

3 Insgesamt 14 verschiedene Zeichenfilter haben Sie zur Auswahl. Probieren Sie doch einmal den Effekt *Filter/Zeichenfilter/Stempel* aus.

WISSEN

Wollen Sie eher plakative Ergebnisse erstellen, sind die Filter der Rubrik *Zeichenfilter* für Sie interessant. Da auch diese Filter die aktuelle Vorder- und Hintergrundfarbe verwenden, sollten Sie vorher prüfen, welche Farbe Sie einsetzen wollen.

9 Tolle Effekte 185

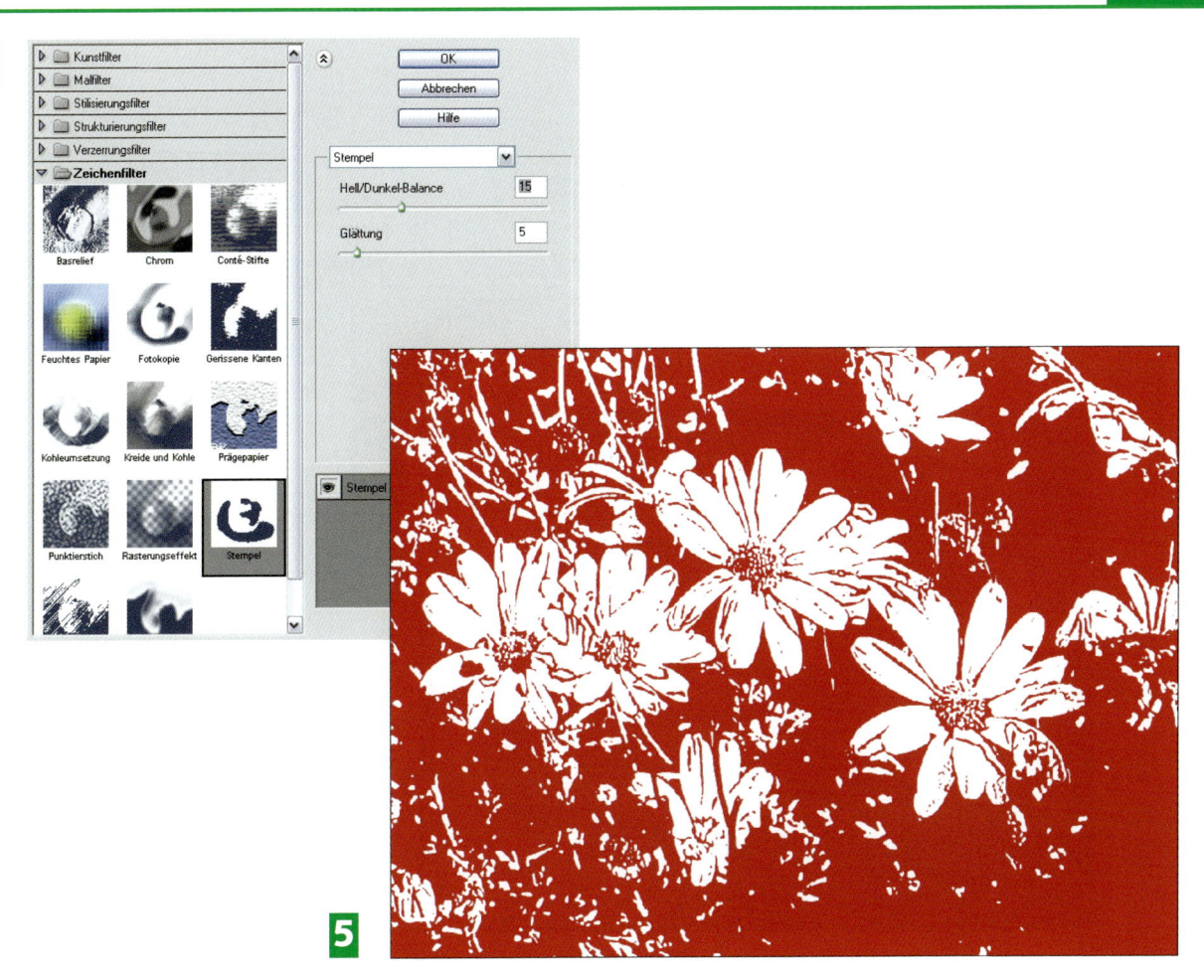

4 Verwenden Sie die abgebildeten Einstellungen, ...

5 ... um dieses Ergebnis zu erhalten.

> Je niedriger Sie den Wert der *Hell/Dunkel-Balance* einstellen, umso mehr dominieren die weißen Bereiche im Bild.

TIPP

Witzige Ergebnisse

Start

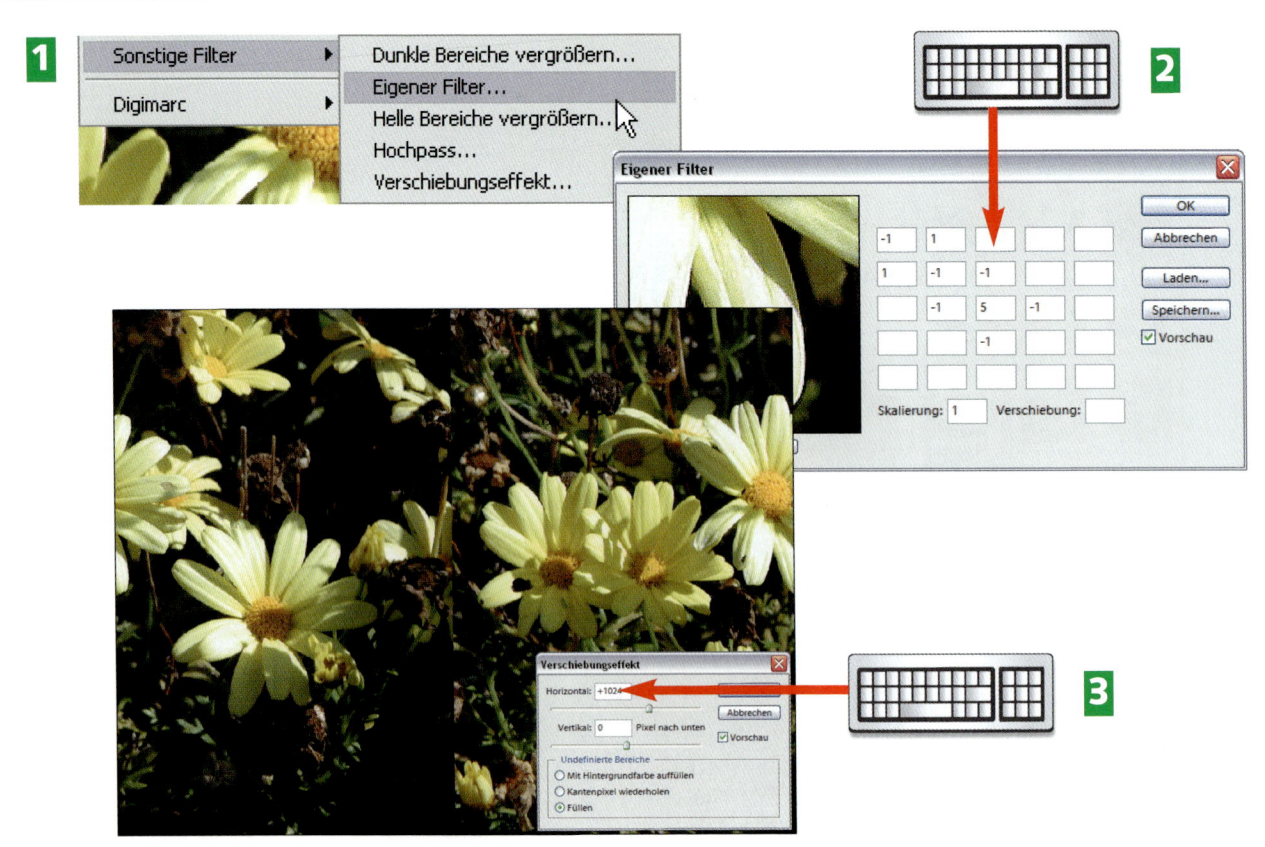

1. Im Menü *Filter/Sonstige Filter* gibt es die Option *Eigener Filter*.
2. Geben Sie in die Eingabefelder Zahlen ein, um eine Wirkung zu erzielen.
3. Wählen Sie den *Verschieben*-Filter, um Bildteile horizontal oder vertikal zu verschieben.

WISSEN

Gelegentlich können Sie verblüffende Ergebnisse erzielen, wenn Sie Filter so einsetzen, wie es eigentlich nicht vorgesehen ist. Ein solches Beispiel lässt sich unter anderem mit dem *Verschieben*-Filter erstellen.

9 Tolle Effekte   187

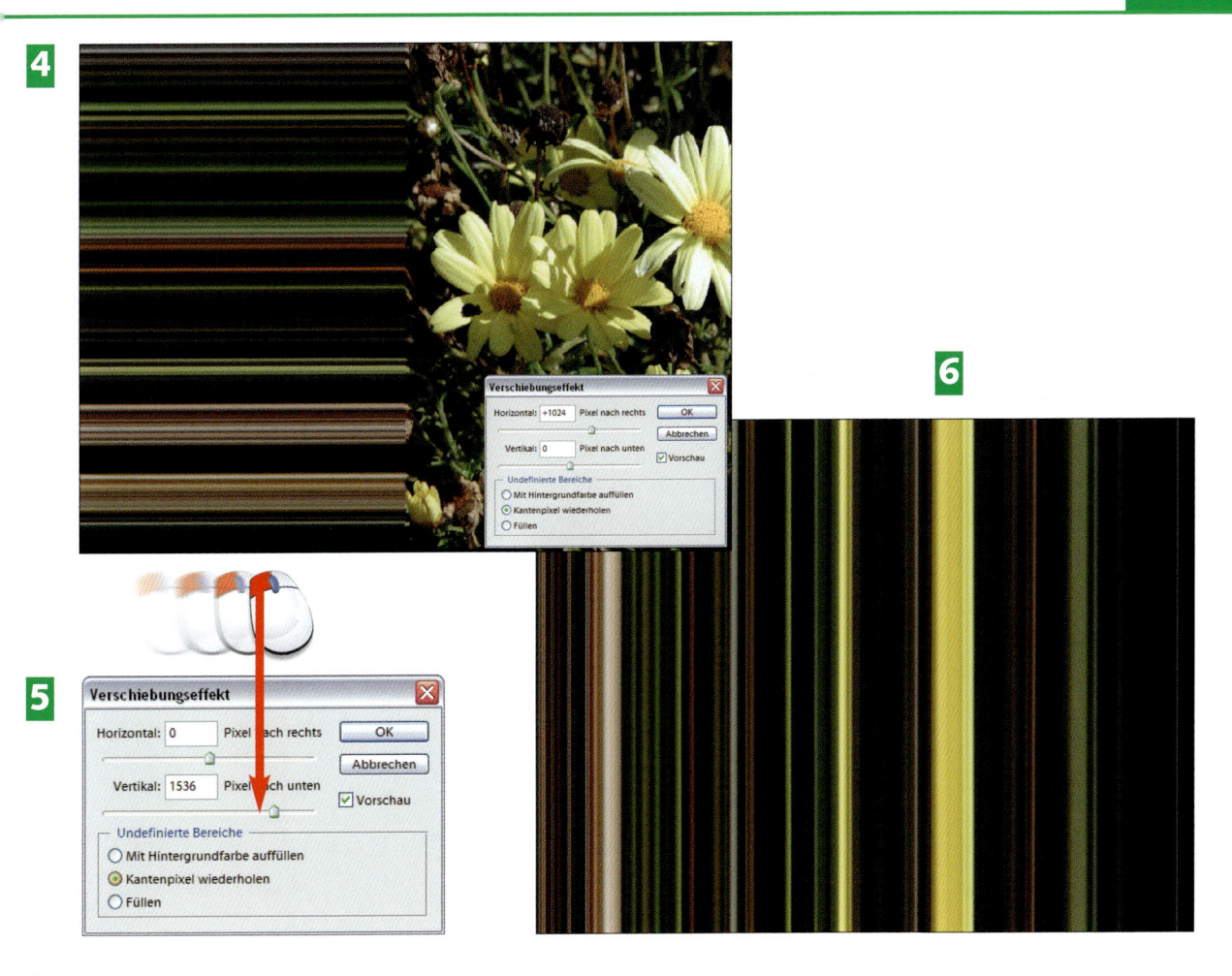

4 Stellen Sie die Option *Kantenpixel wiederholen* ein, es entsteht eine abwechslungsreiche Wirkung.

5 Stellen Sie diese Werte ein, dann wird es ganz spannend, …

6 … da damit vom eigentlichen Bild gar nichts mehr übrig ist. Sie sehen nur noch eine Struktur.

Probieren Sie doch einmal eigene Einstellungen und Filterkombinationen aus, um andere außergewöhnliche Varianten zu erhalten. Viel Spaß!

Derartige Strukturen lassen sich zum Beispiel gut als Hintergrundbilder für Texte verwenden.

TIPP

HINWEIS

10

Mit Texten arbeiten

Textattribute einstellen

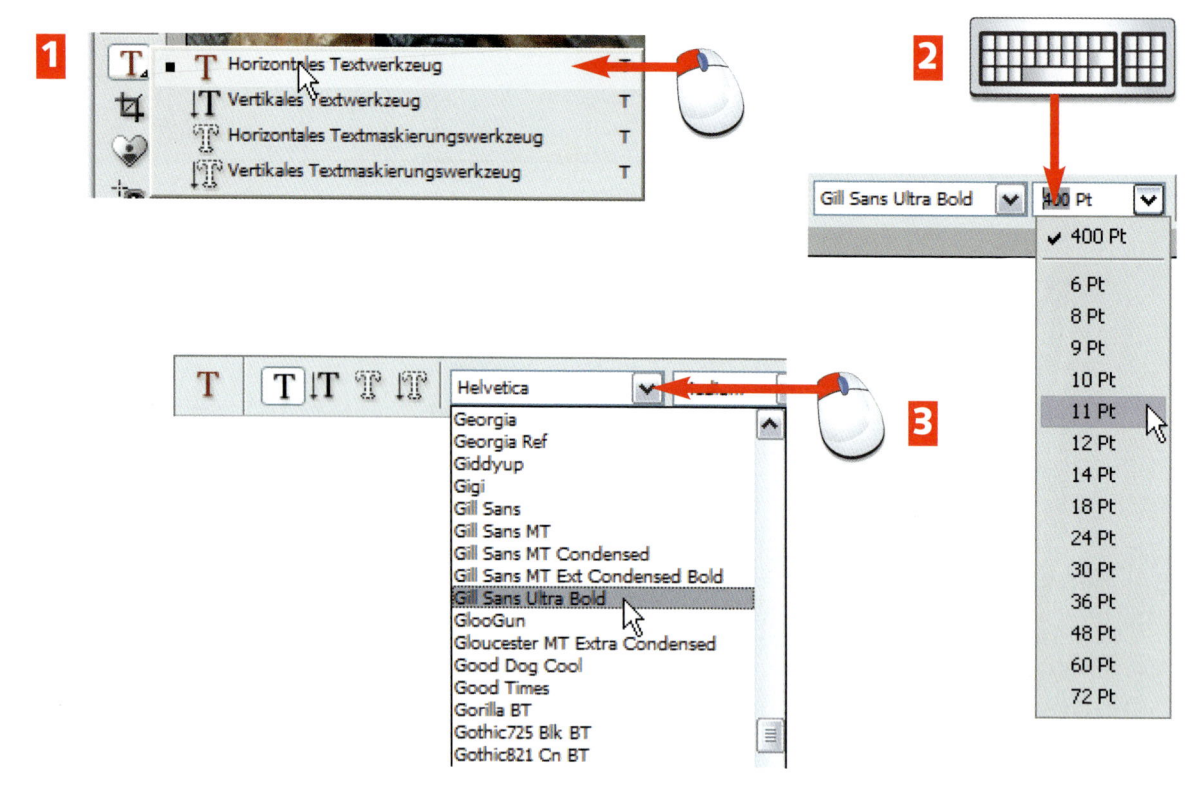

1 Klicken Sie in der Werkzeugleiste auf die Schaltfläche mit dem T-Symbol. Rufen Sie aus dem Flyout-Menü die Option *Horizontales Textwerkzeug* auf.

2 Öffnen Sie in der Optionsleiste das erste Listenfeld und suchen Sie sich einen Schrifttyp aus.

3 Wenn Sie in der Vorgabeliste der Schriftgrößen die gewünschte Größe nicht finden, tippen Sie den entsprechenden Wert in das Eingabefeld ein.

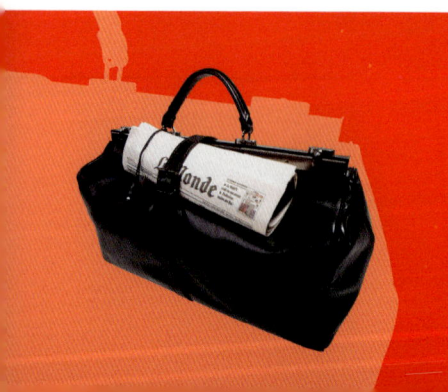

Texte lassen sich zur Beschriftung oder zum Verzieren von Bildern verwenden. Photoshop Elements bietet eine Menge verschiedener Optionen für die Textgestaltung an.

WISSEN

10 Mit Texten arbeiten

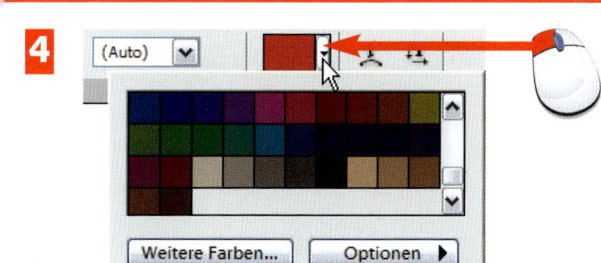

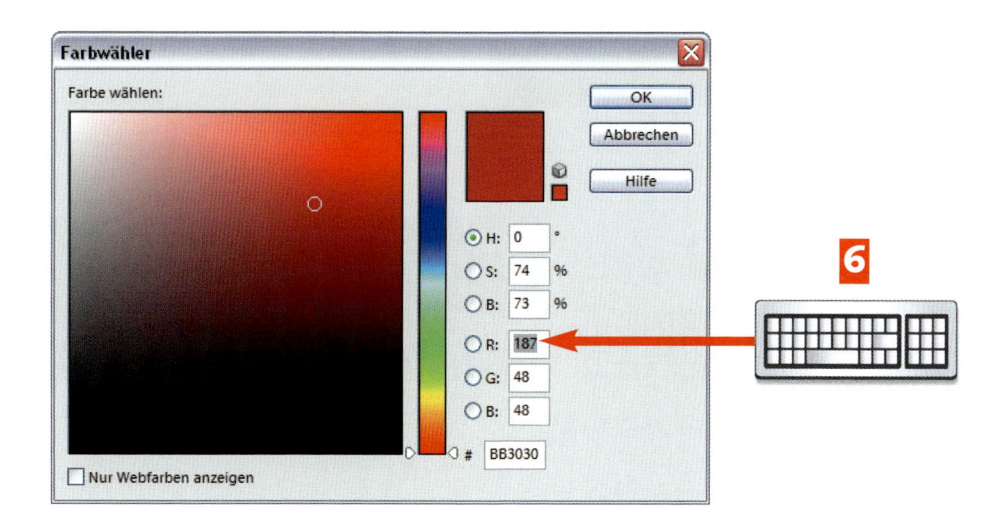

4 Klicken Sie auf den Pfeil neben dem Farbfeld. Damit öffnen Sie eine Farbpalette mit Standardfarben zur Auswahl.

5 Klicken Sie auf das Farbfeld selbst, …

6 … öffnet sich der Farbwähler. Geben Sie hier den Farbwert entweder in die Eingabefelder ein oder klicken Sie in das Farbspektrum.

Ende

HINWEIS

In dem schmalen Balken rechts neben dem Farbspektrum wird der Farbton ausgewählt.

192 Texte eingeben und skalieren

Start

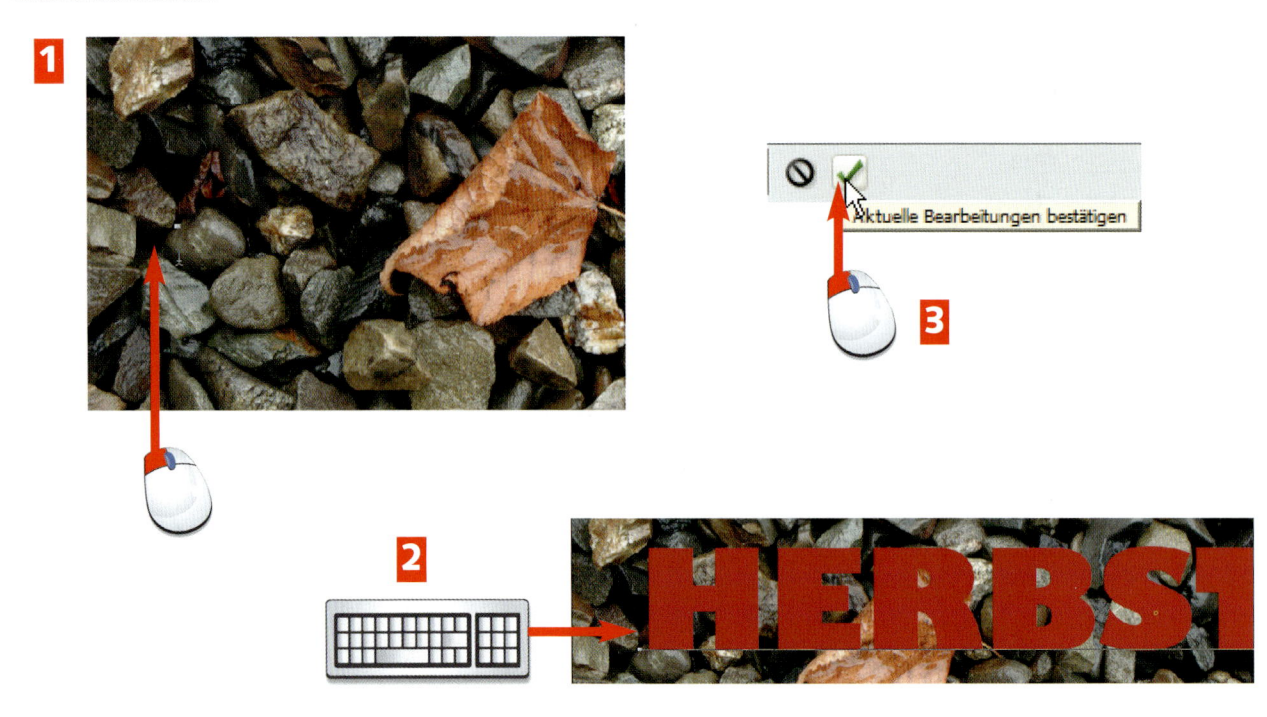

1. Klicken Sie auf die Position, an der der Text beginnen soll.
2. Tippen Sie den gewünschten Text ein.
3. Bestätigen Sie die Texteingabe mit der Haken-Schaltfläche in der Optionsleiste.

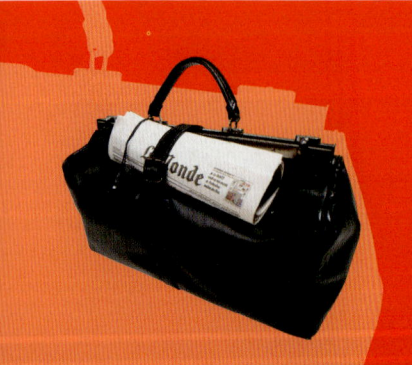

WISSEN

Prinzipiell ist es egal, ob Sie die Texteinstellungen vor oder nach dem Eintippen des Textes anpassen. Da Sie aber die Wirkung besser beurteilen können, wenn die Formatierungen zuerst vorgenommen werden, ist dies der bessere Weg.

10 Mit Texten arbeiten

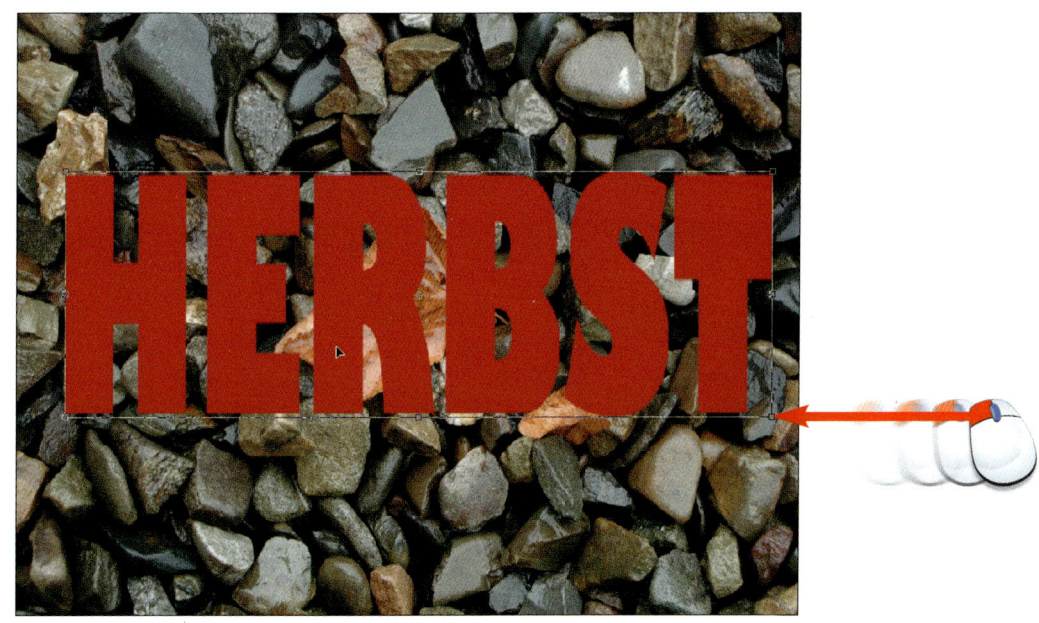

4 Photoshop Elements erstellt automatisch eine neue Ebene, wie ein Blick in das *Ebenen*-Palettenfenster zeigt.

5 Rufen Sie das Verschieben-Werkzeug auf, um die Textebene zu skalieren.

6 Verziehen Sie einen der Eckmarkierungspunkte, bis die gewünschte neue Größe erreicht ist.

Ende

TIPP

Textebenen werden genauso wie alle anderen Ebenen transformiert.

HINWEIS

Auch nach dem Transformieren kann der Text weiterhin editiert werden. Rufen Sie dazu erneut das Textwerkzeug auf.

Den Text mit einer Kontur versehen

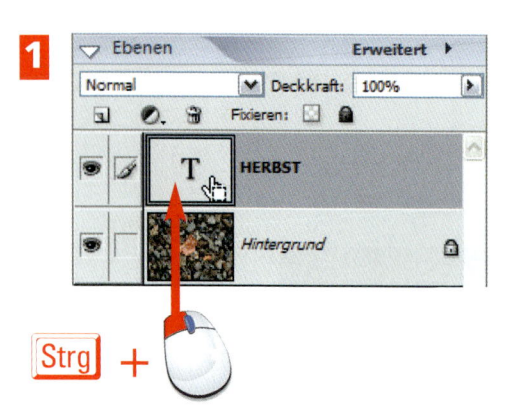

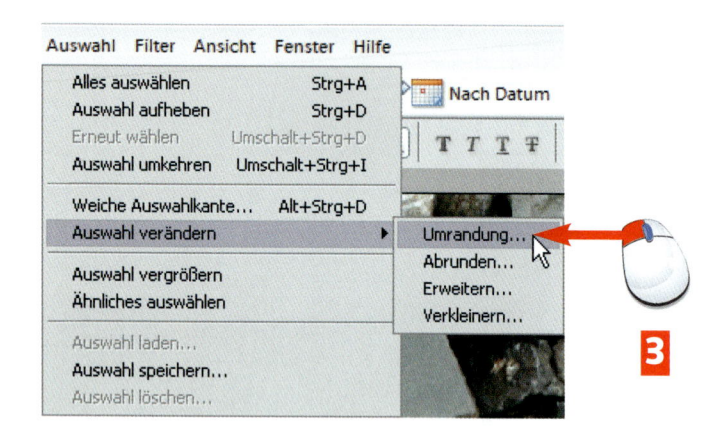

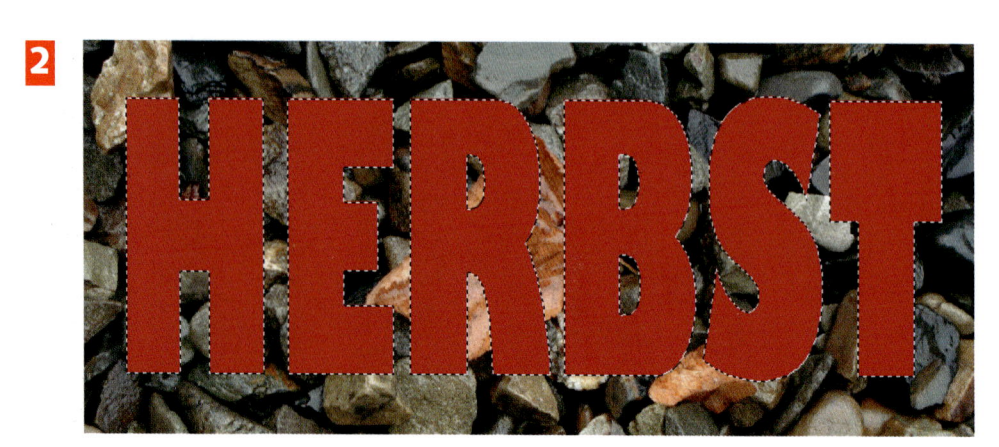

1. Klicken Sie die Textebene mit gedrückter Strg-Taste an.
2. Damit wird die Textebene als Auswahlbereich geladen.
3. Rufen Sie die Funktion *Auswahl/Auswahl verändern/Umrandung* auf.

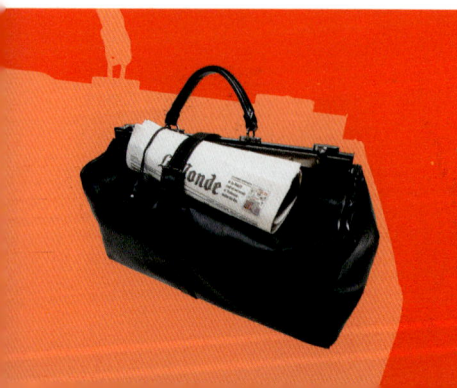

Es gibt unterschiedliche Arten, einen Schriftzug mit einer Kontur zu versehen. Einen Ebenenstil anzuwenden ist eine der möglichen Lösungen. Wir stellen Ihnen eine andere Variante vor.

WISSEN

10 Mit Texten arbeiten

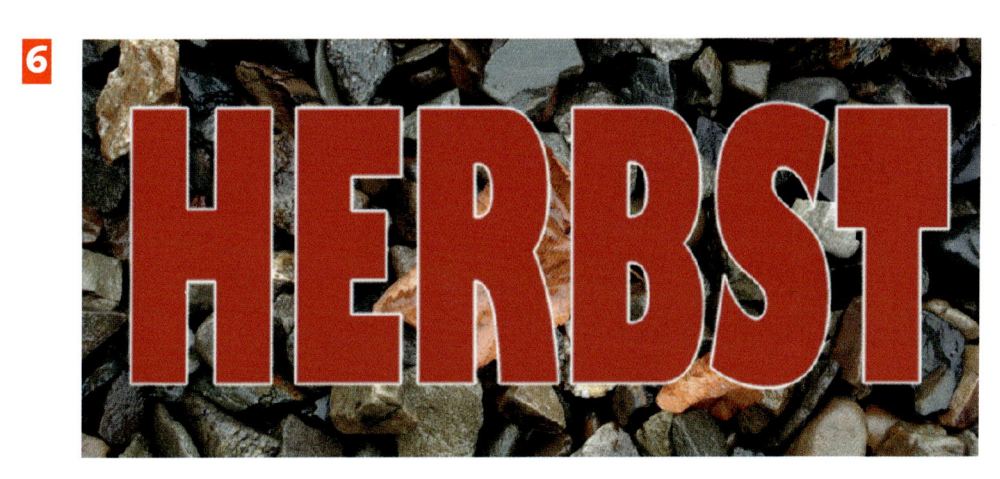

4 Stellen Sie zum Beispiel eine Breite von 6 Pixeln ein. Mit diesem Wert bestimmen Sie die Stärke der Kontur.

5 Verwenden Sie die Funktion *Ebene/Neue Füllebene/Volltonfarbe*, um den Auswahlbereich zu füllen.

6 Nach der Auswahl einer Farbe im Farbwähler – der sich automatisch öffnet – entsteht dieses Ergebnis.

TIPP

Die Füllebene kann nicht nur einfarbig gefüllt werden. In dem Menü *Neue Füllebene* finden Sie außerdem die Optionen für einen Verlauf und ein Muster.

HINWEIS

Der Text bleibt zwar editierbar – die Kontur aber nicht, da es sich hier nicht um eine Textebene handelt. Gegebenenfalls müssen Sie die Konturebene neu erstellen.

196 Schriftzüge „verbiegen"

Start

1 Erstellen Sie den Schriftzug mit den bereits beschriebenen Arbeitsschritten. Die verwendeten Einstellungen zeigt die Optionsleiste.

2 Bestätigen Sie die Texteingabe und klicken Sie auf das jetzt verfügbare *Stil*-Listenfeld.

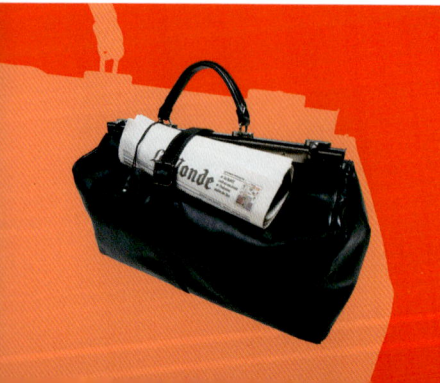

Schriften lassen sich nach dem Formatieren noch vielseitiger gestalten. Weisen Sie entweder Ebenenstile zu oder verformen Sie die Texte.

WISSEN

10 Mit Texten arbeiten 197

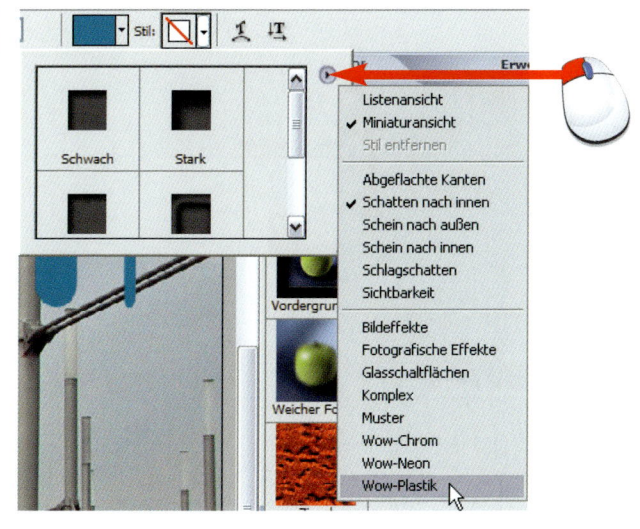

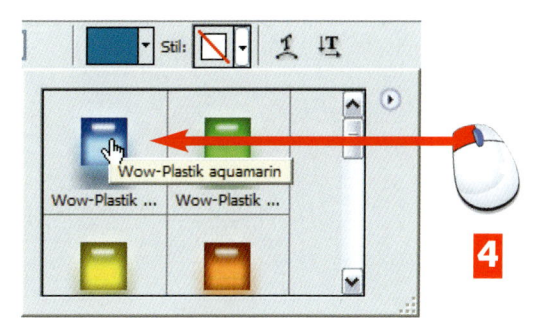

3 Klicken Sie auf die Pfeil-Schaltfläche. In dem Menü finden Sie diverse weitere Stile-Bibliotheken. Wählen Sie die Bibliothek *Wow-Plastik*.

4 Klicken Sie auf den Eintrag *Wow-Plastik aquamarin*, um ihn der Textebene zuzuweisen.

5 Damit entsteht dieses sehr moderne Ergebnis.

Auch nach dem Zuweisen eines Ebenenstils bleibt der Text editierbar.

HINWEIS

Schriftzüge „verbiegen"

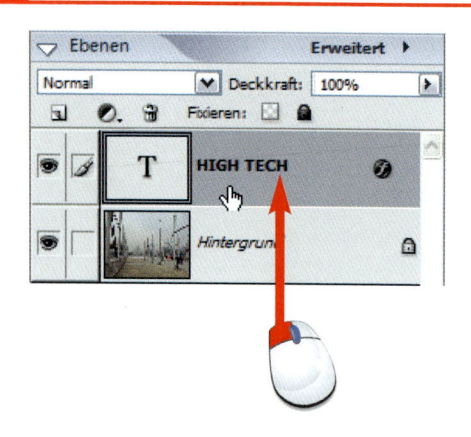

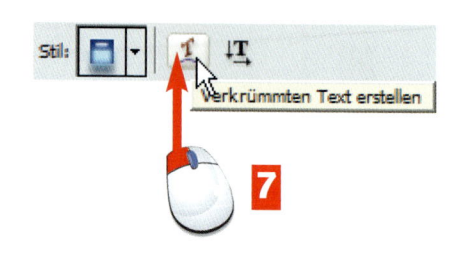

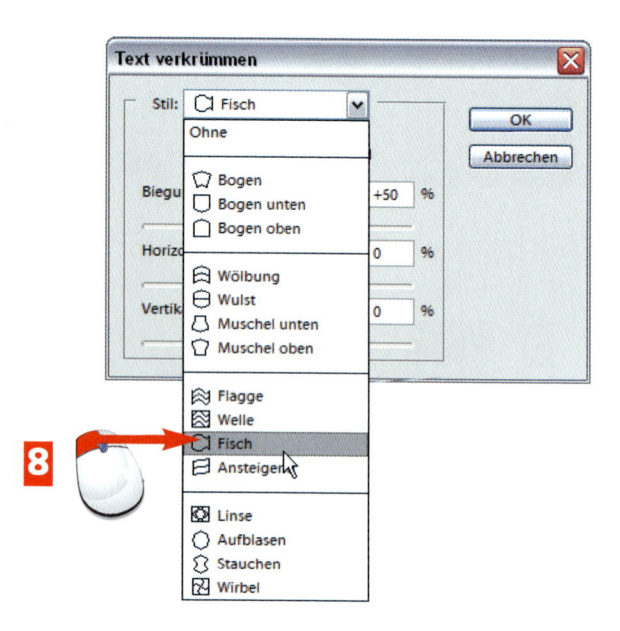

6 Beachten Sie, dass die Textebene aktiviert ist. Sie erkennen dies an der Hervorhebung im *Ebenen*-Palettenfenster.

7 Rufen Sie die Verkrümmungsoption in der Optionsleiste auf.

8 Wählen Sie im Listenfeld aus 15 verschiedenen Verkrümmungsformen.

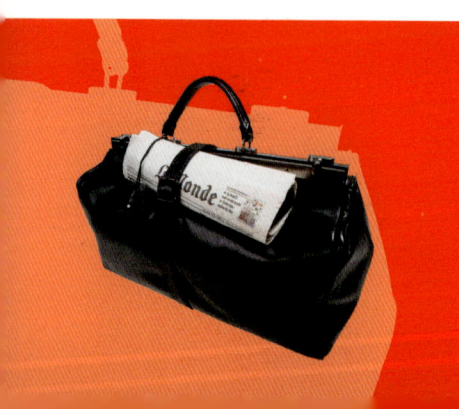

Mit verformten Texten erzielen Sie in vielen Fällen ein ansprechendes Ergebnis. Der Text wird zum grafischen Element. So lässt sich beispielsweise ein dynamischer Eindruck erzeugen.

WISSEN

10 Mit Texten arbeiten | **199**

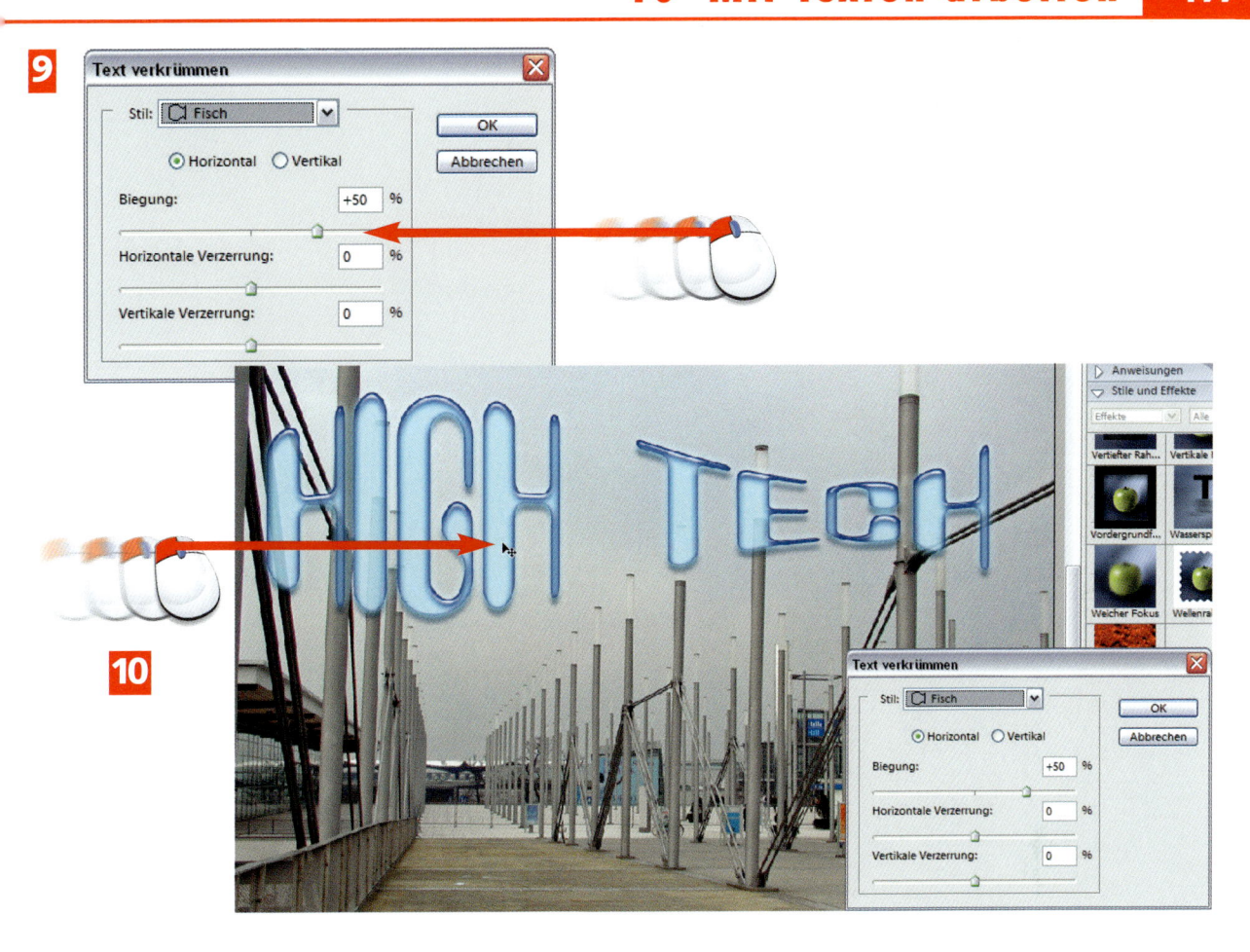

9 Verändern Sie mit den Schiebereglern die Wirkung der Verkrümmung.

10 Verändern Sie die Position des Schriftzugs wunschgemäß, auch wenn das Dialogfeld noch geöffnet ist.

Die Verformung kann jeweils entweder in der Horizontalen oder der Vertikalen erfolgen.

HINWEIS

11

Effekte mit Ebenenstilen

202 Fotos im Standardeditor öffnen

Start

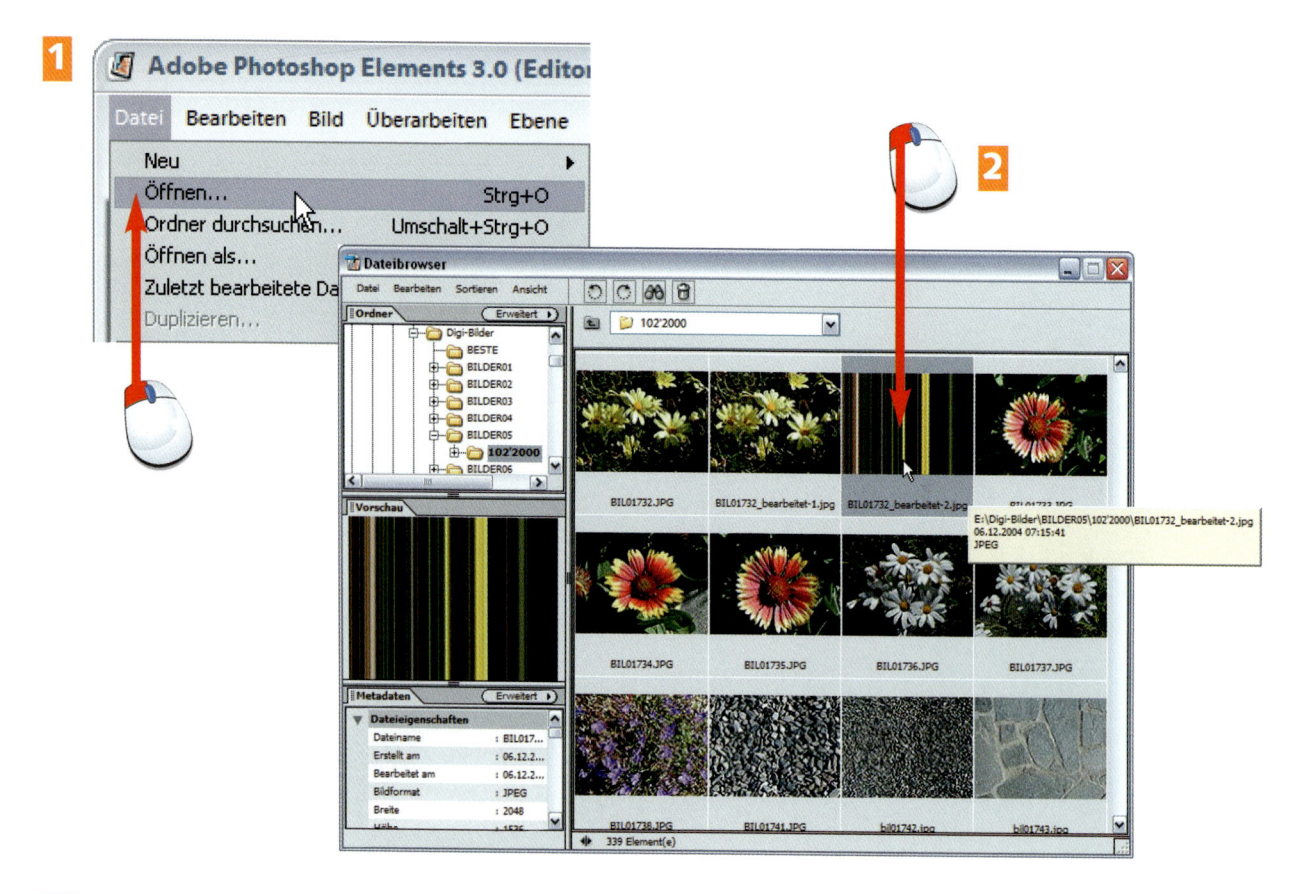

1 Im *Datei*-Menü haben Sie mehrere Optionen, um ein Bild zu öffnen. Wählen Sie zwischen der *Öffnen*-Funktion und der Funktion *Ordner durchsuchen*, ...

2 ... bei der sich ein Browser öffnet. Klicken Sie hier das gewünschte Miniaturbild an.

In den meisten Fällen öffnen Sie Ihre Fotos sicherlich über den Organizer. Falls Sie aber den Standardeditor direkt geöffnet haben, können Sie natürlich auch von hier aus die gewünschten Fotos öffnen.

WISSEN

11 Effekte mit Ebenenstilen 203

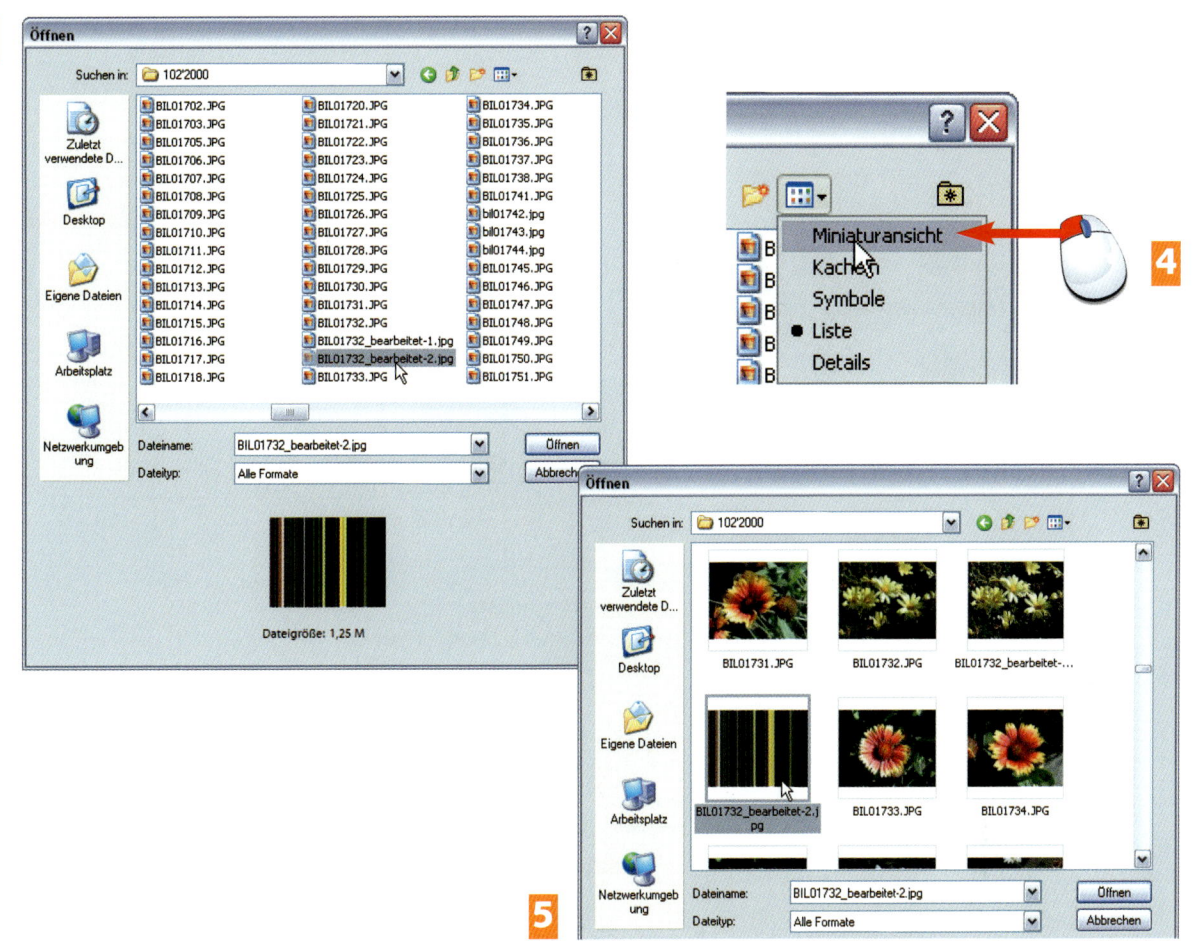

4 Suchen Sie bei der *Öffnen*-Funktion das Bild in diesem Dialogfeld aus. Unten sehen Sie das Vorschaubild der angeklickten Datei.

5 Stellen Sie im Listenfeld oben rechts die Option *Miniaturansicht* ein, um im *Öffnen*-Dialogfeld ...

6 ... Miniaturbilder einzublenden, die beim Auffinden einer Datei helfen.

Ende

TIPP

Der Browser kann auch über die Funktion *Fenster/Dateibrowser* geöffnet werden.

HINWEIS

Wenn in dem ausgewählten Verzeichnis sehr viele Bilder sind, dauert das Generieren der Miniaturbilder einen Moment.

Einen Ebenenstil zuweisen

Start

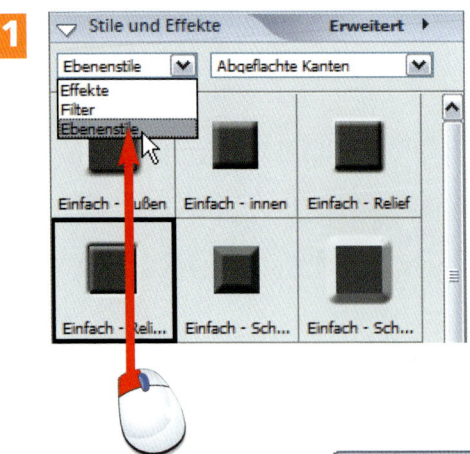

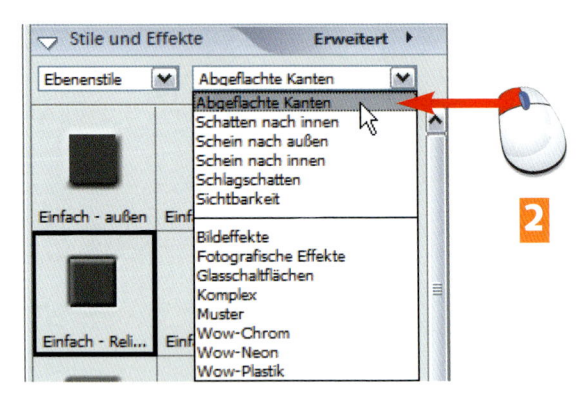

1. Wählen Sie im Palettenfenster *Stile und Effekte* im linken Listenfeld die *Ebenenstile*-Option aus.

2. Im rechten Listenfeld gibt es diverse verschiedene Kategorien. Klicken Sie hier auf den Eintrag *Abgeflachte Kanten*.

3. Falls Sie den Hintergrund noch nicht in eine Ebene umgewandelt haben, bestätigen Sie den entsprechenden Hinweis.

Mit den Ebenenstilen von Photoshop Elements haben Sie viele Gestaltungsmöglichkeiten. Neben Schatten finden Sie hier auch Strukturen oder fotografische Effekte

WISSEN

11 Effekte mit Ebenenstilen   205

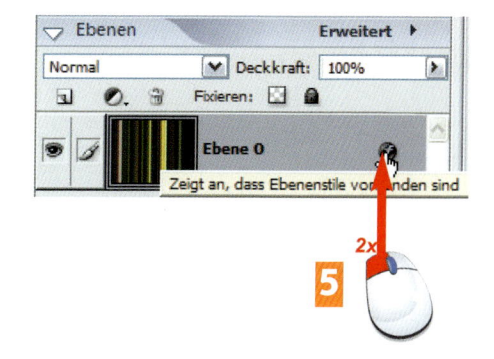

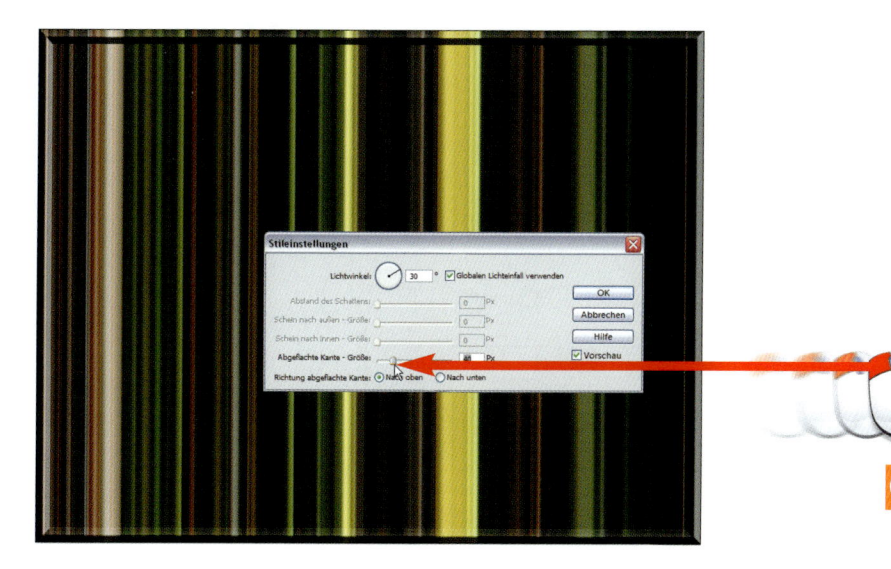

4️⃣ Ziehen Sie beispielsweise den Effekt *Innere Kante* in das Dokument. Er wird dann automatisch der Ebene zugewiesen.

5️⃣ Klicken Sie doppelt auf das Ebenenstilsymbol, ...

6️⃣ ... es öffnet sich ein Dialogfeld. Legen Sie hier die Stärke der Effektwirkung fest.

Ende

TIPP

Hintergründe können Sie einfach mit einem Doppelklick auf den Eintrag im *Ebenen*-Palettenfenster in eine Ebene umwandeln.

HINWEIS

Welche Optionen im Effekt-Dialogfeld aktivierbar sind, hängt vom ausgewählten Ebenenstil ab.

206 Schriftzüge kolorieren

Start

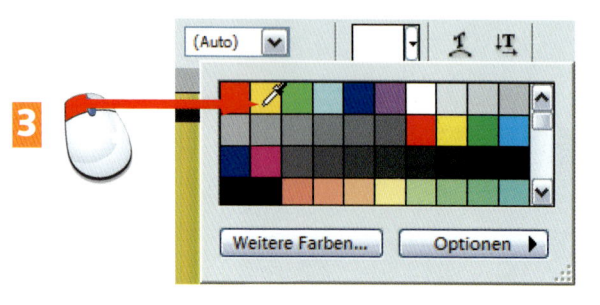

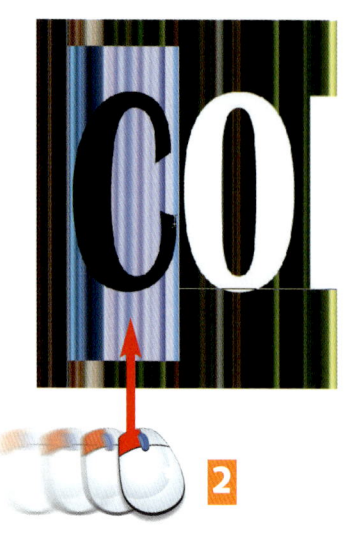

1 Erstellen Sie mit den Arbeitsschritten von Seite 190 einen Schriftzug. Die verwendeten Einstellungen sehen Sie in der Optionsleiste.

2 Ziehen Sie mit markiertem Textwerkzeug über den ersten Buchstaben, um diesen zu markieren. Die negative Darstellung zeigt die Markierung an.

3 Wählen Sie aus der Farbpalette in der Optionsleiste die gewünschte Farbe für den markierten Buchstaben aus.

WISSEN

Schriftzüge lassen sich auf sehr unterschiedliche Art und Weise interessant gestalten. Zusätzlich zu den Ebenenstilen haben Sie auch die Möglichkeit, einzelne Buchstaben einzufärben.

11 Effekte mit Ebenenstilen   207

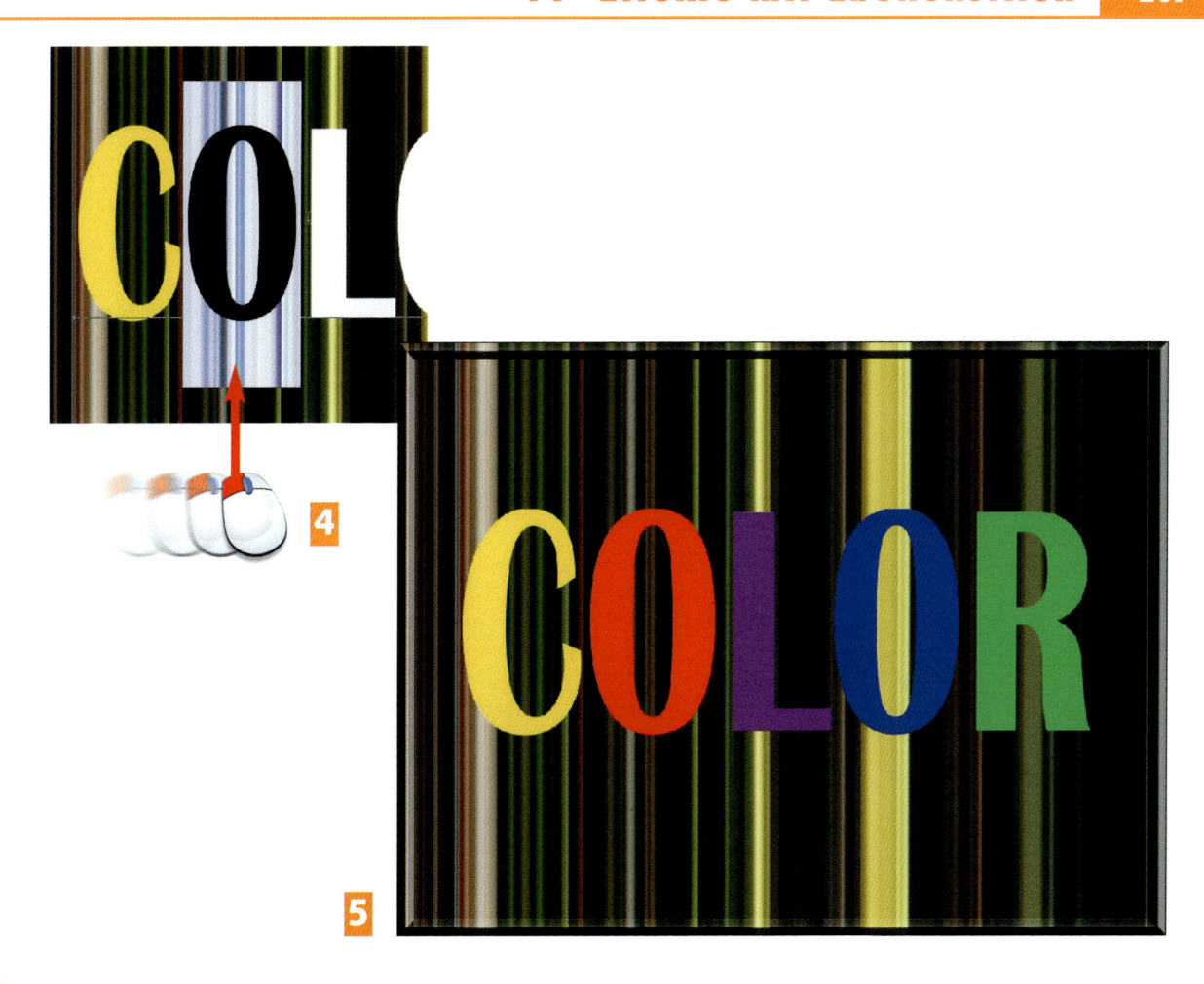

4 Markieren Sie den nächsten Buchstaben und wählen Sie auch hier eine neue Farbe. Setzen Sie dies fort, ...

5 ... bis alle Buchstaben eine eigene Farbe erhalten haben.

Ende

TIPP

Um Buchstaben einzeln oder in Gruppen umzufärben, müssen diese stets zuerst markiert werden. Die Farbauswahl bezieht sich immer auf die aktuelle Auswahl.

HINWEIS

Auch alle anderen Formatierungen können auf die Markierung angewendet werden. So können die einzelnen Buchstaben zum Beispiel unterschiedliche Größen haben.

208 Vorlagen schnell verändern

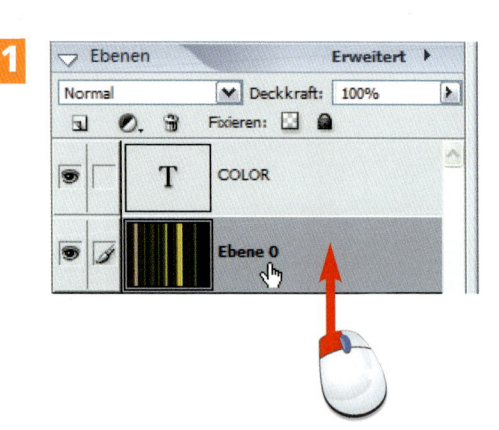

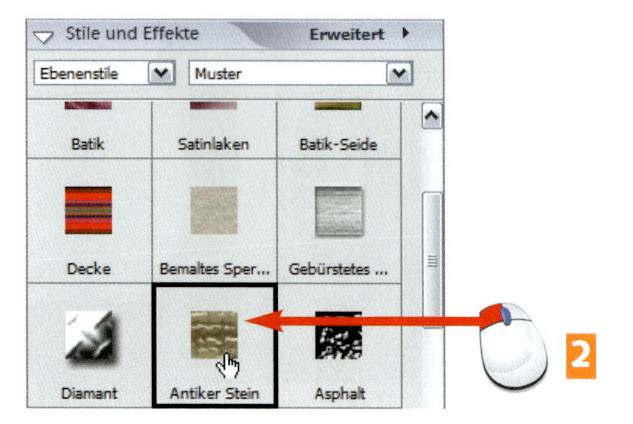

1. Klicken Sie auf die untere Ebene, um sie zu markieren.
2. Verwenden Sie in der *Muster*-Rubrik der *Ebenenstile* die Option *Antiker Stein*.
3. Danach entsteht das abgebildete Ergebnis

WISSEN

Haben Sie erst einmal eine Vorlage – zum Beispiel mit Hintergrund und Schriftzügen – erstellt, ist eine Änderung schnell erledigt. Die vielen Ebenenstile laden hierbei zum Experimentieren ein.

11 Effekte mit Ebenenstilen 209

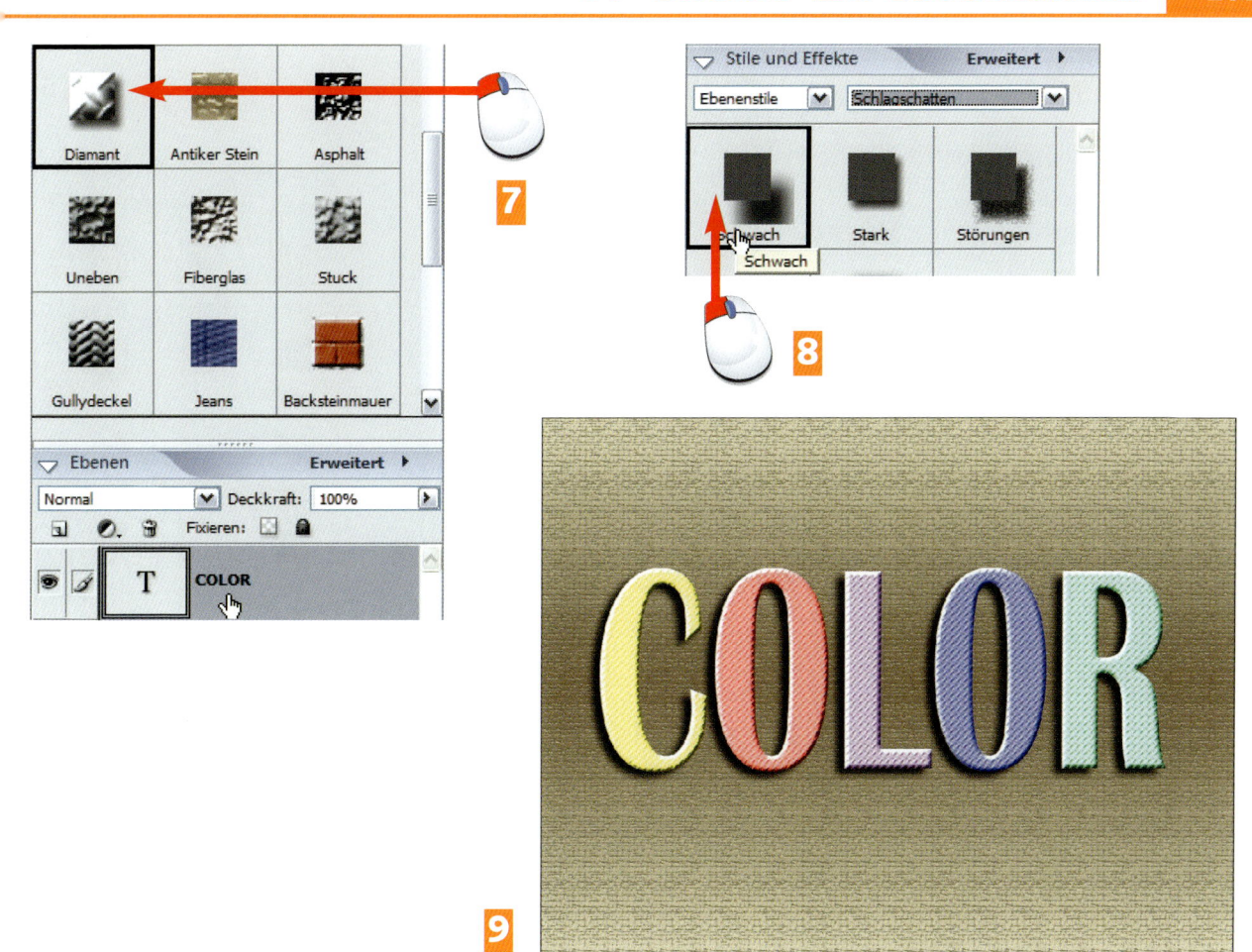

4 Markieren Sie die Textebene und wählen Sie hierfür das Muster *Diamant* aus.

5 Weisen Sie zusätzlich aus der *Schlagschatten*-Rubrik den Ebenenstil *Schwach* zu.

6 Anschließend sehen Sie dieses geschmackvolle Ergebnis.

Ende

> Sie können mehrere Ebenenstile nacheinander anwenden. Wählen Sie dabei allerdings dieselbe Kategorie, wird der bisherige Stil „überschrieben".

TIPP

Interessante Hintergründe gestalten

Start

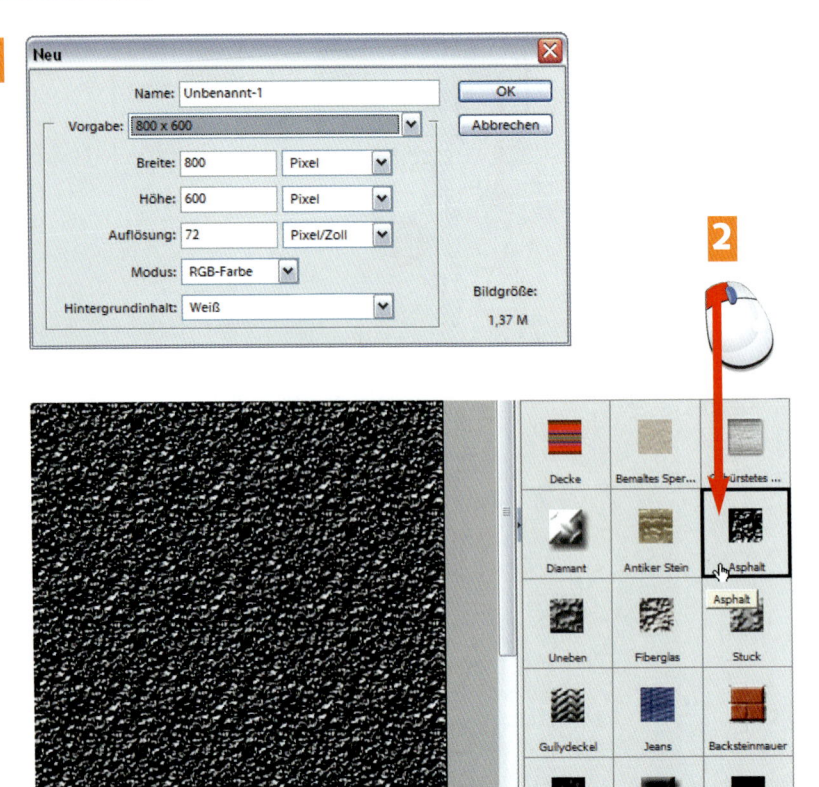

1. Erstellen Sie mit der Funktion *Datei/Neu* ein neues Dokument. Die verwendeten Maße zeigt die Abbildung.

2. In der *Muster*-Rubrik der Ebenenstile gibt es viele unterschiedliche Materialien. Probieren Sie die Muster nach Lust und Laune aus.

3. In der *Komplex*-Rubrik kommen neben den Strukturen noch weitere Effekte, wie Schatten oder Konturen, dazu. Wählen Sie die Option *Pinselstriche*, ...

WISSEN

Bestehende Fotos zu verändern, ist eine Möglichkeit, einen Hintergrund zu erhalten. Mit den Funktionen der Ebenenstile ist es aber auch sehr leicht, aus neuen, leeren Dokumenten schicke Hintergrundvarianten zu generieren.

11 Effekte mit Ebenenstilen   211

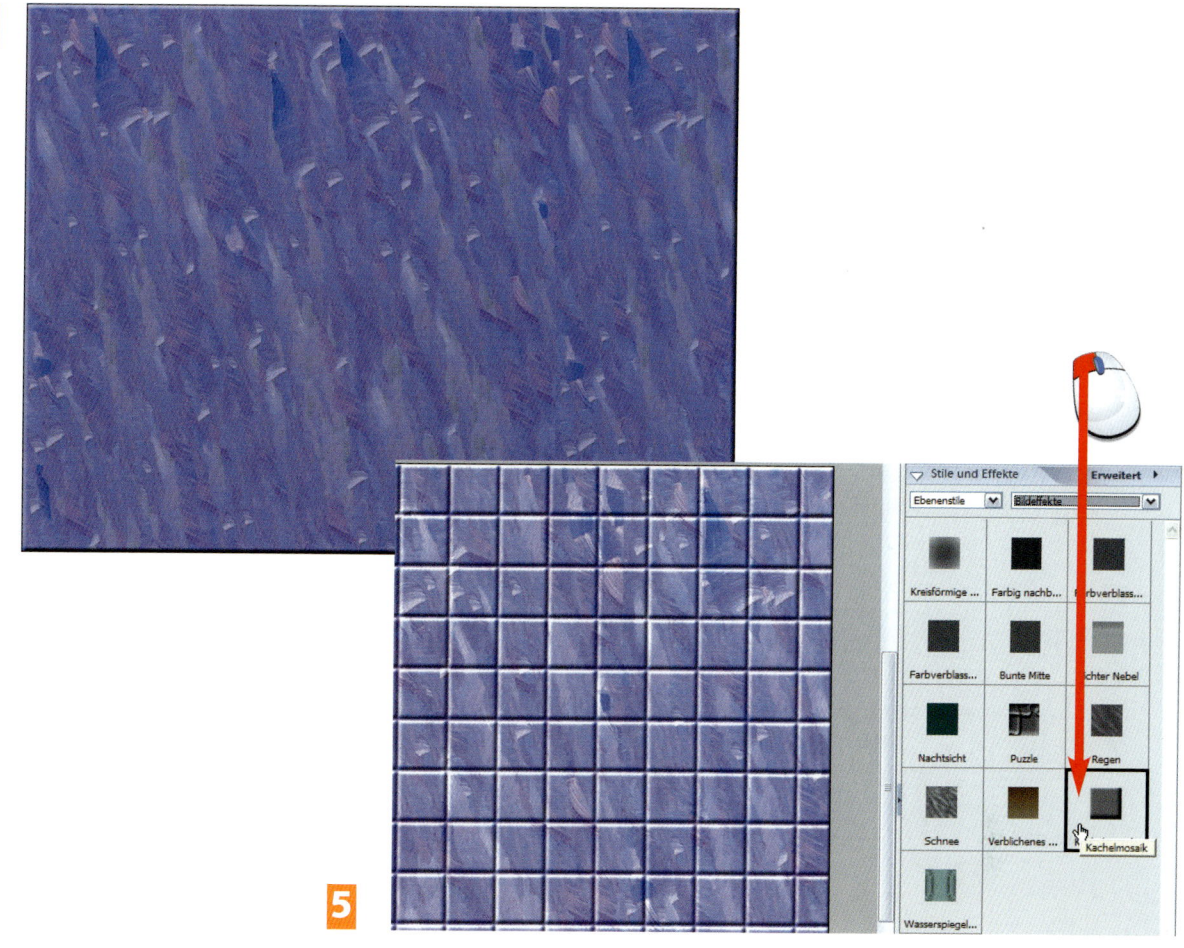

4 ... um dieses Ergebnis zu erhalten. Die Ebene wirkt durch die Schattierungen am Rand ein wenig „erhaben".

5 Weisen Sie außerdem aus der Kategorie *Bildeffekte* die Option *Kachelmosaik* zu.

Ende

TIPP

Sollen die Ebenenstile wieder von der Ebene entfernt werden, klicken Sie mit der rechten Maustaste auf das Symbol im *Ebenen*-Palettenfenster. In dem Menü finden Sie die Funktion *Ebenenstil löschen*.

HINWEIS

Sind mehrere Stile zugewiesen, können Sie nicht alle Einstellungen verändern. Die Tiefe des Kachelmusters ist zum Beispiel nicht zu ändern.

Einstellungsebenen einsetzen

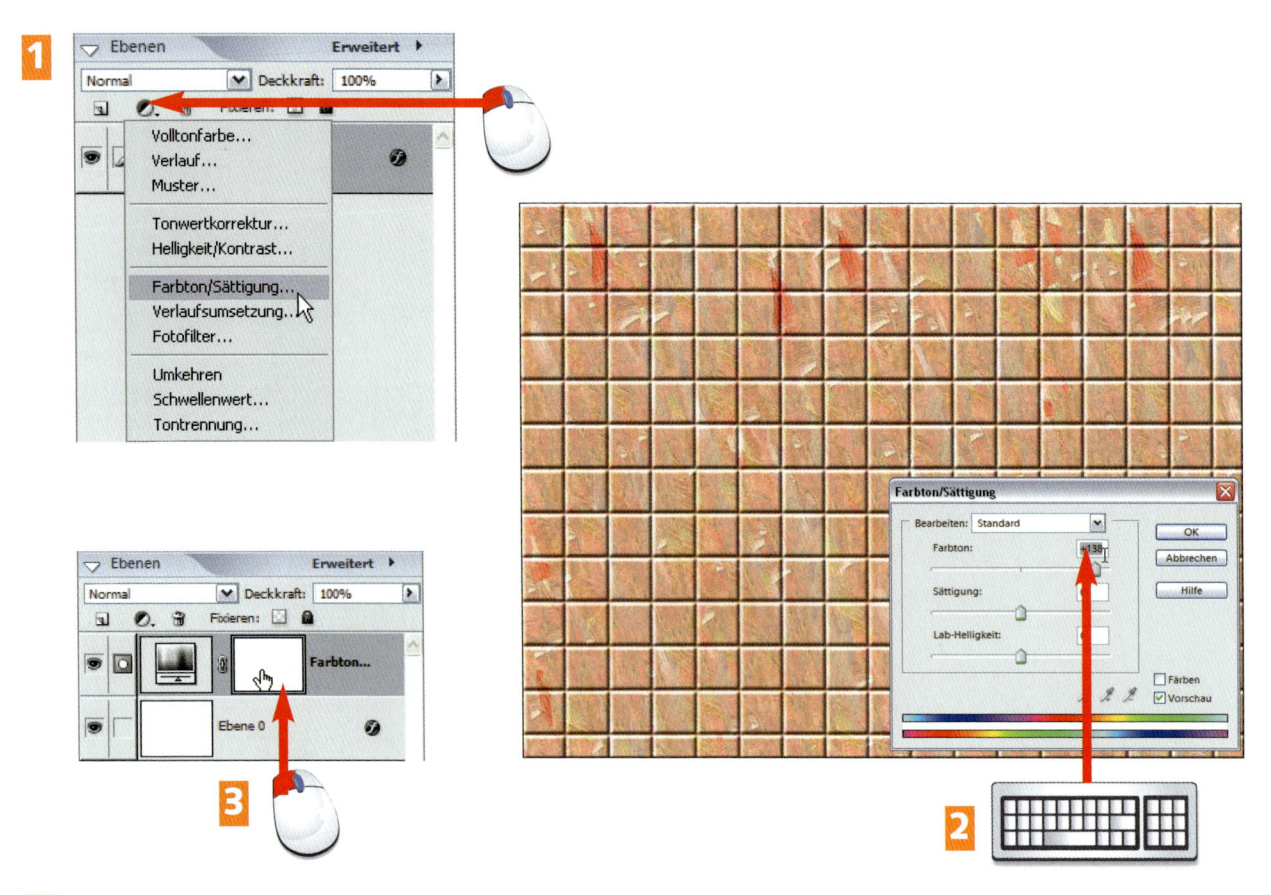

Start

1 Klicken Sie in der Kopfzeile des *Ebenen*-Palettenfensters auf das abgebildete Symbol. In einem Menü finden Sie die angebotenen Einstellungsebenen.

2 Mit der Einstellungsebene *Farbton/Sättigung* ändern Sie die farbliche Wirkung. Verändern Sie dazu den Wert für den *Farbton*.

3 Nach dem Bestätigen sehen Sie im *Ebenen*-Palettenfenster zwei neue Miniaturbilder. Klicken Sie das rechte, weiße Miniaturbild an.

WISSEN

Ebenenstile lassen sich nachträglich jederzeit anpassen. So bleiben Sie bei der Arbeit flexibel. Neben den Ebenenstilen sind auch die Einstellungsebenen sehr praktisch, mit denen Sie das Ergebnis verändern.

11 Effekte mit Ebenenstilen 213

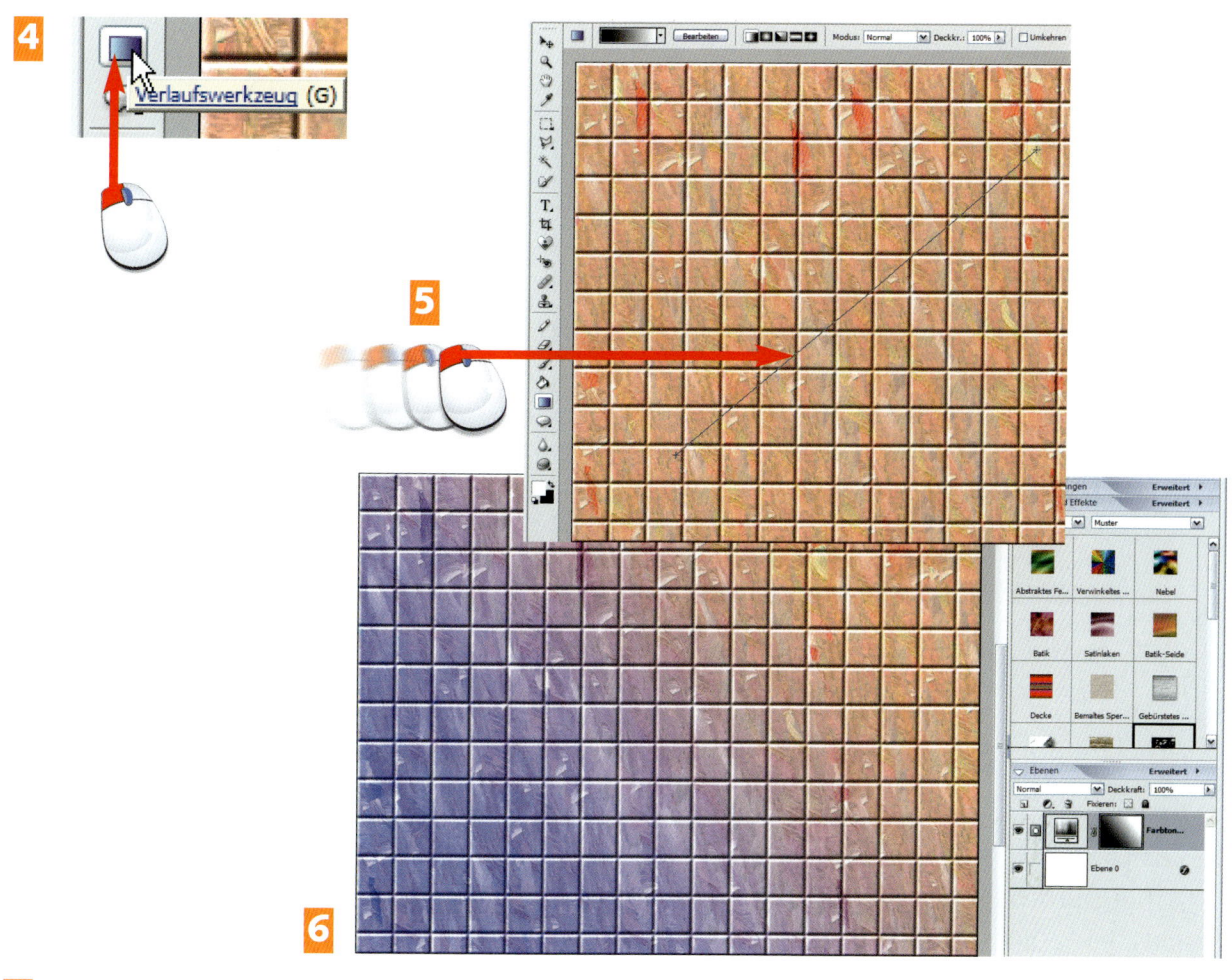

4 Rufen Sie aus der Werkzeugleiste das *Verlaufswerkzeug* auf.

5 Die von uns verwendeten Einstellungen sehen Sie in der Optionsleiste. Ziehen Sie mit gedrückter linker Maustaste eine schräge Linie auf.

6 So entsteht eine wirkungsvolle „Teilwirkung" der Einstellungsebene.

Ende

HINWEIS

Die Verläufe sorgen dafür, dass die angewandte Einstellungsebene nur partiell wirkt. An den schwarzen Stellen des Verlaufs wirkt die Einstellungsebene nicht – an den weißen Partien wirkt sie.

Hintergründe in Ebenen verwandeln

Start

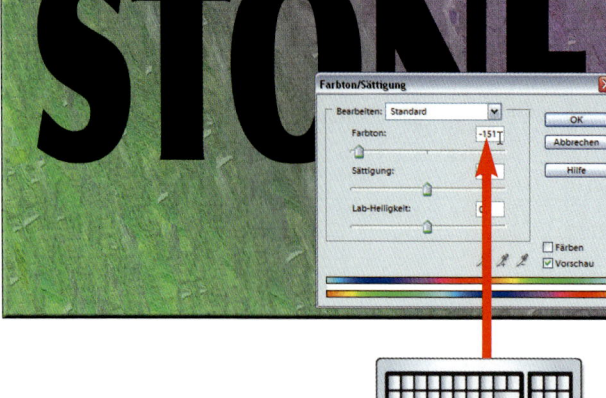

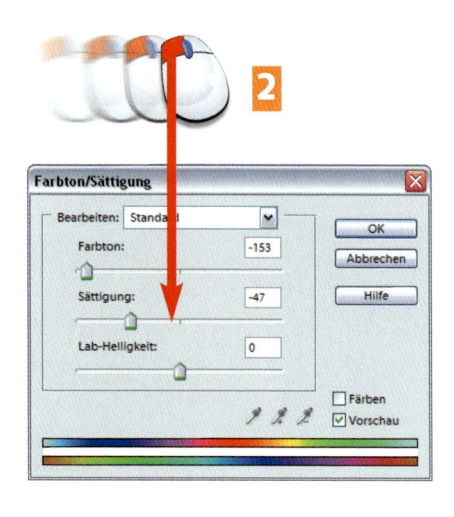

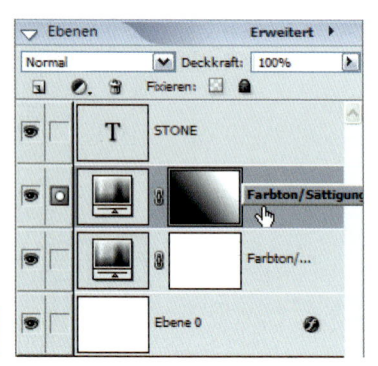

1. Erstellen Sie über dem Hintergrund eine weitere Einstellungsebene. Verwenden Sie für den *Farbton* den Wert *151*.

2. Die bereits bestehende Einstellungsebene erhält neue Werte. Stellen Sie neben dem neuen Farbton auch eine reduzierte Farbsättigung ein.

3. Anschließend gibt es zwei Einstellungsebenen über dem Hintergrund.

WISSEN

Ist ein Hintergrund erst einmal gestaltet, lässt er sich schnell durch andere Muster oder veränderte Einstellungen der Einstellungsebenen in eine „ganz neue" Vorlage umwandeln.

11 Effekte mit Ebenenstilen 215

4 Wenden Sie aus der *Texteffekte*-Rubrik den Effekt *Gebürstetes Metall* an, ...

5 ... um dieses Ergebnis zu erhalten.

6 Weisen Sie einen Schlagschatten zu, entsteht dieses Bild. Es wirkt dadurch „räumlicher" und damit natürlicher.

TIPP

Neue Einstellungsebenen werden immer über der aktuell ausgewählten Ebene eingefügt. Daher muss der Hintergrund vor dem Aufruf markiert werden.

FACHWORT

Makros erledigen einmal aufgezeichnete Arbeitsschritte automatisch. Dies spart Arbeitszeit bei wiederkehrenden Arbeiten.

HINWEIS

Die Texteffekte sind „Makros". Photoshop Elements wendet dabei automatisch verschiedene Effektfilter an der Ebene an.

Einfach und effektvoll

Start

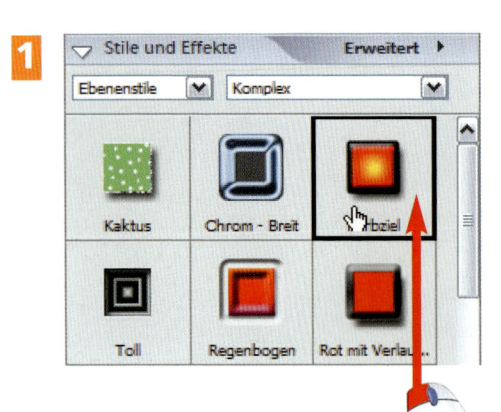

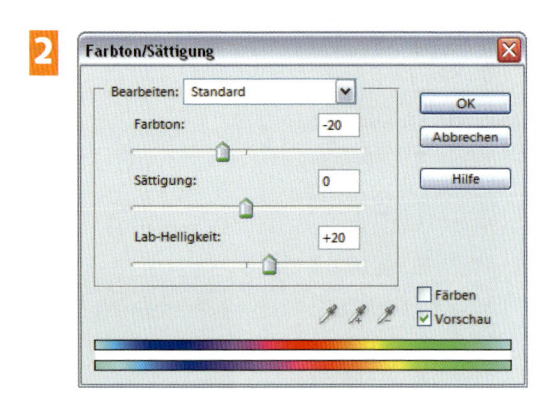

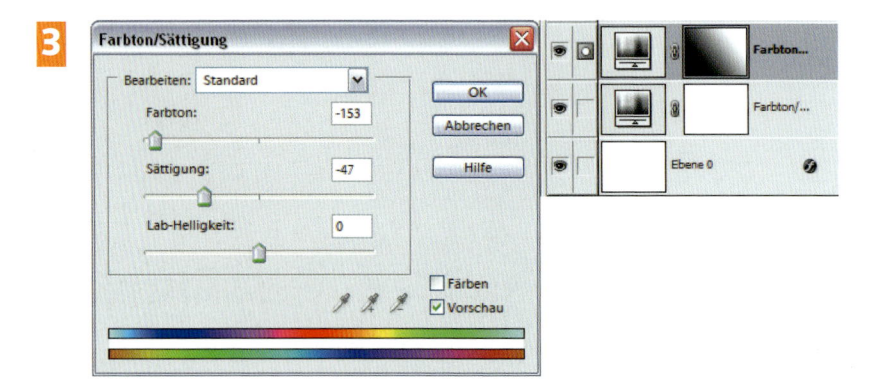

1 Weisen Sie der Hintergrundebene den Ebenenstil *Farbziel* aus der Rubrik *Komplex* zu.

2 Platzieren Sie über dem Hintergrund eine *Farbton/Sättigung*-Einstellungsebene mit den abgebildeten Werten.

3 Bringen Sie darüber eine weitere Einstellungsebene an, die wieder eine Verlaufsmaskierung erhält.

Mithilfe der Einstellungsebenen lassen sich sogar komplexe Grafiken erstellen, die Sie beispielsweise als Titel für Ihre Diashow verwenden könnten.

WISSEN

11 Effekte mit Ebenenstilen 217

4 Wählen Sie für den Schriftzug den Ebenenstil mit dem aussagekräftigen Namen *Toll*.

5 Und so erscheint dann auch das Ergebnis.

> Die Einstellungsebene mit der Verlaufsmaskierung wurde erstellt, damit der Hintergrund mehrfarbig erscheint. Das wirkt abwechslungsreicher.
>
> **HINWEIS**

12

Arbeitserleichterungen und Voreinstellungen

220 Arbeitsschritte zurücknehmen

Start

1. Nehmen Sie mit dieser Schaltfläche in der Optionsleiste den letzten Arbeitsschritt zurück.

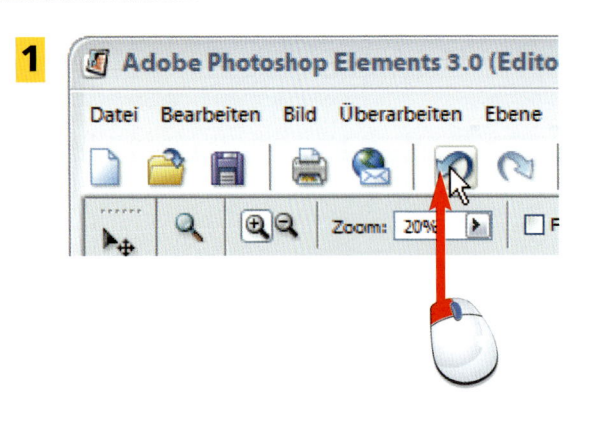

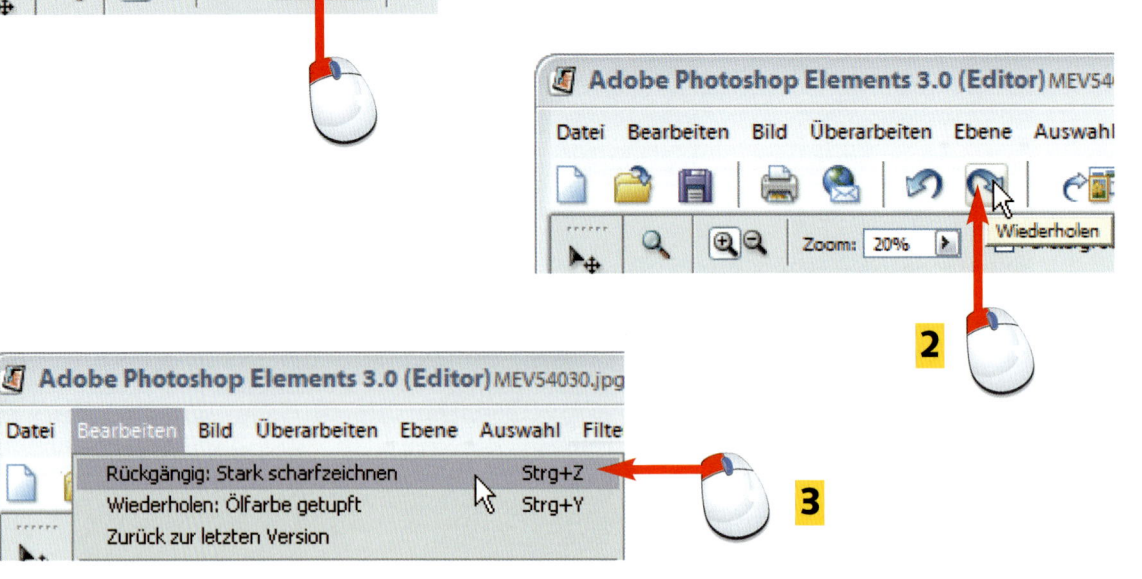

2. Klicken Sie auf diese Schaltfläche, um einen zurückgenommenen Arbeitsschritt wiederherzustellen.

3. Oder setzen Sie die Menüfunktionen ein, um Arbeitsschritte zurückzunehmen (Strg + Z) oder wiederherzustellen (Strg + Y). Es lohnt, sich die Tastenkombinationen einzuprägen.

Niemand arbeitet fehlerfrei. Dass macht aber auch nichts. Natürlich stellt Photoshop Elements Möglichkeiten zur Verfügung, um Fehler zu korrigieren.

WISSEN

12 Arbeitserleichterungen und Voreinstellungen

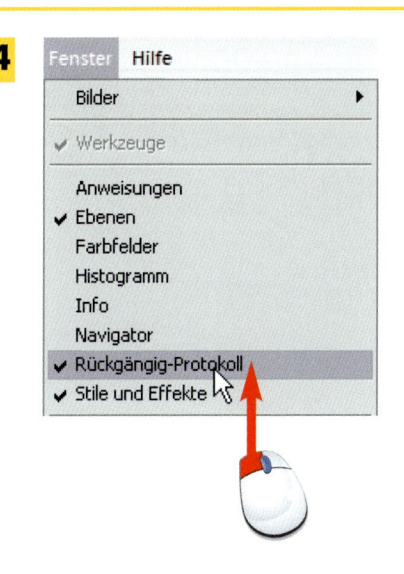

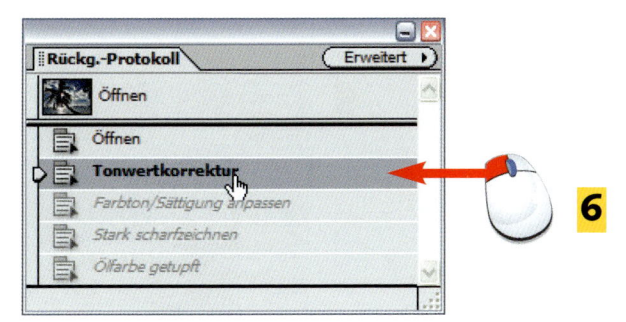

4 Im *Fenster*-Menü finden Sie ein besonderes Palettenfenster. Rufen Sie die Funktion *Rückgängig-Protokoll* auf

5 In dem Palettenfenster listet Photoshop Elements alle Arbeitsschritte auf, die Sie seit dem Öffnen des Dokuments vorgenommen haben.

6 Klicken Sie auf den Eintrag, zu dessen Arbeitsstadium Sie zurückkehren wollen.

TIPP

Wollen Sie alle Arbeitsschritte zurücknehmen, die Sie seit der letzten Speicherung des Dokuments vorgenommen haben, verwenden Sie die Menüfunktion *Bearbeiten/ Zurück zur letzten Version*.

HINWEIS

Klicken Sie mehrfach auf die Rückgängig-Schaltfläche, wenn Sie mehrere Arbeitsschritte zurücknehmen wollen.

„Fremde" Formate öffnen

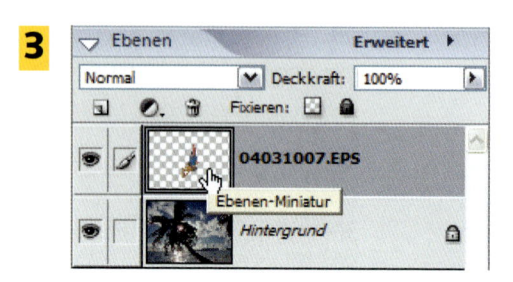

1 Rufen Sie die Funktion *Datei/Platzieren* auf.

2 Suchen Sie in dem Dialogfeld die gewünschte Datei. Auf ein Vorschaubild müssen Sie hier allerdings verzichten.

3 Die importierte Grafik wird als neue Ebene im *Ebenen*-Palettenfenster angezeigt.

Neben den gängigen Pixel-Dateiformaten unterstützt Photoshop Elements auch den Import von EPS-Dateien. So haben Sie die Möglichkeit, Grafiken, die Sie mit einem Grafikprogramm à la CorelDRAW erstellt haben, in Fotos zu integrieren.

WISSEN

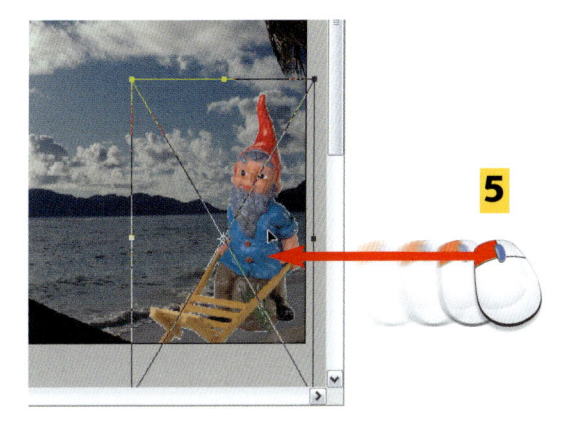

12 Arbeitserleichterungen und Voreinstellungen

4 An den Markierungspunkten erkennen Sie, dass die Grafik skaliert werden kann.

5 Ziehen Sie dazu an den Eckmarkierungspunkten. Verschieben Sie die Grafik mit einem Klick innerhalb des Rahmens auf eine neue Position.

6 Klicken Sie doppelt innerhalb des Markierungsrahmens, wenn die gewünschte Größe und Position erreicht ist, um das Platzieren abzuschließen.

Ende

EPS (Encapsulated PostScript) wird für Vektorgrafikdateien verwendet. Im Gegensatz zu Pixelbildern, die bei Digitalfotos entstehen, dienen hier Formeln zur Berechnung der Grafikdaten.

Sie können zum Zuweisen der Platzierung auch das Symbol mit dem Haken in der Optionsleiste oder die ⏎-Taste verwenden.

FACHWORT **HINWEIS**

PDF-Dokumente automatisch umwandeln

Start

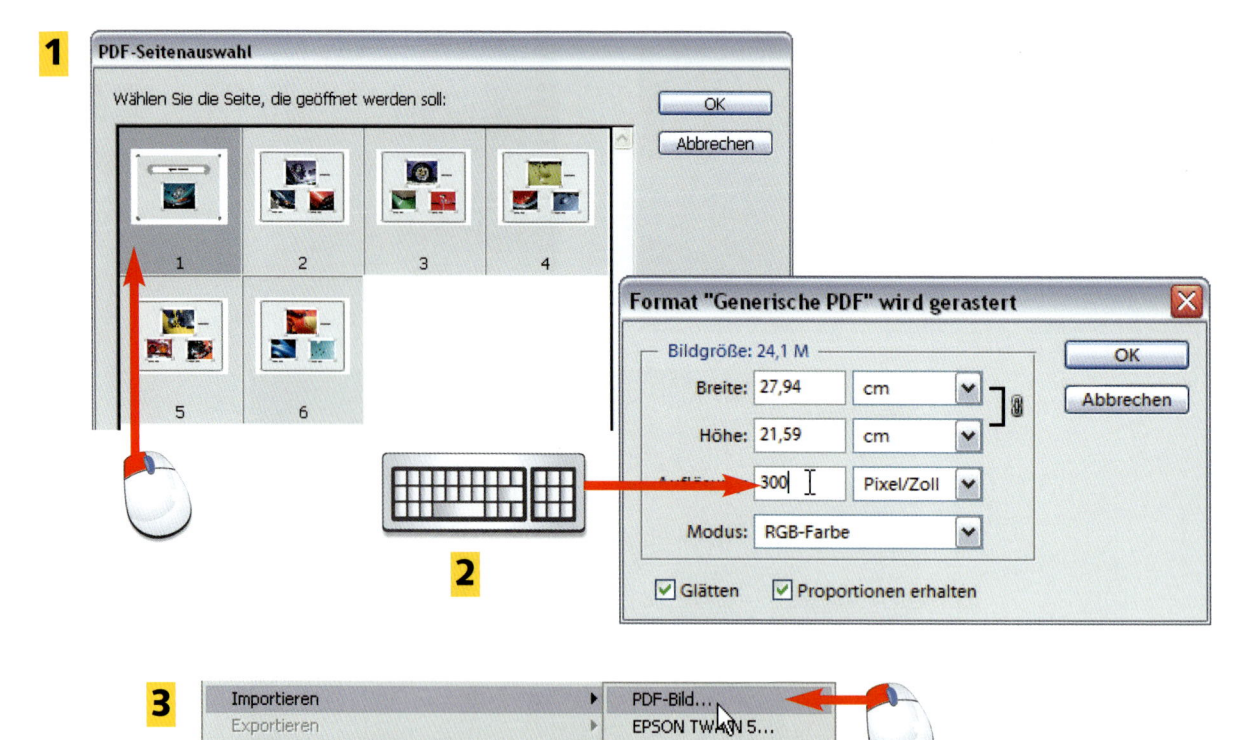

1 Öffnen Sie ein PDF-Dokument mit der Funktion *Datei/Öffnen*, werden die verfügbaren Seiten in einen gesonderten Dialogfeld aufgeführt. Wählen Sie eine Seite aus.

2 Geben Sie im nächsten Dialogfeld die gewünschte Bildgröße an.

3 Rufen Sie die Funktion *Datei/Importieren/PDF-Bild* auf, um...

PDF-Dateien begegnen Ihnen häufig im Web. Daher sind auch die Funktionen interessant, die Photoshop Elements anbietet, um PDF-Dateien oder Teile davon zu importieren. Vielleicht wollen Sie ja auch nachträglich Bilder oder Teile aus selbst erstellten PDF-Dokumenten wieder extrahieren.

WISSEN

12 Arbeitserleichterungen und Voreinstellungen   225

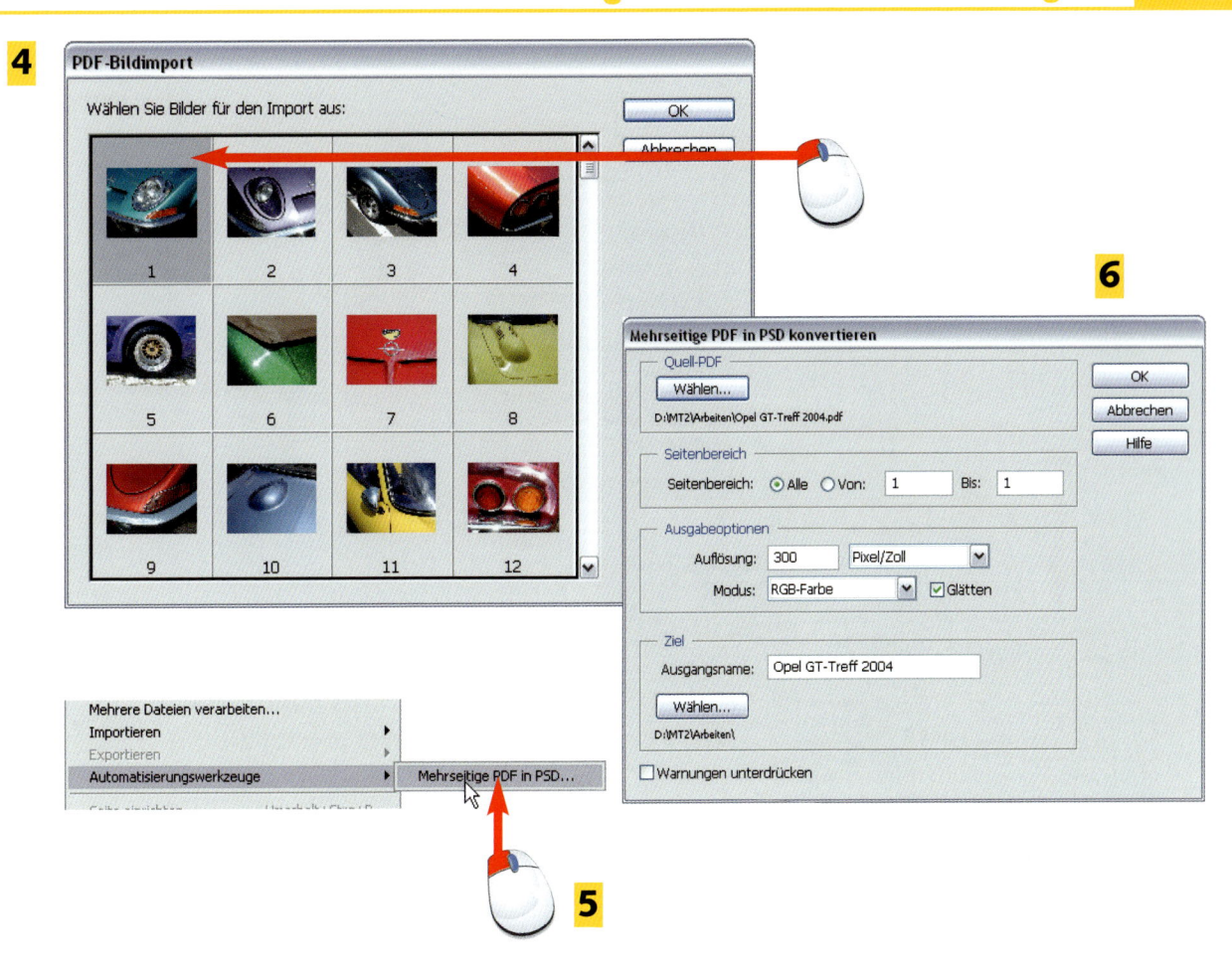

4 ... aus allen Bildern, die sich in einem PDF-Dokument befinden, im Dialogfeld eines auszuwählen.

5 Aktivieren Sie die Funktion *Datei/Automatisierungswerkzeuge/Mehrseitige PDF in PSD*, ...

6 ... wenn mehrere Seiten eines PDF-Dokuments automatisch in getrennte Photoshop-Elements-Dateien umgewandelt werden sollen.

Ende

TIPP

Das PDF-Dokument wird beim Import „gerastert". Dabei werden die Daten in ein Pixelbild umgerechnet.

FACHWORT

Portable Document Format (PDF) ist inzwischen zum Standarddateiformat geworden. Hierbei bleiben Gestaltungen erhalten und können auf allen Rechnertypen angezeigt werden.

HINWEIS

Wenn Sie die Strg-Taste gedrückt halten, können Sie auch mehrere Bilder gleichzeitig importieren.

Voreinstellungen anpassen

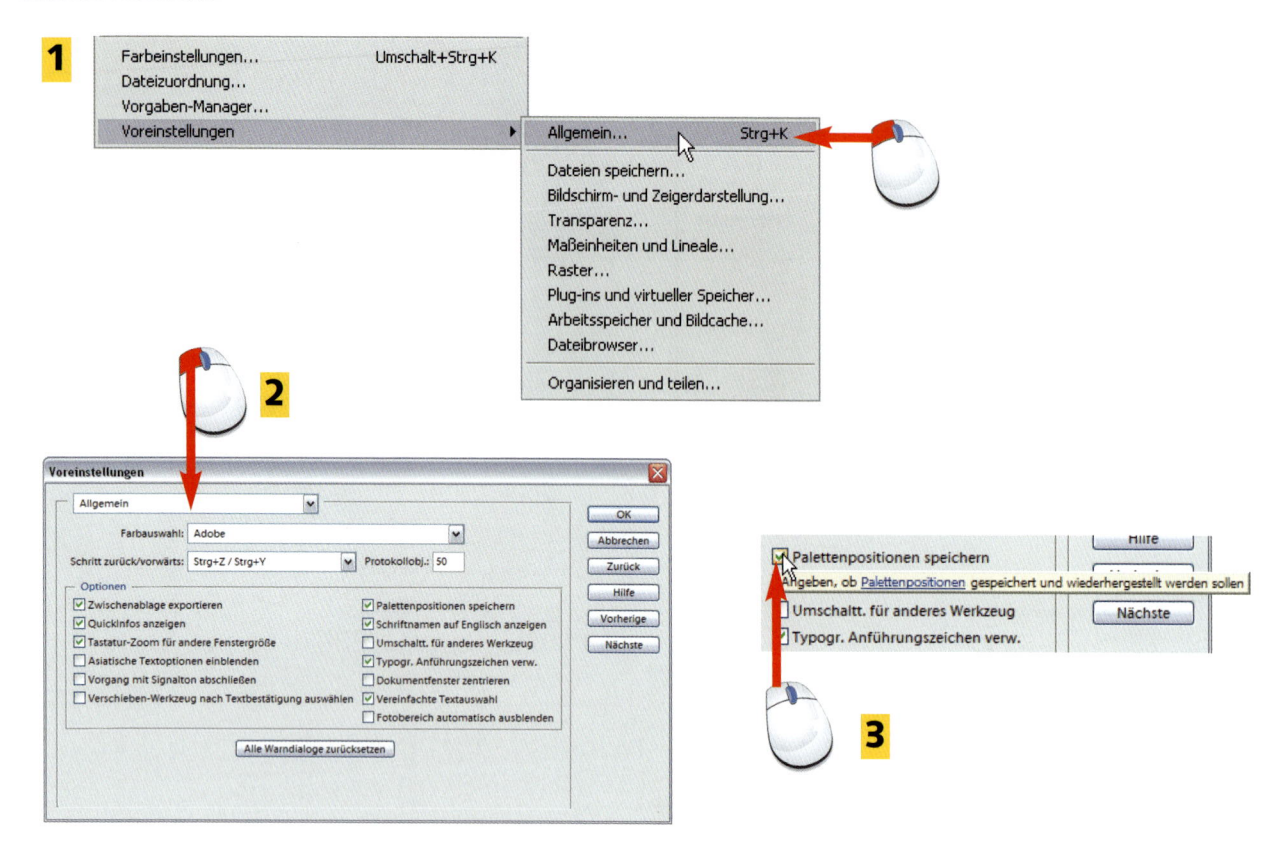

1 Rufen Sie die Funktion *Bearbeiten/Voreinstellungen/Allgemein* auf.

2 Die Voreinstellungen sind thematisch gegliedert. Wählen Sie die verschiedenen Rubriken über das Listenfeld aus.

3 Wenn Sie wissen wollen, was sich hinter einer Option verbirgt, halten Sie den Mauszeiger über die Option. In einem Hilfeschild wird die Option erläutert.

Es ist durchaus empfehlenswert, einmal einen Blick in die Voreinstellungen zu werfen. So können Sie sich Ihre Arbeit mit Photoshop Elements ein wenig erleichtern.

WISSEN

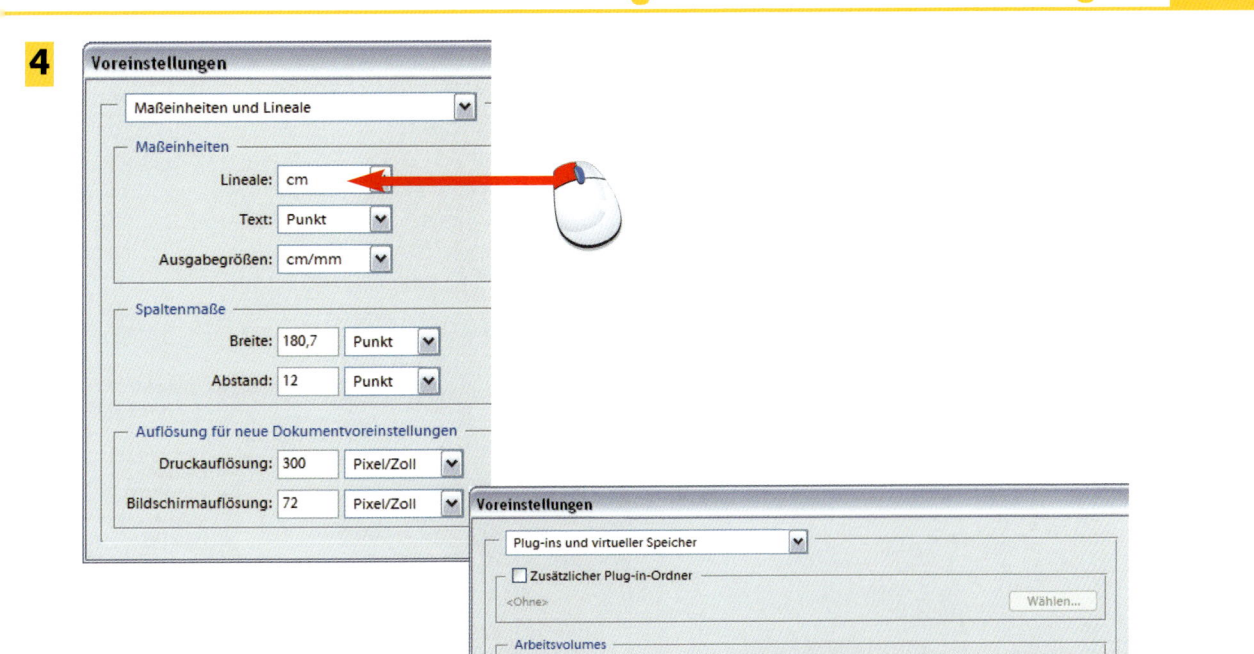

12 Arbeitserleichterungen und Voreinstellungen

4 Legen Sie in der Rubrik *Maßeinheiten und Lineale* fest, in welchen Maßeinheiten zum Beispiel die Lineale beschriftet werden.

5 Geben Sie im Bereich *Arbeitsvolumes* in der Rubrik *Plugins und virtueller Speicher* eine Festplatte mit möglichst viel freier Kapazität an.

TIPP

Die Option *Protokollobj.* in der Rubrik *Allgemein* legt fest, wie viele Arbeitsschritte sich Photoshop Elements „merkt". Damit legen Sie fest, wie viele Arbeitsschritte Sie maximal zurücknehmen können.

HINWEIS

Für die Bildbearbeitung werden stets Daten ausgelagert. Daher ist es wichtig, dass Sie ausreichend virtuellen Speicher bereitstellen.

228 Der Vorgaben-Manager

Start

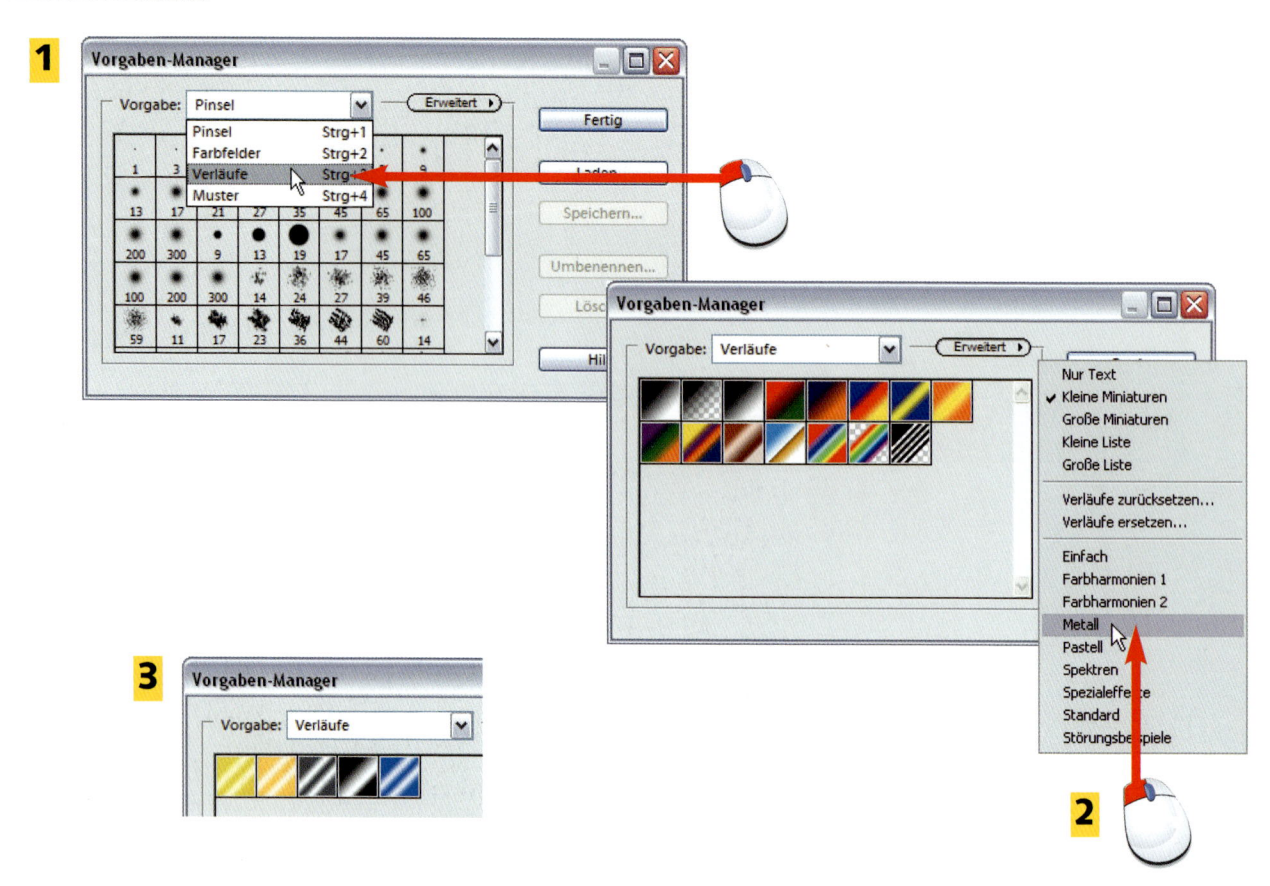

1 Rufen Sie die Funktion *Bearbeiten/Vorgaben-Manager* auf. Wählen Sie im oberen Listenfeld das Thema aus, das Sie ändern wollen.

2 Wählen Sie über die *Erweitert*-Schaltfläche eine der verschiedenen Bibliotheken aus.

3 Dies ist zum Beispiel der Inhalt der Metall-Verlaufsbibliothek.

Photoshop Elements liefert eine große Anzahl an verschiedenen Vorlagen mit, wie etwa Muster, Strukturen oder Verläufe. Diese können Sie verwenden, um ohne großen Aufwand ansehnliche grafische Ergebnisse zu erhalten.

WISSEN

12 Arbeitserleichterungen und Voreinstellungen 229

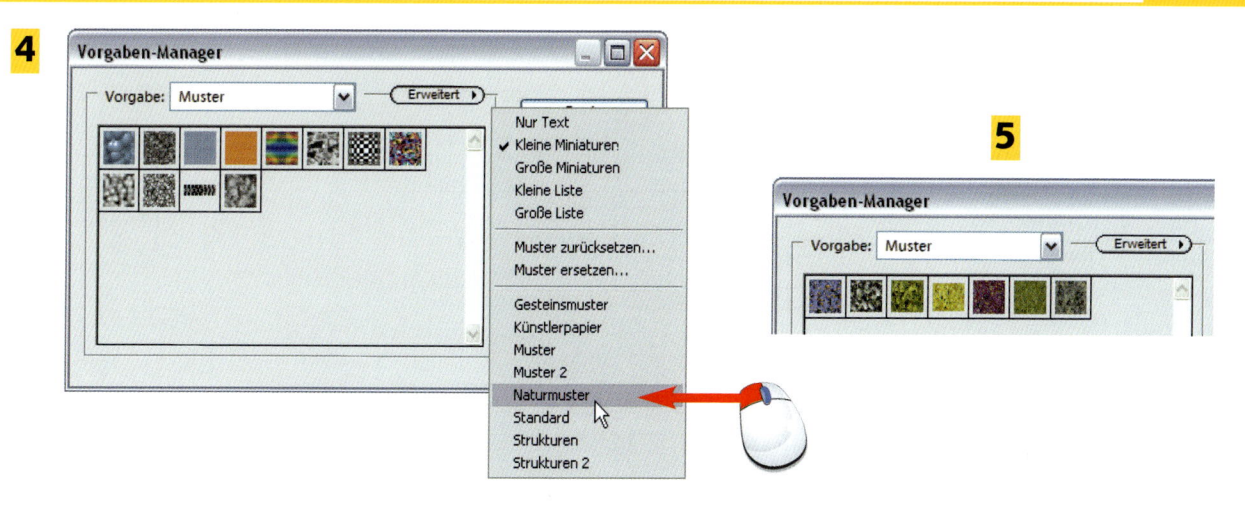

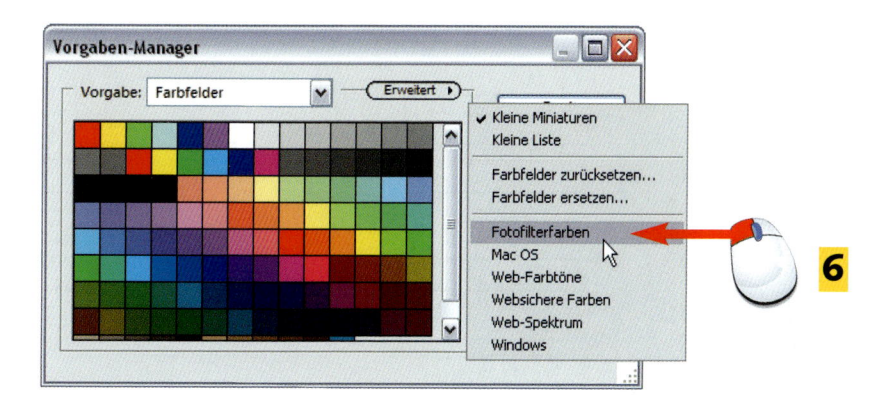

4 Für jedes Thema sind im *Erweitert*-Menü zusätzliche Vorlagen untergebracht – wählen Sie hier die Muster aus.

5 Dies sind die vorhandenen *Naturmuster*.

6 Wählen Sie bei den Farben zwischen unterschiedlichen Farbpaletten.

Ende

Durchstöbern Sie einmal die verschiedenen Bibliotheken – es lohnt sich!

HINWEIS

Sättigung		Die Sättigung beschreibt die Intensität eines Farbtons. Ist ein Farbton nur schwach gesättigt, ähnelt er einem eingefärbten Grauton. Je stärker die Sättigung ist, umso leuchtender wirkt die Farbe.
Scharfzeichnen	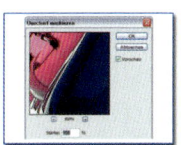	Bilder, die unscharf sind, können nachträglich mithilfe eines Bildbearbeitungsprogramms geschärft werden. Hier sind allerdings Grenzen gesetzt. Ein völlig unscharfes Foto kann nicht in ein perfekt scharfes umgewandelt werden.
Spitzlichter		Die so genannten Spitzlichter treten durch Reflexionen in Fotos auf – etwa bei Sonneneinstrahlung auf metallische Oberflächen. Sie fallen bei digitalen Fotos gelegentlich unangenehm auf.

Lexikon der Bildbearbeitung

232 Lexikon der Bildbearbeitung

Auflösung

Je mehr Pixel auf einer festgelegten Strecke (→ DPI) untergebracht sind, umso höher ist die Auflösung. Bei hohen Auflösungen sind viele Details erkennbar. Dafür wächst die Dateigröße.

Auswahl

Sollen nur Teile eines Fotos verändert werden, muss der gewünschte Bereich markiert – ausgewählt – werden. Zum Auswählen von Bildteilen werden verschiedene Werkzeuge angeboten.

Backup

Um digitale Daten vor Verlust zu bewahren, sollten in regelmäßigen Abständen Sicherheitskopien der Daten angefertigt werden. Auf diese Backups kann im Notfall zurückgegriffen werden.

Bildbearbeitung

Sollen digitalisierte Fotos im Rechner verändert werden, wird dazu ein Bildbearbeitungsprogramm benötigt. Dort werden Funktionen zur Optimierung oder Verfremdung des Fotos bereitgestellt.

Bildoptimierung

Fotos die bei der Aufnahme nicht ganz so gut gelungen sind, lassen sich nachträglich im Rechner verbessern. Die → Bildbearbeitungsprogramme stellen Funktionen bereit, um zum Beispiel die Helligkeit und den → Kontrast des Fotos zu verbessern. Völlig misslungene Bilder werden damit allerdings nicht zu Topfotografien.

Lexikon der Bildbearbeitung 233

Blendenflecke

Bei Gegenlichtaufnahmen treten bei der Fotografie so genannte Blendenflecke auf. Diese Reflexe entstehen durch den Aufbau der Linsen und sind je nach verwendetem Objektiv unterschiedlich. Mithilfe von Effekten eines → Bildbearbeitungsprogramms lassen sie sich nachträglich als Gestaltungsmittel in Fotos einfügen.

Brillanz

Unter brillanten Fotos versteht man eine kontrastreiche und detaillierte Bildqualität. Bei kontrastarmen Fotos spricht man dagegen von „flauen" Bildern. Die Brillanz eines Fotos kann mithilfe → eines Bildbearbeitungsprogramms nachträglich verbessert werden.

Browser

Je mehr Dateien sich auf dem Rechner befinden, umso schwieriger wird das Auffinden einer bestimmten Datei. Dabei sind Browser hilfreich, die den Inhalt von Ordnern mit kleinen → Vorschaubildern anzeigen. Der Organizer von Photoshop Elements ist zum Beispiel ein solcher Browser.

CMYK

Farbmodell, das beim Druck verwendet wird. Die Druckfarben setzen sich aus **C**yan (ein Hellblau), **M**agenta (ein Rosa) und **Y**ellow (Gelb) zusammen. Dazu kommt Schwarz, das mit einem **K** für Kontrast gekennzeichnet ist.

Dateiendung, Dateiformat

Jede Datei wird mit einer Dateiendung versehen, um das Dateiformat zu erkennen. → JPEG, → GIF und → TIFF sind derartige Beispiele.

Lexikon der Bildbearbeitung

Dateiendung, Dateiformat (Fortsetzung)

Die Dateiendungen lassen sich auch mit einem Programm verbinden. Wird dann diese Datei aufgerufen, wird das damit verbundene Programm automatisch gestartet.

Dateigröße

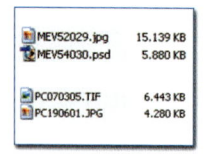

Je höher die → Auflösung eines Fotos ist, umso mehr Pixel enthält es. Jeder Pixel benötigt Speicherplatz. So entstehen bei der digitalen Fotografie schnell sehr große Dateien.

Datenträger

Auf Datenträgern werden Ihre digitalen Daten gesichert. Dies können fest im Rechner installierte Datenträger – → Festplatten – oder transportable Datenträger sein. In diese Kategorie gehören auch die Speicherkarten der digitalen Kameras.

Dialogfelder

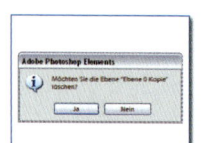

Einige Funktionen werden in gesonderten Fenstern bereitgestellt, den so genannten Dialogfeldern. Je nach aufgerufener Funktion können in den Dialogfeldern nur wenige oder auch sehr viele Funktionen untergebracht sein.

Digitalkameras

Digitale Kameras arbeiten nicht mit einem Film, wie es früher üblich war, sondern mit einem CCD-Chip, der die eintreffenden Lichtstrahlen in elektrische Ströme umwandelt und das Ergebnis auf einer Speicherkarte sichert. So können die Bilder auf den Rechner übertragen und dort bearbeitet werden.

Lexikon der Bildbearbeitung 235

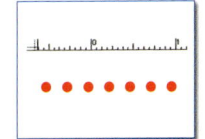

DPI

Dots (Punkte) pro Inch (2,54 Zentimeter) ist das Maß für die Auflösung von Bildern. Je höher dieser Wert ist, umso mehr Details enthält das Bild. Ist der Wert zu niedrig, werden die einzelnen → Pixel des Bilds sichtbar. Dies sollte nicht passieren.

Drag & Drop

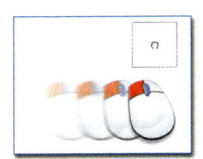

Drag & Drop kommt aus dem Englischen und bedeutet „Ziehen und Ablegen". Damit haben Sie die Möglichkeit, Operationen mit der Maus durchzuführen. So können Sie beispielsweise eine Datei per Drag & Drop verschieben.

Effektfilter

Wo früher Pinsel, Pastellkreiden oder Aquarellfarben zum Einsatz kamen, werden heute Effektfilter in → Bildbearbeitungsprogrammen verwendet. Als Ausgangsmaterial dienen „ganz normale" Fotos.

Ebenen

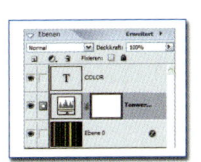

Standardmäßig bestehen Fotos nur aus dem Hintergrund. In → Bildbearbeitungsprogrammen haben Sie zusätzlich die Option, Ebenen hinzuzufügen, um beispielsweise Texte oder andere Fotos darauf zu platzieren. Die Ebenen kann man sich wie übereinander liegende Folien vorstellen.

EPS

(Encapsulated PostScript) Ein Dateiformat, das für Vektorgrafiken verwendet wird, die Sie zum Beispiel mit Grafikprogrammen à la CorelDRAW erstellen. Es wird auch für grafische Darstellungen wie etwa Schriftzüge verwendet.

Lexikon der Bildbearbeitung

EXIF-Daten

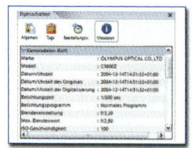

(**Ex**changeable **I**mage **F**ile) Kameras speichern bei der Aufnahme automatisch diverse Daten mit dem Foto. Diese EXIF-Daten enthalten unter anderem Informationen über das Aufnahmedatum und die verwendeten Aufnahmeeinstellungen.

Export

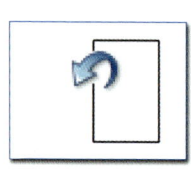

Sollen Fotos zum Beispiel in ein anderes Dateiformat umgewandelt werden, muss das Bild in das gewünschte Format exportiert werden. Dabei bleibt die Ausgangsdatei unverändert.

Farbstich

Zeigen Fotos in den grauen Tönen Farben, spricht man von einem Farbstich. Zur Analyse eines Farbstichs muss allerdings eine neutral graue Fläche im Foto vorhanden sein. Bei der Korrektur eines Farbstichs werden alle Farben so verändert, dass der Farbstich in den grauen Partien verschwindet.

Festplatte

Auf der Festplatte werden die digitalen Daten gespeichert. Je nach Größe der Festplatte können Sie beispielsweise sehr viele Fotos dauerhaft sichern. Es gibt sowohl interne (im Rechner montierte) als auch externe (außerhalb des Rechners befindliche) Festplatten.

Freistellen

Sollen an den Rändern des Fotos Bereiche „abgeschnitten" werden, spricht man vom Freistellen des Bilds. Beim Freistellungswerkzeug besteht zusätzlich die Möglichkeit, das Bild zu drehen.

Lexikon der Bildbearbeitung

GIF

Ein Dateiformat, das oft für Bilder im Internet verwendet wird. Da die Anzahl der Farben bei diesem Grafikformat auf 256 beschränkt ist, eignet es sich für gestaltete Grafiken, wie etwa Schriftzüge. Da dieses Dateiformat auch mehrere Bilder enthalten kann, wird es auch für kleine Animationen verwendet.

Gammawert

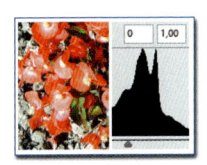

Der Gammawert verändert die mittleren → Tonwerte eines Fotos. Je höher der Gammawert ist, umso heller wird das Bild.
Als Standardwert gilt der Wert 1,0. Einstellungen unterhalb dieses Wertes dunkeln das Foto ab. Die Veränderungen sollten nur in kleinen Schritten vorgenommen werden.

Graustufen

Schwarzweiße Bilder werden auch Graustufenbilder genannt. Hier werden nur die Farben Schwarz und Weiß sowie deren Abstufungen verwendet. 256 verschiedene Nuancen stehen dabei zur Verfügung.

Histogramm

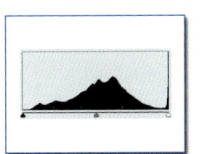

Ein Histogramm ist die grafische Darstellung der im Foto vorhandenen → Tonwerte. Je häufiger ein Tonwert vorkommt, umso höher ist im Histogramm der „Tonwertberg". Jeder Pixel im Bild besitzt eine bestimmte Helligkeit, die als Tonwert bezeichnet wird. Die Tonwerte werden aus den Farbtönen Rot, Grün und Blau zusammengesetzt.

Lexikon der Bildbearbeitung

Import

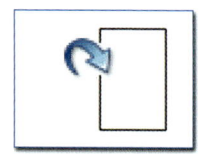

Wollen Sie in ein bestehendes Dokument andere Dokumente aufnehmen, spricht man vom Importieren. Das aufgenommene Dokument kann dabei ruhig ein anderes → Dateiformat besitzen.

JPG, JPEG

Grafikformat, das oft für Bilder im Internet verwendet wird. Auch bei Digitalkameras ist dies das gängige Dateiformat. Da es den → TrueColor-Modus unterstützt, ist es für Fotos besser geeignet, als für plakative Grafiken.

Kollage

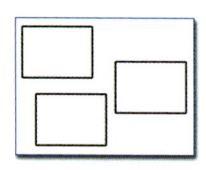

Werden mehrere Fotos in einem Dokument zusammengefasst, spricht man von einer Kollage. Diese Kollagen werden verwendet, um Bilder attraktiver zu präsentieren. Digitale Fotoalben sind ein solches Beispiel.

Kolorieren

Werden schwarzweiße Fotos eingefärbt, spricht man vom Kolorieren. Sie können das gesamte Foto oder nur Teile davon einfärben. Sepiafarbene Fotos sind ein bekanntes Beispiel für diese Technik.

Konturen

Dort, wo in einem Foto helle Bereiche auf dunkle Bereiche stoßen, analysieren Bildbearbeitungsprogramme Konturen. Diese Konturen können für Effektfilter verwendet werden.

Komprimierung

Mit der Komprimierung werden die Dateigrößen der Fotos deutlich verkleinert. JPEG komprimiert Fotos beispielsweise auf einen Bruchteil ihrer Ausgangsgröße.

Lexikon der Bildbearbeitung

Komprimierung (Fortsetzung)

Je stärker der Komprimierungsgrad ist, umso deutlicher fällt die schlechtere Bildqualität auf, daher muss ein vernünftiger Kompromiss zwischen Dateigröße und Bildqualität gefunden werden.

Kontrast

Der Unterschied vom hellsten Farbton zum dunkelsten Farbton eines Fotos wird Kontrast genannt. Je ähnlicher diese Farbtöne sind, umso weniger Kontrast weist das Foto auf. Der maximale Kontrast entsteht zwischen den Farben Weiß und Schwarz.

Landscape

Dokumente, die im Querformat ausgerichtet werden, tragen die Bezeichnung Landscape.

Lichter

Die hellen Töne eines Bilds bezeichnet man im Fachjargon als Lichter. Bei einem Landschaftsfoto werden dies beispielsweise Bereiche im bewölkten Himmel sein.

Metadaten

(siehe EXIF)

Masken, Maskierung

→ Auswahlbereiche werden auch Masken genannt, da damit Bildteile vor Veränderungen geschützt werden können.

Menüfunktionen

In den meisten Windows-Programmen finden Sie am oberen Rand des Arbeitsbereichs Texteinträge. Nach dem Anklicken werden verschiedene Befehle angezeigt.

Lexikon der Bildbearbeitung

Negativ

Werden bei Fotos alle Farben „umgedreht", spricht man von einem Negativ. Invertieren ist ein anderer Ausdruck für dieses Verfahren. Dabei wird aus Schwarz Weiß und umgekehrt. Negative Darstellungen lassen sich als Gestaltungselemente nutzen.

Partition

Zur besseren Ordnung kann die → Festplatte in verschiedene „Teile" aufgeteilt werden, die man Partitionen nennt. Für diese Aufgabe gibt es verschiedene Programme. Das Partitionieren sollte, wenn möglich, nach dem Kauf eines Rechners erfolgen, da dabei Daten verloren gehen könnten.

PDF

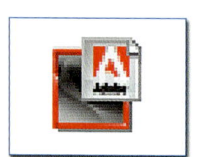

(**P**ortable **D**ocument **F**ormat) Ein Dateiformat, das für fertig gestaltete Dokumente zum Beispiel im Internet zum Tauschen verwendet wird. Dabei bleibt das Aussehen unabhängig von dem verwendeten Betriebssystem und der verwendeten Software erhalten.

Pfad

Auf der Festplatte werden zur Strukturierung Ordner angelegt. In diesen Ordnern können wieder Unterordner enthalten sein. Wo sich eine Datei auf dem Rechner befindet, wird als Pfad bezeichnet (Beispiel: C:\Eigene Bilder\Foto1.jpg).

Pixel

Digitale Fotos bestehen aus lauter kleinen quadratischen Punkten: den Pixeln. Der Begriff kommt von der englischen Bezeichnung Picture Element. Je mehr Pixel in einem Foto enthalten sind, umso mehr Details werden sichtbar.

Lexikon der Bildbearbeitung 241

Porträt

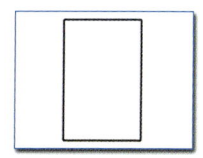

Dokumente, die im Hochformat ausgerichtet werden, tragen die Bezeichnung Porträt.

Präsentation

Sind alle Fotos fertig gestaltet und optimiert, wollen Sie diese bestimmt Ihren Freunden vorführen. Für diese Präsentation haben Sie viele Optionen. Das Spektrum reicht von der digitalen Fotoshow bis zur Präsentation in einer Web-Fotogalerie oder auf einer → VCD.

Rendering

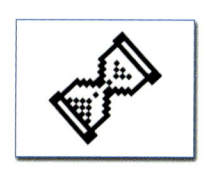

Das endgültige Berechnen veränderter Daten eines Fotos wird Rendern genannt. Da das Umrechnen vieler Pixel aufwändig ist, kann das Rendern bei einigen Filtern etwas Zeit in Anspruch nehmen.

Retusche

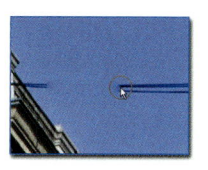

Werden Fotos ausgebessert oder überarbeitet, spricht man von retuschieren. Auch das „Verfälschen" von Bildinhalten gehört zu diesem Themenbereich. So ist es heutzutage ohne weiteres möglich, Personen aus Fotos zu entfernen und/oder sie vor einem neuen Hintergrund wieder einzufügen.

RGB-Modus

Der **R**ot/**G**rün/**B**lau-Farbmodus wird bei digitalen Fotos verwendet. Jeder Pixel setzt sich dabei aus diesen drei Farbwerten zusammen.

Lexikon der Bildbearbeitung

Scanner

Gerät zum Digitalisieren von Aufsichtsvorlagen, wie beispielsweise Papierabzügen von Fotos. Beim Scannen wird die Vorlage abgetastet. Durch das Digitalisieren können auch solche Fotos nachträglich im Rechner bearbeitet werden.

Sättigung

Die Sättigung beschreibt die Intensität eines Farbtons. Ist ein Farbton nur schwach gesättigt, ähnelt er einem eingefärbten Grauton. Je stärker die Sättigung ist, umso leuchtender wirkt die Farbe.

Scharfzeichnen

Bilder, die unscharf sind, können nachträglich mithilfe eines Bildbearbeitungsprogramms geschärft werden. Hier sind allerdings Grenzen gesetzt. Ein völlig unscharfes Foto kann nicht in ein perfekt scharfes umgewandelt werden.

Spitzlichter

Die so genannten Spitzlichter treten durch Reflexionen in Fotos auf – etwa bei Sonneneinstrahlung auf metallische Oberflächen. Sie fallen bei digitalen Fotos gelegentlich unangenehm auf.

Start-Menü

Unten links auf dem Windows-Arbeitsbereich ist das Start-Menü zu finden. Nach dem Anklicken werden in einem Menü die installierten Programme angezeigt. Nach dem Aufruf eines Programms startet dieses.

Lexikon der Bildbearbeitung

Stil

Sollen bestimmte Effekte an mehreren Bildern angewendet werden, bietet es sich an, die Einstellungen in einem so genannten Stil zu speichern. Das Übertragen auf andere Fotos ist dann sehr einfach.

Strichzeichnung

Zeichentechnik, die lediglich aus hellen und dunklen Bereichen besteht, wie zum Beispiel eine Federzeichnung. Diese traditionelle Zeichentechnik lässt sich mithilfe der Effekte in → Bildbearbeitungsprogrammen leicht simulieren.

Tags

Um Fotos eindeutig zu identifizieren, besteht die Möglichkeit, zusätzliche Informationen zu speichern, wie etwa Suchbegriffe oder Beschreibungen. Diese Tags nutzt Photoshop Elements auch zum Sortieren.

Tastenkombination

Einige Funktionen lassen sich zusätzlich auch über die Tastatur aufrufen. Meist ist dazu das gleichzeitige Drücken mehrerer Tasten notwendig. Mit diesem Verfahren erreichen Sie die gewünschte Funktion schneller. Daher lohnt sich das Einprägen der gängigen Tastenkombinationen.

Thumbnail

(Daumennagel) Im Browser werden Miniaturbilder der Datei angezeigt, die auch als Thumbnails bezeichnet werden. So fällt die Auswahl einer Datei leichter.

Lexikon der Bildbearbeitung

Tiefen

Die Schattenbereiche eines Fotos sind die dunklen Bildteile. Sie werden im Fachjargon auch als Tiefen des Bilds bezeichnet.

TIFF

Ein gängiges Dateiformat zum Speichern unkomprimierter Fotos. Dabei bleibt die volle Bildqualität erhalten – es entstehen aber größere Dateien. Dieses Dateiformat kommt häufig bei Druckerzeugnissen zum Einsatz.

Tonwert

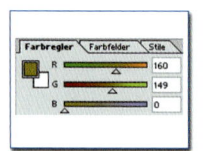

Jeder Pixel eines Fotos besitzt einen Wert, der aus den Farbtönen Rot, Grün und Blau zusammengesetzt ist. Dieser Wert wird Tonwert genannt. Besitzen die Farbwerte alle denselben Wert, entstehen graue Töne.

Transparenz

Durchsichtige Teile eines Bilds werden transparent genannt. Diese Transparenz lässt sich beispielsweise einsetzen, um Bilder mit einem verformten Rand aufzulockern. Da Transparenz am Bildschirm nicht dargestellt werden kann, wird zur Verdeutlichung ein Karomuster verwendet.

TrueColor-Modus

In diesem Farbmodus wird die maximal mögliche Farbanzahl von 16,7 Millionen unterschiedlichen Farbtönen bereitgestellt. Durch die nuancierte Farbwiedergabe ist dieser Farbmodus für Fotos sehr gut geeignet.

Lexikon der Bildbearbeitung 245

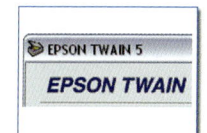

TWAIN — Bei jedem → Scanner wird ein Programm mitgeliefert, das den Scanner ansteuert. Dieses so genannte TWAIN-Modul wird direkt aus dem verwendeten → Bildbearbeitungsprogramm aufgerufen.

Unschärfe — Normalerweise sind unscharfe Bilder unerwünscht. Das so genannte Weichzeichnen kann aber auch als interessanter Bildeffekt verwendet werden.

VCD — (**V**ideo-**CD**) Fotos können in einer Diaschau zusammengefasst und auf eine CD gebrannt werden. Dazu bietet sich beispielsweise das Format Video-CD an.

Vektorgrafik — Grafik, deren Dateiformat eine objektorientierte beziehungsweise vektororientierte Basis hat.
Im Gegensatz zum Pixelbild werden die Objekte mathematisch definiert – wie beispielsweise die Anfangs- und Endpunkte von Linien. Dadurch ergeben sich sehr kleine Dateigrößen.

Verlauf — Werden zwei Farben ineinander überblendet, spricht man von einem Farbverlauf. Farbverläufe werden für Gestaltungen verwendet – zum Beispiel für einen interessanten Hintergrund.

Lexikon der Bildbearbeitung

Vorschau

Wenn ein Bild verändert werden soll, wird meist ein Vorschaubild angeboten. So kann die voraussichtliche Wirkung der Veränderung beurteilt werden, ohne dass das Foto endgültig verändert wird. Erst nach dem Zuweisen wird die Veränderung auf das Bild übertragen.

Weichzeichnen

(siehe Unschärfe)

Zauberstab

Eins der am meisten verwendeten Auswahlwerkzeuge ist der Zauberstab. Damit nehmen Sie Farben mit demselben Tonwert in die Auswahl auf. Mit dem Toleranzwert wird festgelegt, wie ähnlich die Tonwerte dem angeklickten Tonwert sein müssen, um in die Auswahl aufgenommen zu werden.

Zoom

Um Details in einem Foto besser zu erkennen, kann die Ansichtsgröße verändert werden. Sie können in das Bild hineinzoomen. Die tatsächliche Größe des Fotos verändert sich dabei nicht.

Stichwortverzeichnis

A
Abgeflachte Kanten 204
Adobe Reader 133
Album speichern 132
Albumtitel ändern 131
Anpassungsfilter 168
Ansicht
   vergrößern 20
   verkleinern 67
   wählen 64
Ansichtsgröße
   100 % 143
   ändern 81
Anzeigedauer einstellen 126
Arbeitsbereich
   Aufteilung 35
   skalieren 65, 94
Arbeitsfenster
   schließen 95
   vergrößern 123
Arbeitsschritte
   wiederherstellen 220
   zurücknehmen 220
Arbeitsvolumes 227
Audiodateien einfügen 126
Auf Hintergrund reduzieren 105
Auflösung 141
Aufnahmedatum 30, 44
Ausgabemöglichkeiten 132
Ausstecher-Werkzeug 110
Auswahl
   aufheben 153
   erstellen 150, 154, 159
   erweitern 158
   korrigieren 155
   löschen 156
   umkehren 151
Auswahl-Umrandung 194
Auswahlform festlegen 154
Auswahlkante, weiche 151
Auswahlrechteck erstellen 150
Auto-Korrektur, intelligente 82
Auto-Korrektur-Fenster 80, 86
Automatisierungswerkzeuge 225

B
Banner-Registerkarte 135
Bearbeiten-Menü 220
Bedienelemente 76
Berechnungszeit 82
Bereich, sichtbarer 95
Bild
   abdunkeln 108
   auswählen 80
   transformieren 102
   verfremden 106
   verwalten 46
   verzerren 182
   zurücksetzen 83
Bildanzeige 49
Bildausschnitt
   ändern 85
   einstellen 113
   wählen 165
Bildbereiche ausbessern 112
Bildeigenschaften anzeigen 40
Bildgröße 29
   einstellen 224
Bildinformationen 39
Bildkorrekturen, drastische 108
Bildqualität
   beurteilen 21
   optimieren 98
Bildteile
   abschneiden 84
   auswählen 150
   entfernen 115
Bildtitel ändern 129, 225, 229
Bildverfremdung 181
Buntglas-Mosaik 178

C
Compact-Flash-Karte 14

D
Darstellungsgröße ändern 67, 152
Datei
   kopieren 16
   speichern 87
Dateibrowser 202, 203

Dateiformate, Audio 126
Dateitypen-Verknüpfung 13
Dateiverwaltung 18
Datensicherung 36
Datum ändern 41
Datum-Sortierung 38
Datumsansicht 44
Dialogfelder 76
Diaschau
    abspielen 46
    erstellen 122
    verändern 126
    verfeinern 127
    zusammenstellen 123, 124
Digitalkamerabilder 91
Dokument erstellen 140, 210
Drag & Drop 129
Druckauflösung 141

E

Ebene
    erstellen 103, 157
    transformieren 145
    umwandeln 105
    verschieben 145
Ebenen-Palettenfenster 103, 143, 212
Ebenenstil 197, 204, 208
    anpassen 205
    kombinieren 209
    löschen 211
    Symbol 147
    wählen 210
    zuweisen 146
Ebenentechnik 143
Editor
    starten 62
    wechseln 63
Effekt
    ändern 147
    zuweisen 164, 205
Effektbilder erstellen 106
Effektfilter 168
    anwenden 152
    einsetzen 164
Effektvorschau 153
Eigenschaften-Palettenfenster 129, 225, 229
    anpassen 42

Einstellungen
    Filter 165
    Kollage 144
    scannen 27
    Web-Fotogalerie 136
Einstellungsebene
    anpassen 213
    einsetzen 212
    erstellen 214, 216
EPS-Datei 222, 223
Erweitert-Menü 74
EXIF-Daten 40, 43
    anzeigen 42
Export, Web-Fotogalerie 137

F

Farben
    anpassen 90
    auswählen 206
    einstellen 191
    leuchtende 99
    verfälschen 106
    wählen 195, 207
Farbpalette 191
    wählen 229
Farbpapier-Collage 170
Farbstich entfernen 69, 90
Farbton ändern 107
Farbton/Sättigung-Einstellungsebene 212
Farbziel-Stil 216
Fasern-Filter 174
Fenstermodus ändern 145
Festplattenpartition 19
Filter
    eigener 186
    Konturen finden 167
    sonstige 186
    umkehren 177
Filter-Menü 164
Filtergalerie 164, 165
Flyout-Menüs 71
Form
    ausstechen 110
    erstellen 111
Form-Bibliotheken 110
Format wählen 84
Formatierung 192
Formatvorgaben 140

Foto-Downlader-Dialogfeld 16
Fotoalbum erstellen 130
Fotoansicht verwenden 58
Fotobereich 72, 73
Fotokreationen
    aufrufen 121
    erstellen 120
    vorbereiten 128
Fotos
    unregelmäßige 110
    anzeigen 20, 23, 35
    auswählen 59
    bearbeiten 62, 72, 81
    freistellen 84, 96
    importieren 22
    korrigieren 88
    laden 17, 28
    löschen 24
    öffnen 72, 202
    schnell korrigieren 62
    sortieren 29, 35, 128, 228
    speichern 36, 92
    stapeln 56
    verbessern 62
Fotowechsel 122
Freistellen
    Fotos 84
    Standardeditor 96
Freistellung anwenden 86
Freistellungswerkzeug 96
Füllebene erstellen 195
Funktionen, Palettenfenster 74
Funktionsinfo 226

G

Galeriestil wählen 135
Gammawert 109
Ganzes Bild 66, 94
Gaußscher Weichzeichner 152
Gesichter verzerren 183
Grafik
    importieren 222
    skalieren 223

H

Hand-Werkzeug 67
Hell/Dunkel-Balance 185
Helligkeit/Kontrast anpassen 91

Hilfeschilder 46, 226
Hintergrund
    füllen 157
    gestalten 142, 210
    umwandeln 103, 214

I

Importieren 17
    Grafik 222
    PDF-Datei 224
    von Festplatte 28
    von Scanner 26
Importstapel 39
Importvorgang starten 29
Informationen
    Aufnahme 41
    ausblenden 40
Innere Kante 205
Installation 12

J

JPEG-Qualität 27, 93

K

Kachelmosaik 211
Kamera
    digitale 14
    Reset 41
Kanten betonen-Filter 172
Kantenpixel wiederholen 187
Karomuster 161
Kartenlesegeräte 15
Kartoffeldruck 185
Katalog 18, 28
Katalogdatei speichern 36
Kategorie
    erstellen 52
    Metadaten 43
Kollage erstellen 144
Komprimierung, JPEG 93
Kontextmenü 47
Kontrast 83, 107
Kontur
    erstellen 194
    leuchtende 176
Konturen finden-Filter 167
Kopierstempel 116

Stichwortverzeichnis

Korrektur
　anpassen 98
　automatische 68, 82
　intelligente 88
　Organizer 80
　schnelle 88
Korrekturstärke anpassen 69
Kreation einrichten 130
Kunstfilter 170

L

Leuchtende Konturen 177
Lineale 227
Linien, stürzende 104
Löschen, Katalog 24

M

Makros 215
Malfilter 172
Markierungspunkte 223
Mehrfachauswahl 25, 28, 129
Menüfunktionen 76, 90
Metadaten anzeigen 42
Metall, gebürstetes 215
Mezzotint-Filter 180
Miniaturansicht 203
Miniaturbild 45
　anpassen 21
　verschieben 128, 224, 226
Mitteltöne aufhellen 109
Monat auswählen 45
Muster
　auswählen 208, 210
　generieren 174

N

Navigationsleiste 58
Navigator 112

O

Objekt freistellen 156
Öffnen-Dialogfeld 203
Online-Diaschau 134
Optionsleiste 66, 71, 77
Ordner
　anlegen 17
　auswählen 136

Ordnerstruktur 18
Organizer 18, 23, 80
Ozeanwellen-Filter 182

P

Palettenfenster 74
　ausblenden 95
　verschieben 75
Palettenposition zurücksetzen 75
Palettenraum 75
Partitionen 19
Patchwork-Filter 179
PDF-Datei 132, 133
　importieren 224
　umwandeln 225
Perspektive bearbeiten 104
Perspektivisch verzerren 102
Pfad 39
Pinsel auswählen 116
Pinseldurchmesser einstellen 114
Pixel 29, 141
Platzieren 222
Polygon-Lasso 154
Präsentation
　Diashow 122
　Fotos 120
Programm
　beenden 31
　installieren 12
Programm-Modul wählen 35
Programmstart 34
Punktieren-Effekt 181

R

Raster verwenden 105
Rastern 225
Registrierung 18
Rendering-Filter 175
Reparatur-Pinsel 114
Rückgängig-Protokoll 221

S

Sammlungen 124
　vorbereiten 128, 220, 226
Sättigung anpassen 89, 99
Scannen 26, 27
Scharfzeichnungsfilter 176
Schatten einsetzen 209

Stichwortverzeichnis

Schlagschatten 146, 215
Schlüsselwörter
    suchen 54
    verwenden 50
Schnellkorrektur-Bereich 59, 63, 64, 88
Schrift kolorieren 206
Schriftgestaltung 196
Schriftzug verbiegen 196
Seite erstellen 140
Seitenverhältnis beibehalten 97
Sicherheitskopie, DVD 37
Sortier-Hilfsmittel 56
Sortieren, nach Tags 54
Sortierkriterien festlegen 38
Speicher 227
Speicherkarten 14, 22
Speichern
    Album 132
    Fotos 36, 92
    PDF 133
    Web-Fotogalerie 137
Srukturierungsfilter 178
Standardeditor 63, 70, 94, 202
Stapel
    anzeigen 56
    reduzieren 57
Startbildschirm einblenden 121
Starten, Programm 34
Stempel-Filter 184
Stil zuweisen 197
Stile und Effekte 142, 204
Stilisierungsfilter 176
Störungen 179
Störungsfilter 178
Strukturen 142, 187
Suche
    aktivieren 54
    Informationen 50
Suchkriterien erstellen 52
Sumi-e-Effekt 173

T

Tagesansicht 48, 49
Tagesbild festlegen 47
Tags
    einsetzen 50
    entfernen 55
    zuweisen 51, 53

Tastenkombination 31, 57, 129, 145, 177
Text
    eingeben 192
    skalieren 193
    verkrümmen 198
    verschieben 199
Textattribute einstellen 190
Textebene, aktive 198
Texteffekte 215
Textfarbe einstellen 191
Textkontur 194
Textwerkzeug 206
    horizontales 190
Titel formatieren 131
Toleranzwert 158, 159
Tontrennung und Kantenbetonung 171
Tontrennung-Filter 169
Tonwerte 69
Tonwertkorrektur 83, 108
Transformieren, Ebene 145
Transformierung 193
Tranzparenz 161
Trefferanzeige 55
TWAIN-Modul 26

U

Überarbeiten-Menü 98
Übergang auswählen 127
Umkehren-Filter 177
Unscharf maskieren 91, 177
Unschärfe einstellen 153
Unterkategorie
    einblenden 54
    erstellen 53
Untermenüs 76
Ursprungspunkt aufnehmen 117
USB-Anschluss 15

V

Verflüssigen-Filter 183
Vergrößerungseffekte 180
Verknüpfung, Dateitypen 13
Verlauf ändern 169
Verlaufs-Bibliothek 228
Verlaufsmaskierung 216
Verlaufsumsetzung-Filter 168
Verlaufswerkzeug 213
Verschieben-Filter 186

Verschieben-Werkzeug 144, 193
Versionssatz 93
Verzerrung, perspektivische 104
Verzerrungsfilter 182
Voll-/Teiltreffer 55
Volltonfarbe 195
Vorder-/Hintergrundfarbe festlegen 71
Vordergrundfarbe ändern 174, 179
Voreinstellungen, allgemeine 226
Vorgaben-Manager 228
Vorlagen 228
    Album 130
    Ebenenstile 146
    Hintergründe 142
    verändern 208
Vorschaubild 29

W

Web-Fotogalerie
    erstellen 134
    speichern 137
Webbrowser 137
Weichzeichnungsfilter 184
Werkzeugleiste 71
Windows-Explorer 19
Wölben-Filter 183
Wow-Plastik-Stil 197

X

xD-Picture-Card 14

Z

Zauberstab 158, 160
Zeichenfilter 184
Zeitleiste 30
Zoom-Werkzeug 66, 102, 112
Zufallsparameter 175
Zurück zur letzten Version 221